I ♥ Hong Kong

I ♥ Hong Kong

香港

Hong Kong

王郁婷・吳永娟 著

好吃、好買，最好玩

2024夏～2025版

朱雀文化

出發，來去香港！

　　由於新冠疫情的衝擊，過去幾年間全球旅遊市場幾乎停滯，深受全世界觀光客喜愛的香港，也沉寂了好一段時間。許多商店、連鎖餐飲小館結束營業，大型商場如尖沙咀的崇光百貨也悄然熄燈，不過也正是在這段期間裡，許多新景點、新店鋪一間間開張，靜待觀光旅遊的復甦。

　　那麼，有哪些改變呢？首推最新、最紅的西九文化區：以粵劇、戲曲為主角的戲曲中心、全球首間當代視覺博物館M+，以及香港故宮文化博物館逐一開幕。加上尖沙咀K11 MUSEA、旺角618上海街的營業，至此，九龍儼然已變成香港的文化藝術重鎮，疫情的衝擊終於到頭了，拉開香港旅遊熱潮的序幕。而不讓九龍獨美，中環大館、中環街市的開放，讓遊客在修復後的古蹟建築、市集中，感受香港百年歷史文化的變遷，懷舊氛圍滿滿！

　　此外新一波店鋪，像知名咖啡品牌Blue Bottle Coffee和％Arabica、大人的糖果店Sugarfina、日本以外的首間合味道紀念館、掀起飲料旋風的林香檸和LINLEE手打檸檬茶、重現蛋塔排隊盛況的Bakehouse和Hashtag B；老店重回江湖的蓮香樓、六安居（前蓮香居）和聰。C Dessert（前聰嫂甜品）等等，當然還有許多屹立不搖的老店，讓香港變得更熱鬧。

　　這次書籍大改版（2024夏～2025版），除了將店鋪資訊更新，更加入大量新店家、商場和觀光景點，讓大家能感受到香港的蓬勃。書中介紹的餐廳、購物商場和遊樂區，有些是大排長龍不可不去的名店（很多旅遊書都有寫了），但有些則是我比較偏愛的特色美食、小店，也許並非盡如每個人的意，但都頗有人情味，讓你能體驗到特殊的香港庶民風情。是不是好幾年沒去香港了？趕緊安排幾天假期，和三五好友、情侶、家人，再次展開一場美妙的香港之旅吧！

王郁婷

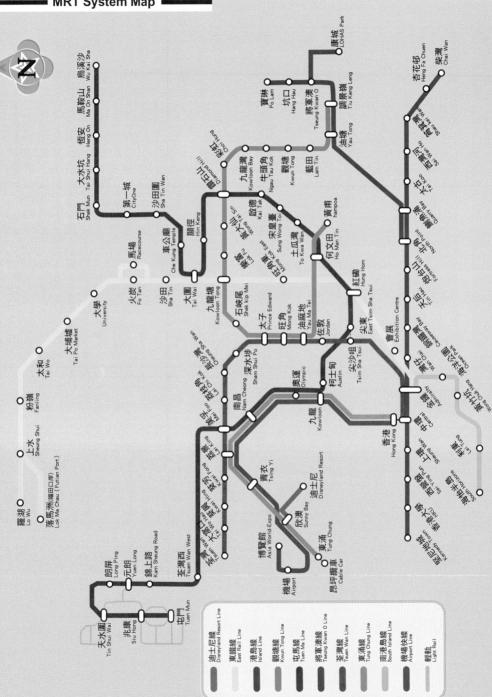

香港全圖

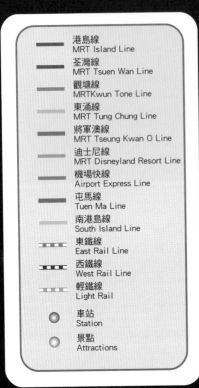

港島線
MRT Island Line

荃灣線
MRT Tsuen Wan Line

觀塘線
MRTKwun Tone Line

東涌線
MRT Tung Chung Line

將軍澳線
MRT Tseung Kwan O Line

迪士尼線
MRT Disneyland Resort Line

機場快線
Airport Express Line

屯馬線
Tuen Ma Line

南港島線
South Island Line

東鐵線
East Rail Line

西鐵線
West Rail Line

輕鐵線
Light Rail

車站
Station

景點
Attractions

中國

后海灣

浮流山

天水圍

天水圍

兆康

屯門

屯門碼頭

博覽館

機場

赤鱲角

渝景灣

大嶼山

東涌

梅窩

大澳

昂坪360

天壇大佛

大嶼海峽

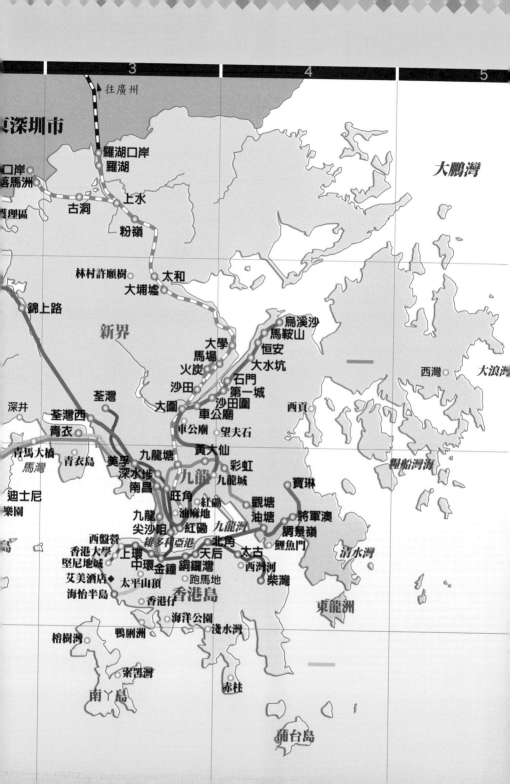

尖沙咀

佐敦·油麻地

上環・中環

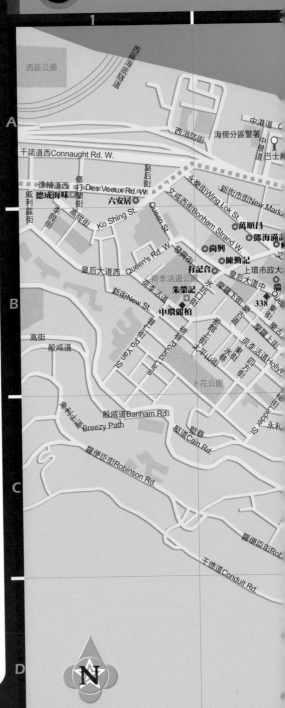

↑往澳門及中國

維多利亞港

7號碼頭
天星碼頭　8號碼頭
9號碼頭
摩天輪
10號碼頭

港澳碼頭

rte&Pop
●澳門茶餐廳
信德中心

往九龍站 1號碼頭
往珀麗灣 2號碼頭
往愉景灣 3號碼頭
往南丫島 4號碼頭
往坪洲、梅窩 往尖沙咀→
往長洲→
5號碼頭 6號碼頭
7號碼頭
天星碼頭

民光街Man Kwong St

民寶街Pieer Rd
民吉街Man Kat Rd

(15、15C公路往山頂)
金融街 國際金融中心

急庇利街#C
文華 林#E4 #E5
干諾道中Connaught Rd. Central
#D
四季酒店

民祥街
上環Sheung Wan ●永安百貨 #A2
#B
維德廣場 #E3
美心
#E1
#E2
龍景軒
Caprice
Pierre Hermé Paris
Sweaty Betty 中環碼頭巴士總站
國際金融中心商場
國際金融中心二期
摩天輪

Wing Lok St.
樓上改良XO醬
先施百貨
忠記粥品
國際金融中心一期
立苑
正斗

諸勝堂
仔沙街
青湯牛腩 生記粥品
蘇杭街
皇后大道中
陳意齋
中遠大廈
新紀元廣場
檸檬王
珍妮曲奇聰明
小熊餅乾
羅富記
民祥街
香港Hong Kong
香港站停車場
港景街Harbour View St

九記牛腩
勝香園
wun ying
九如坊桂坊
元創坊
蓮香樓 太興
羅富記
九龍醬園
威記粥店
譽滿
龍記
中環市街
香港仔
南記粉麵
中環交易廣場巴士站
(往赤柱、淺水灣、海怡半島)
交易廣場 I 期 & II 期
郵政總局

玉葉 Green
公利 Waffle
Diner
SOHO
美食區
Mr Simms
Olde Sweet
Shoppe
蛇王芬
泰昌 羅富記
往好的
春回堂藥行
瘋狂小面
麥文
樂燒鵝
陸羽
永樂園
怡和大廈
恒生保險
大會堂
紀念館

大館
雲咸街
亞畢諾道
祥興記
黃枝記
鋪記
馬莎
娛樂行
置地廣場
置地文華
歷山大廈
L'Atelier de Joel Robuchon
太子大廈
立法會大樓
遮打大樓
文華東方
快船廊
皇后像廣場
美心East Cer

清真禮拜堂
摩羅廟街Mosque St
LKF蘭桂坊
迷你酒店
藝穗會
鴻星
新世界大廈
D-MOP
Amber
D-MOP
嘉軒廣場
東亞銀行大廈
COMME des GARCONS
HOODS HK
香港上海
匯豐銀行
中國銀行大廈
皇后大道中
長江中心
遮打オ

天主教總堂
●宏基國際
香港禮賓府
中區政府合署
聖約翰教堂
花園道Garden Rd
長江公園
中銀大

好吃

好買

最好玩

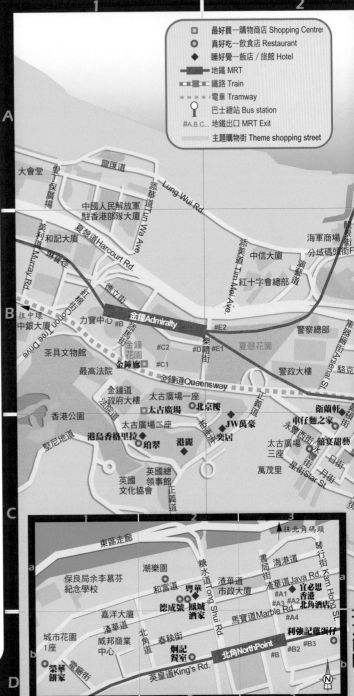

1   2   3

中國廣東
珠海市
關口
友誼大馬路
望廈山
澳門半島

中國廣東
珠海市灣仔
白鴿巢(賈梅士)公園
望德堂坊
(進教圍)
巴士總站
大三巴牌坊
直升機停機坪
外港客運碼頭
澳門十六浦索菲特
議事亭前地
漁人碼頭
葡京
星際
南灣湖激光音樂噴泉 永利
海事博物館
媽閣廟
南灣湖
澳門美高梅金殿
巴士總站
西灣湖
東方文華
澳門旅遊塔

放大圖

澳門博物館
大砲台
大三巴牌坊
大三巴街
鉅記手信
十月田街
咀香園
果欄街
鉅記手信
賣草地街
板樟堂街
草堆街
鉅記士多
營地大街
玫瑰聖母堂
黃枝記 Rainbow Café
澳門大利來記
議事亭前地
咀香園餅家
新馬路
咀香園
義順牛奶公司
咀香園餅家
鉅記手信
咀香園肉乾
市政廳

N

珠江口

友誼大橋
澳氹大橋

觀光局
氹仔臨時客運碼頭

西灣大橋

新世紀
澳門大學
新濠鋒
氹仔
澳門格蘭
澳門國際機場
氹仔村
大利來記

澳門銀河度假村
悅榕莊
新濠天地
中國廣東
珠海市橫琴
大倉
皇冠度假
銀河
澳門君悅
澳門威尼斯人度假村酒店
四季
Hard Rock

路氹城

路環
澳門威斯汀
石排灣郊野公園
大熊貓館

黑沙灣

N

竹灣

好吃、好買，最好玩

Concent
香港 Hong Kong

九龍半島

尖沙咀 / 佐敦‧油麻地 / 旺角‧太子 / 又一城‧黃大仙‧觀塘‧青衣‧深水埗‧沙田

香港島

上環 / 中環 / 金鐘・灣仔 / 銅鑼灣 / 昂坪360・ 寶蓮禪寺・大澳漁村・ 南丫島・長洲・迪士尼樂園

澳門

關於香港的零零總總

特輯 ・香港小單元・

九龍半島

尖沙咀·佐敦·油麻地·旺角
太子·九龍塘·黃大仙·深水埗

九龍半島尖端可以說是全香港最受觀光客青睞的地區。尖沙咀、佐敦、油麻地、旺角等地鐵站連結成一條時尚人氣聚集的動線。不要以為九龍半島只有購物和美食，這裡有文化中心、藝術館可增進你的藝術氣息，欣賞到更多世界級的展覽和表演，還可欣賞維多利亞港日景、夜色的星光大道，還有供遊人休憩的稀有市內綠地——九龍公園，享受城市中難能可貴的大自然。

尖沙咀

親眼見識香港庶民式的繁華，尖沙咀絕對是遊香港的首站。

尖沙咀以被稱做「金一哩」的繁華彌敦道做區分，以東稱做尖沙咀東，以西則為尖沙咀西。這一區聚集了許多購物商場、國際級酒店、大大小小的餐廳、攤販，在此一整天吃喝、購物，都不用擔心找不到想去的地方。

尖沙咀 路線1

潮流必逛區：

廣東道→漢口道→彌敦道

來香港就是要血拼，要血拼就不能錯過尖沙咀，從尖沙咀西邊的新港中心開始，數不盡的潮流名店、國際品牌在向你招手，快步走進店裡吧！到香港沒時間吃沒時間玩不心痛，買不到東西就太對不起飛機票了。

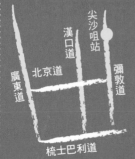

（地圖）
尖沙咀站
漢口道
北京道
彌敦道
廣東道
梳士巴利道

新港中心 M3B2

🏠 尖沙咀廣東道30號　☎ 2735-9208
🕙 10:00～22:00
💡 地鐵尖沙咀站A1、C1、C2出口
🍽 LONGCHAMP、ISA OUTLET、唐宮小聚

位於海港城對面的新港中心，面積雖不大，但只要一到週末假日，必定聚集了逛街的人潮。商場內除了普羅大眾喜愛的LONGCHAMP，

喜歡購買國際品牌包袋、服飾的人，也可以在ISA OUTLET找到CP值高的時尚單品。還有以可愛點心知名的唐宮小聚，以及多元選擇的B1美食街，逛累了搭手扶梯到樓下即可填飽肚子。此外，香港最大的日本動漫體驗館ANIMA TOKYO預計於2024年底，在新港中心開幕。

開心買

B1的大食代飲食區和台灣的美食街有點相似，最大的不同在於，不論你想吃哪一家店的食物，都必須先到一個收銀台點餐付錢，再依收據分別領取食物。

八月茶室

🏠 新港中心G18-G18A & G23
☎ 2332-0961
🕐 07:00～22:00

如果不想在美食街穿梭，或是在樓上的餐廳用餐，那這家座位寬敞、燈光明亮且菜色選擇多的高CP值茶餐廳，是逛街後飢腸轆轆的好選擇。只要避開上班族中午、下班用餐時間，不需排隊就能迅速飽餐一頓。店中雖以QR code掃碼點餐為主，但沒有網路時，也可以直接向服務員點菜。小炒類的炒一丁、炒牛河、炒烏冬、煲仔小菜，以及川辣風味的酸菜魚、水煮牛肉等都是不踩雷的美食，飯後再來道炸小饅頭和港式飲品絕對滿足。

XO醬海鮮炒一丁　　鹹魚雞粒豆腐煲

富豪雪糕車 M3B2

🏠 九龍尖沙咀的海防道和廣東道交叉路口附近
🕐 營業時間不定，依司機時間
🚇 地鐵尖沙咀站A1出口
$ 平價（每人約港幣20元以內）
🗨 蓮花杯、果仁甜筒、雪糕

在香港的鬧區街邊，常會看見一台專賣雪糕的流動攤販車，尤其在炎熱的夏天，總有許多逛街的路人邊走邊吃，希望吃了能消暑。雖然是流動攤位，但在某些固定地方，像尖沙咀海防道新港中心旁馬路上，就有一輛固定的攤位車，只要週末假日都會出現。逛街至這附近時，留意一下路邊，來支雪糕或奶味重、軟滑香濃的冰淇淋吧！

開心吃

富豪雪糕車沒有一定的營業時間，完全看司機的時間，所以可能早上10點，也有可能中午才開始。通常在有人潮的地方，像尖沙咀海防道新港中心旁馬路、尖沙咀和中環的天星碼頭、灣仔金紫荊廣場等處皆可看見。

21

潮流必逛區：廣東道→漢口道→彌敦道

中港城 M3A1

結合購物娛樂和酒店多用途商業大樓

🏠 九龍尖沙咀廣東道33號
☎ 3119-0288 ⏰ 10:00～21:00
🚇 地鐵尖沙咀站A1出口
🍴 合味道紀念館香港、餐廳

靠近九龍公園旁邊，有著金黃色建築外觀的中港城，也是一結合商場、酒店和辦公大樓的綜合大樓。中港城不若海港城中國際品牌雲集，這裡則集合了許多當地保健食品、土產，以及港喜冰室、大家樂等美食餐廳。來往中國、澳門（時有變化）的客運碼頭，離境和入境大堂則設於中港城1樓。而2021年開幕的合味道紀念館香港，更讓中港城成為親子、年輕人假日休閒的好去處。

合味道紀念館

日本之外海外第一家享受杯麵DIY樂趣

🏠 中港城2樓26-35號
☎ 3406-6600 ⏰ 11:15～19:15（週一、二、四、日），週三休館
🚇 地鐵尖沙咀站A1出口
🎫 體驗工作坊、紀念品
「我的合味道工作坊」門票港幣60元
「出前一丁工作坊」門票港幣120元
「穀物麥片工作坊」門票港幣60元

合味道紀念館是紀念日清泡麵發明人、杯麵之父安藤百福而設立的體驗型博物館，以往只能在日本橫濱、大阪參觀體驗，但從2021年起，你也能在尖沙咀中港城裡的「合味道紀念館香港」體驗，製作屬於自己的杯麵囉！除了展出紀念品、泡麵牆、巨型杯麵凳和互動小遊戲之外，特別推出超人氣的三大體驗工坊：我的合味道工作坊（需30分鐘）、出前一丁工作坊（需90分鐘）和穀物麥片工作坊（需30分鐘）。前往體驗前，建議先在官網上預定工坊門票與場次（https://cupnoodles-museum.com.hk/）。

從中港城大門進來，由正門口大手扶梯後面的手扶梯上來，在門口看到一個可愛的「清仔」立牌，就是紀念館門口了。先將預約工作坊門票的QR code交給工作人員，等待進場。進入紀念館後先開始工作坊體驗，等完成獨一無二的杯麵後就可以慢慢觀看紀念資訊，離開前，再購買紀念品了。像香港才買得到的「XO醬海鮮味杯麵」、「黑胡椒蟹味杯麵」等，千萬不要錯過！我這次參加的是「我的合味道工作坊」，分享流程給大家參考喔。

我的合味道工作坊體驗流程

Step 1 消毒雙手，選好麵杯，蓋上透明蓋子。

Step 5 蓋上杯蓋。

Step 2 用桌上的色筆，畫好杯身的圖案，寫上製作日期，再用機器反轉泡麵。

Step 6 用機器將杯麵套好收縮膜。

Step 3 選擇喜歡的湯底、配料。

Step 7 把充氣袋泵脹，利於保存，完成囉！

Step 4 舀入湯底、配料。

我的成品！

開心吃

1. 如果週三遇到國定假日，當天將如常開放，其後一天休館。
2. 在繪製杯身時，只能用桌上提供的色筆，不可以使用自己的色筆、膠帶等。此外，30分鐘時間很緊湊，繪圖時間需控制在15分鐘，才能完成接下來的步驟。

潮流必逛區：廣東道→漢口道→彌敦道

DFS旗下香港T廣場 M3B2

精品配飾、首飾齊全
紀念品伴手禮一次買好

🏠 九龍尖沙咀廣東道28號力寶太陽廣場
☎ 2302-6888
🕐 10:00～21:30（週一、二、四）
　　10:00～22:00（週五、六、國定假日）
💡 地鐵尖沙咀站A1出口
💬 NOC Coffee Co.、Leblon Delienne、The Peninsula Boutique

商場經過重新翻修後，空間寬敞。除了Burberry、Coach、Ferragamo、Jimmy Choo等國際品牌服裝配飾、化妝品、珠寶之外，也能買到伴手禮、紀念品，和知名

的GODIVA、Venchi巧克力、The Peninsula Boutique點心等，也有許多可供逛街後略微休息的咖啡廳。一樓大門旁顯眼的「Leblon Delienne」，是1987年創立的法國品牌，設計師夫妻Maria Leblon和Eric Delienne運用樹脂，把一些耳熟能詳的卡通、漫畫人物，像皮卡丘、史奴比、藍色小精靈、米奇等創作出趣味的造型公仔，可裝飾居家或當作收藏。

NOC Coffee Co.

短暫放鬆，享受咖啡
與早午餐的好地方

🏠 高層地下02號舖
☎ 2310-8868
🕐 08:00～21:00（週一～五），09:00～21:00（週五、六、國定假日）
💡 地鐵尖沙咀站A1出口
💬 all day breakfast、蟹肉藜麥沙律、香煎牛肉沙律碗

想在尖沙咀鬧區中享用早午餐，位於廣東道T廣場的NOC Coffee Co.，是忙中偷閒的好去處。搭乘手扶梯一上2樓，映入眼簾的是一片白色基調，餐廳簡約的設計讓人放鬆，營造愉悅的用餐氛圍。來盤豐盛的「all day breakfast」，配上咖啡，逛街都有好心情。

引爆你購物慾望的
歐、美、日流行精品集中區

海港城 M3B1

⌂ 九龍尖沙咀廣東道3～27號
☎ 2118-8666
🕙 10:00～22:00
💡 地鐵尖沙咀站A1、C1、C2出口，尖沙咀
　天星碼頭
💬 LCX、Moncler、Ami、Stella McCartney

鄰近維多利亞港邊，位於熱鬧地段的海港城，是由港威商場（GW）、海洋中心（OC）、海運大廈（OT）和馬哥孛羅香港酒店商場（HH）和星光城（ST）組成，內有約600多家商店、50家餐廳，是尖沙咀地區最大型的購物商場。商場中販售男女服飾、皮飾配件、運動用品、化妝品和city'super超市等，店家數量多到逛一整天都逛不完。其中很受大家歡迎的45R、Alice + Olivia、Ami、Hermès Beauty、MAJE、Moiselle、Moncler、Stella McCartney等品牌都看得到，聞名於港的Joyce品牌複合店、LCX商場、Lane Crawford在這裡也都有設店，一網打盡歐、美等流行品牌。

Diesel

兼具時尚、性感、個性
打造獨特風格！

⌂ 港威商場L2 2506
☎ 2117-0418 🕙 10:00～22:00
　高價
💬 牛仔褲、休閒服飾

來自義大利的知名品牌，設計兼具時尚、性感、個性的牛仔褲廣受喜愛，此外，每季也推出休閒服飾、配飾等商品，包袋、帽子更是實用的單品。店內產品的品項多且空間寬敞，可以輕鬆享受購物。

修飾體型的牛仔褲

7 for all mankind

⌂ 海運大廈 L3 OT311
☎ 2722-9398

來自洛杉磯，受到名人如卡麥蓉迪亞茲、安吉莉娜裘利喜愛的歐美頂級牛仔褲，不同於一般休閒率性風牛仔褲，設計著重在修飾體型和時尚華麗感。在這家專門店裡，喜愛牛仔褲的愛美女性，可以盡情挑到適合自己體型的商品，穿出曼妙好身材。

25

LCX

人氣品牌集中地 一站式購物區最省時

🏠 海運大廈 L3 OT300
☎ 3102-3668
🕐 10:00～22:00
💬 Mr Simms Olde Sweet Shoppe、BEAR & FRIENDS

由數個購物區構成的尖沙咀LCX，是一個人氣品牌集中地。商品從服飾、皮件、配飾到化妝品、家飾品、糖果、飲食等應有盡有。像色彩繽紛的專櫃，擺滿了玻璃罐裝、袋裝的軟糖的「Bears & Friends」，是專門販售德國立體小熊軟糖。這是亞洲的第一家分店，當中最受歡迎的是「果肉軟糖」。

而專售復古風英式糖果、巧克力的老店「Mr Simms Olde Sweet Shoppe」，在英國有超過一百家連鎖店，現在香港也吃得到了。糖果種類豐富，在中環也有店面。

另外，色彩豐富、設計活潑的香港成衣品牌「SUGARMAN」，推出一系列男裝、女裝和童裝。全家旅遊時，不妨買些親子裝，日常休閒都很實穿。香港機場離港層（L6）近60號登機閘口也有店鋪。

HONBO漢堡

香港本地品牌 屢獲國際漢堡優

🏠 港威商場 L2 2602 ☎ 9638-9394
🕐 12:00～22:00
💬 經典漢堡、雙層芝士漢堡

香港本地的漢堡店，曾獲選「全球最佳漢堡2020」、「亞洲50間最佳漢堡店2019」。漢堡皮外脆內軟，起司濃郁，肉排多汁，和薯條是絕配！由於店內桌數較少，取餐後可以推開旁邊的玻璃門，到陽台一邊看海景一邊享用，十分愜意。

開心吃
全店用英文點餐，用餐時段外帶需等候20分鐘。付款時可以用信用卡，目前無法使用八達通、港幣現金支付。另外，有提供素食品項「IMPOSSIBLE漢堡」。

BAPE CAFÉ®

潮流服飾＋餐飲
複合式人氣品牌店

- 🏠 港威商場地下G301
- ☎ 2705-9340
- 🕙 11:00～21:00（週一～四、週日）
  11:00～22:00（週五、六）
- 💬 漢堡、烤雜梅蘋果金寶、肉桂鮮奶咖啡、窩夫

當你看到猿人頭和Baby Milo可愛頭像的玻璃門，沒錯，你已經在BAPE CAFÉ的門口。這是香港的第一家BAPE CAFÉ店，將飲食與A BATHING APE服飾店結合，讓APE粉絲能吃又能買。店內設計紅、藍、綠三色經典迷彩圖案座位，清爽的大理石吧檯；餐點則以西式排餐、漢堡、義大利麵飯為主，加上咖啡、茶與啤酒等飲品，還有冷熱甜品，很適合下午茶或用餐。大部分餐點和飲料、餐巾紙上，猿人頭圖案巧妙現身，讓粉絲們捨不得吃。

肉桂鮮奶咖啡

薄荷朱古力咖啡

烤雜梅
蘋果金寶

DALLOYAU

法國甜點老舖
在香港就能品嘗

- 🏠 港威商場 L3 3220
- ☎ 3185-8330
- 🕙 08:30～21:30（週一～五），11:00～22:00（週六、日、國定假日）
- 💬 馬卡龍、歌劇院蛋糕（Opéra）、焦糖脆脆榛子杏仁蛋白餅

來自法國，已有300多年歷史的甜點店DALLOYAU，在香港有好幾家分店。位於海港城的這家店，外帶區顧客較多，馬卡龍、小蛋糕買了就走，十分方便。逛街累了，但肚子不是太餓時，可以到內部座位區食用下午茶。

Sugarfina

來自L.A.的超紅品牌
品嘗大人口味軟糖、巧克力

- 🏠 海運大廈地下OT G31
- ☎ 2116-4688
- 🕙 11:00～20:00（週一～四），11:00～21:00（週五～日、國定假日）
- 💬 玫瑰香檳小熊軟糖、焦糖海鹽黑巧克力

這家號稱「大人口味」的軟糖來自美國洛杉磯，受到許多名人、貴婦的喜愛，海港城店是海外第一家店。除了軟糖粉嫩顏色討喜，獨特口味如經典的玫瑰香檳小熊軟糖（Ros All Day Bears）、咖啡小熊、果汁風味軟糖，讓人一吃成主顧，而焦糖海鹽黑巧克力則是軟糖之外的最強推薦。

Bakehouse **M3B2**

人氣排隊麵包店
葡撻、歐式麵包必買！

🏠 九龍尖沙咀漢口道44號地舖
☎ 2311-2061　⏰ 08:00～21:00
💡 地鐵尖沙咀站A1出口　$ 平價
💬 酸種葡撻、牛角包、鹹蛋焦糖吉士菠蘿包

近年來非常火紅的Bakehouse，是由香港四季酒店前糕點總廚創立，專售酸種歐式麵包，但人氣商品是外皮口感酥脆，內餡香濃滑順的葡式酸種葡撻、牛角包，幾乎天天大排長龍，人手一盒。除了葡撻之外，酸種風味的佛卡恰、金寶蘋果、葡萄乾蘋果司康，融合中西風味的鹹蛋焦糖吉士菠蘿包也很推薦喔！

adidas旗艦店 **M3C2**

亞洲最大adidas
現身尖沙咀

🏠 九龍尖沙咀漢口道17號D舖
☎ 2730-0157　⏰ 11:00～22:00
💡 地鐵尖沙咀站C1出口
💬 Samba、Superstar、Gazelle系列

四層樓高的醒目大看板很難讓人忽視，這是亞洲最大的adidas旗艦店。每層主打不同系列商品，幾乎所有系列都看得到，甚至像少見的adishe女性運動內衣、專為日本設計的Japanese Range系列。特別推薦名設計師操刀的adidas by Stella Mccartney系列，將運動服帶向時尚、功能化，雖然台灣也買得到，但這裡的款式較多，且價錢更親切。

德發牛肉丸與合香園 **M3B2**

🏠 九龍尖沙咀海防道390號熟食檔19號和9號舖
☎ 2376-1179
⏰ 07:30～19:30，週三休息（德發牛肉丸）
　　07:30～20:00，週一休息（合香園）
💡 地鐵尖沙咀站L5出口
$ 皆為平價（每人約港幣50元以內）
💬 牛丸、牛丸米、咖央多、牛肉河粉

這兩家小攤位於海防道上熟食檔，也就是新港中心側門旁的菜市場中，因為是在市場較中間位置，如果想吃又怕市場雜亂的話，可以兩個人結伴前往。德發牛肉丸以牛丸聞名，口感極佳。合香園的牛肉河粉麵軟肉鮮嫩，價格又便宜，CP值很高，另外咖央多士也很受推崇。

傳統市場中的
美味，CP值高

澳門茶餐廳 M3B2

🏠 九龍尖沙咀漢口道40-46號華原大廈地庫
☎ 2628-1990
🕐 07:00～18:00（週一～四、日），
　07:00～21:30（週五、六）
💡 地鐵尖沙咀A、H、R出口
💲 平價（每人約港幣50元以內）
💬 豬扒飽、皇子BB鴿、焗葡國雞
　飯、奶油豬仔飽

吃得到重口味餐點
澳門飲食店

用澳門葡國雞圖案做標誌，融合了澳門和
港式飲食口味的茶餐廳，經過裝修後店
面變較寬敞，但熱鬧的用餐時刻仍需與
人併桌。推薦充滿焗香的葡國雞飯、
咖哩焗飯，以及肉嫩多汁的澳門豬扒
飽，再來杯凍檸茶，吃飽喝足才有體
力展開徒步之旅。

炒飯

乾炒牛河

辣味肉丁

咸檸

開心吃

BB鴿就是體積較小的乳鴿；凍檸茶是冰檸檬茶，在香港餐飲店食用
冰飲料通常會較熱飲貴港幣2～5元左右。

恆香老餅家 M3B2

🏠 尖沙咀漢口道38-40號漢興大廈地下B號舖
☎ 2618-6306　🕐 11:00～20:00
💡 地鐵尖沙咀站A1出口　💲 平價
💬 老婆餅、月餅、雞仔餅

香港本地製作
百年老字號餅店

元朗起家，專門販
售港式傳統港式糕
餅，像最著名的
老婆餅、雞仔餅、
杏仁餅、鳳凰捲、
手造雞蛋捲和月餅
等，都是老店知名
品項，不只吃風
味，更是吃情懷，
許多人買來當伴手禮，帶往世界各地。個人
也很推薦口味特別的皮蛋酥、蛋黃蓮蓉酥。

開心吃

如果想要買回台灣，要特別注意餅中如果含有
肉塊、肉末，千萬不可帶含肉的商品回台。

旺記冰室 M3B2

港式平民美食
選擇多樣、吃得飽！

🏠 尖沙咀亞士厘道29-39號九龍中心大廈地舖
☎ 2617-2616　🕐 07:30～22:00
💡 地鐵尖沙咀L5出口
💲 平價（每人約港幣50～80元）
💬 叉燒滑蛋飯、鮮奶油煉奶豬仔包

位於尖沙咀小巷
中，附近集中不
少餐廳，假日人
潮稍多。店面不
大，但餐點很多
可以選擇。如果
沒有很餓，可以
來份煉奶花生醬

豬仔包、西多士，搭配絲襪奶茶或鴛鴦。
一般茶餐廳的餐點，像火腿絲通粉、豬扒
飯、撈麵等都有，如果懶得點菜，可以在
店家配好的早、午、下午茶和晚餐套餐中
選擇。

阿四快餐 M3B2

料多實在價格便宜
讓你吃得飽

🏠 九龍尖沙咀樂道21號地下
☎ 2311-6882
🕐 24小時
💡 地鐵尖沙咀站A1出口
$ 平價
　（每人約港幣50元以內）
🍴 公司三文治、咖哩豬扒飯

香港旅遊最需要的就是腿力，尖沙咀逛街走得很累，恨不得馬上填飽肚子時，這間平價的快餐店，是不錯的選擇。朋友推薦店裡的「公司三文治」，蔬菜、火腿和雞蛋，料多實在，再來杯飲料，絕對吃得飽，再繼續血拼之旅。

開心吃

什麼是「公司三文治」？這類三文治通常以大量蔬菜、肉和醬汁為材料，因份量較大，以往多是公司員工共同叫外賣分食。每家店的公司三文治餡料都不同，更能表現餐廳的特色。

九龍清真寺 M3B2

鬧區街市中的
異國風建築

🏠 九龍尖沙咀彌敦道105號
🕐 11:00～18:00（週四）
　 15:00～18:00（週六）
💡 地鐵尖沙咀站A出口

清真寺位在彌敦道和海防道交叉路附近，是香港規模最大的清真寺。它位於九龍公園旁，是以白色大理石為建築基礎。每當你經過柏麗購物大道時往旁邊看，就會看到一群群的回教徒聚集。這裡是1896年時為了印度英軍而設立的，但在1984年改建成現在的模樣，四根尖塔搭配一個圓頂的外型，裝飾上大量使用格子窗戶，非常具有異國風味。

柏麗購物大道 M3A2

🏠 九龍尖沙咀彌敦道上
　（九龍清真寺至柯士甸道前）

🕐 11:00～，依商店營業時間略有差異

💡 地鐵尖沙咀站A1出口

🚪 LACOSTE、戶外休閒服飾

露天商店悠閒漫步
大享掃街購物的樂趣

彌敦道上，從九龍清真寺起，一路至柯士甸道前的這一區域，集結了一間間的商家，就是有名的柏麗購物大道。這裡的商店多只有2樓，因店面寬敞，逛起街來心情更加愉悅。目前有LACOSTE、TOUGH、周生生珠寶、運動用品店、戶外休閒服飾店、裕華國貨、小飾品等店家，價格多屬中價位。

亞洲五大最佳地段
的血拼高點

iSQUARE國際廣場 M3B2

🏠 九龍尖沙咀彌敦道63號

☎ 3365-3333　🕐 11:00～22:30

💡 地鐵尖沙咀站H、R出口

🚪 MARKS＆SPENCER百貨、Ellesse

原址是舊凱悅酒店的iSQUARE國際廣場，為一樓高31層的複合式商場，包括電影院、健身中心和餐廳。其中，有來自英國，販售食品和服飾、用品的馬莎百貨（MARKS＆SPENCER），實穿的義大利休閒服牌「Ellesse」，以及可以買到很多當地和進口商品的超市「Market Place」。20～31樓的iTower由於位置較高，很多店舖都可看到尖沙咀的樓景和維多利亞港景色。但須在LB層或L3層轉乘升降機才能到達。

上海婆婆336

專攻年輕人
的上海菜

🏠 國際廣場605～606號舖　☎ 2806-1833　🕐 11:00～16:00，18:00～23:00

💡 地鐵尖沙咀站H、R出口　💲 中價（每人約港幣100～200元）

🚪 冰鎮醉黃油雞、小籠包、魚籽煙燻蛋

期望跳脫傳統上海餐廳裝潢保守、顧客較年長的印象，打造成潮流時尚的餐廳，同時更積極打入年輕人市場。店名的「336」象徵上海別墅的門牌號碼，也是上海話「謝謝儂」的諧音，店家希望能做好每一道菜來答謝顧客。招牌菜有冰爽的冰鎮醉黃油雞，品相漂亮，還有帶點淡煙燻味的魚籽煙燻蛋、超大蝦仁裹上鹹蛋黃拌炒的鹹香蝦球和皮薄美味的小籠包。

北京道→梳士巴利道→星光大道
燈光美、氣氛佳區：

絕美的維多利亞港夜景加上炫麗燦爛的「幻彩詠香江」電子燈光秀，每天晚上都有，每天看都值得！

尖沙咀站
漢口道
北京道
彌敦道
廣東道
梳士巴利道
星光大道

北京道1號名店街 M3C2

吸引人目光的特殊建築

🏠 九龍尖沙咀北京道1號
☎ 3417-3000
🕐 11:00～20:00，依商店營業時間略有差異
💡 地鐵尖沙咀站C1出口
💬 DIOR HOMME男性精品

位於尖沙咀心臟地帶的北京道1號，是一高29層樓的綜合商業大樓，從維多利亞港望過去，它的外型有如一艘帆船，曾獲得香港建築學會的設計大獎。低樓層聚集了DIOR HOMME、miumiu、Fendi、Ermenegildo Zegna、Cartier等世界名牌精品店，其中DIOR HOMME男性精品，是全球少見的獨立旗艦店，商品齊全，是時尚男性不可錯過的聖地。

1881 M3C2

🏠 九龍尖沙咀廣東道2號A
🕐 依商店營業時間略有差異
💡 地鐵尖沙咀站E出口
💬 國際精品

齊聚於維多利亞風格建築下的名品殿堂

前身為香港水警總部的1881，主要由前水警總部主樓、前馬廄、前時間球塔、舊九龍消防局和舊宿舍組成。維多利亞式的建築風格，讓人彷彿回到回歸前的香港。結合了飯店和ROLEX、IWC、Van Cleef& Arpels、KWANPEN等多家國際級精品。試想一邊逛著精品店，一邊還能在美麗的樓層中散步、參觀展覽館，多雅致呀！

半島酒店名品廊 M3C2

🏠 九龍尖沙咀梳士巴利道
☎ 2920-8888
🕐 依品牌營業時間略有差異
💡 地鐵尖沙咀站E出口
💬 上海灘等國際品牌

半島酒店的1樓和地
下樓，集合了Louis
Vuitton、TIFFANY
& Co.、CHANEL、
HERMES、Christian
Dior、Cartier、上海灘等國際名牌，其中
80%以上的皮件和珠寶，對喜歡購買精品
的人來說，可以說是購物天堂。而且這些
店面因在酒店內，較其他商場的名店來得
安靜，更可以好好選購。

半島酒店大堂茶座
The Lobby

正統
英式下午茶

☎ 2696-4772
🕐 14:00～18:00下午茶時間
高價（每人約港幣468元+10%）

建於1928年的香
港半島酒店，被
喻為世界10大最
佳飯店，飯店內
餐廳、飲食店鋪
都維持不錯的水
準。其中，你更
不能錯過半島酒
店的大堂茶座，
這個集合了情侶、文人雅士、觀光客的優
雅餐廳，最有名的是它的下午茶。由於慕
名而來的人實在太多，排隊的長列、喝下
午茶的時間長也成了兩大特色。這裡推出
的是正統的英國下午茶，高級的茶具、點
心盤都是知名銀器品牌TIFFANY&Co.特別
為其製作的。1人下午茶約港幣468元，2
人則為港幣828元。如果你不想點整套的
下午茶餐，也可以單點潛艇飽、特大號三
明治或蛋糕、餅乾。

% Arabica **M3C1**

香港創店，日本翻紅
簡約優雅風外帶咖啡店

🏠 尖沙咀天星碼頭1樓KP-41號舖
☎ 2323-5203
🕐 09:00～17:00
💡 地鐵尖沙咀站L5出口
$ 平價（每人約港幣50元）
🍵 西班牙拿鐵、京都拿鐵、冰美式咖啡

目前在台灣僅台北象山一家店，在香港有
好幾家店面。主打外帶咖啡，也可以點杯

咖啡，坐在店內
高腳椅或海邊附
近品嘗。天星碼頭店因為於渡輪口附近，來往
多是遊客、上班族，以外帶居多。奶香濃郁、
苦味適中的西班牙拿鐵，以及夏天消暑的冰美
式咖啡是我的必點品。

鐘樓 **M3D2**

尖沙咀地區
法定古蹟

🏠 香港文化中心和天星碼頭間
🕐 09:00～23:00
🕐 14:00～19:00下午茶時間
💡 地鐵尖沙咀站E、J、K、L3出
　口、天星小輪尖沙咀碼頭

鐘樓位於香港文化中心跟天星碼
頭間，曾是連接歐洲與亞洲的西伯利亞鐵路舊九龍車站的總站，建於
1915年，目前是香港九龍區的法定古蹟之一。這裡也是觀光客拍照的
必選場景，更是當地情侶約會、拍照的好地點。鐘樓的四面都有鐘，
直到目前為止，依然準確報時。

香港文化中心 **M3C2**

🏠 九龍尖沙咀梳士巴利道10號

藝術大匯集
的藝術景點

☎ 2734-2009　🕐 09:00～23:00
$ 依展覽有所差異
💡 地鐵尖沙咀站E、J、K、L3出口、天星小輪尖沙咀碼頭

1989年正式啟用的香港文化中心，位於尖沙咀海邊，溜滑梯的屋頂早
已成為海邊標誌之一，這裡是香港市民和觀光客吸收文藝資訊、看表
演的好地方。劇院和音樂廳有時會有一些免費的表演。觀光客必到的
餐廳映月樓，就是位於這裡的二樓。香港文化中心前有一條長長的樓
梯，如果你走累了，可以坐在那吹吹海風歇歇腳休息一下。

可邊啖美食
邊飽覽維多利亞海港景致

映月樓 **M3C2**

⌂ 九龍尖沙咀香港文化中心1～2樓
☎ 2722-0932
🕐 11:00～15:00 / 17:30～23:00（週一～五）
　　10:00～15:00 / 17:30～23:00（週六、日、國定假日）
🚇 地鐵尖沙咀站L6、E出口
$ 中價（每人約港幣80～100元）
🍽 港式點心

在維多利亞海港邊文化中心2樓的映月樓，
樓下就是婚姻介紹所，許多新人登記完就
近來此宴客，但這裡並非只有喜慶宴客
菜，還有精緻的港式點心可供選擇。因為
用餐風景佳、座位大，可舒服地邊吃邊眺
望海邊景色。這裡的點心普遍上口味較清
淡，像瑤柱韭菜餃、牛肉燒賣、叉燒包
和魚翅餃等都是不錯的選擇。

蟹黃燒賣

牛肉丸

蝦仁腸粉

韭菜餃

魚翅餃

香港太空館 **M3C2**

吸收天文知識
的寶庫

⌂ 九龍尖沙咀梳士巴利道10號　☎ 2721-0226
🕐 13:00～21:00（週一、三、四、五），10:00～21:00（週六、日）
　　聖誕節前夕、除夕開放至17:00，週二、農曆年初一、初二休息
🚇 地鐵尖沙咀站E、J、K、L3出口、天星小輪尖沙咀碼頭
$ 詳情見香港太空館網站，週三免費

雞蛋形的建築外觀，很容易找到。太空館除了有天文、地理、動物相關的靜態展覽外，還有
動態影片可以觀賞，每場約40分鐘。禮品店裡販售許多與天文有關的商品，像是天文月曆、
星圖、太空館書籤等就很值得收藏。
開心玩
太空館的詳細門票價格和優惠，可參照網頁上的公布。

香港藝術館 **M3D2**

> 旅遊也可以很知性
> 來逛藝術館

- 🏠 九龍尖沙咀梳士巴利道10號 ☎ 2721-0116
- 🕐 10:00～18:00（週一、二、三、五、日），10:00～20:00（週六）
  聖誕節前夕、除夕開放至17:00，週四、農曆年初一、初二休息
- 💡 地鐵尖沙咀站E、J、K、L3出口、天星小輪尖沙咀碼頭
- $ 展覽館各港幣10元

1991年落成的藝術館，主要展出中國古代文物、書畫和現代藝術品，以及香港當地藝術家的作品，同時也有國外名作的短期展覽。這裡的藝術館書店販售許多種類的書籍、禮品，很有特色，除自己收藏，也適合當禮物送人。位於金鐘的茶具文物館，是藝術館的分館。

K11 MUSEA **M3C3**

> 結合文化藝術與商業
> 一站式購物飲食商場

- 🏠 九龍尖沙咀梳士巴利道18號
- ☎ 3892-3890 🕐 10:00～22:00
- 💡 地鐵尖沙咀站J出口
- 💬 MoMA Design Store、王家沙・花樣年華
  上海菜餐廳

位於尖沙咀海邊，K11 MUSEA（K11人文購物藝術館）是結合了購物、娛樂、飲食、文化藝術的綜合大型商場，因此商場內四處可見大小名家裝置藝術品、多面綠化牆，並在1樓開設了現代藝術博物館的設計商店「MoMA Design Store」，是亞洲最大的分店。1～6樓集合男女時裝、運動服飾、奢侈品、藝術展覽廳和高級餐廳，B1為化妝品專區，B2有美食廣場、大型超市等。

幻彩詠香江 M3D2

難得一見的
美麗燈光秀

⌂ 尖沙咀星光大道　◷ 08:00～08:18

🚇 地鐵尖沙咀站J出口、天星小輪尖沙咀碼頭

每晚08：00～08：18，準時開演一場炫麗燦爛的電子燈光秀，叫作「幻彩詠香江」。主要是由香港島和九龍兩邊的建築，串連起來一起呈現的燈光秀表演。雖然只有短短的8分鐘左右，但卻讓人彷彿參加了一場特殊節日才有的露天大型表演。記得一定要提早來到佔位子喔，否則可是搶不到好位子。

開心玩

想要佔個好位置嗎？可提前到香港文化中心外面的尖沙咀海邊、星光大道，以及灣仔金紫荊廣場的海濱長廊欣賞。

星光大道 M3D2

觀光客必訪
海濱長廊

⌂ 位於九龍尖沙咀梳士巴利花園南端
　到新世界中心間的一段海濱長廊

🚇 地鐵尖沙咀站J出口、天星小輪尖沙咀碼頭

李小龍、成龍、張國榮……，只要是巨星、名導演，都可以在這裡看到他們的手印。星光大道是為了表揚香港電影界優秀演藝人員而設立的，是當地人平日休閒、更是觀光客必到訪的景點之一。在這條海濱長廊上，除了地上101人的星光手印、與電影有關的裝置藝術和紀念品店，還是眺望香港島摩天大樓、欣賞夜景的好地點。除了清晨外，幾乎一整天都擠滿了來自世界各地的觀光客。

張曼玉的手印

開心玩

來到星光大道必定會看到許多的星光手印，你很容易發現某幾個明星的手印特別油亮，這是因為來到這的觀光客總喜歡將自己的手印在偶像的手印上，不用說，像劉德華、梁朝偉、張曼玉、周潤發的手印總是特別黑的發亮。

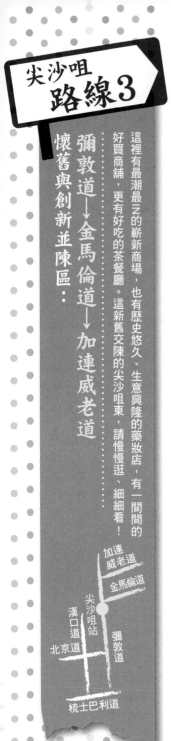

尖沙咀 路線3

懷舊與創新並陳區：

彌敦道→金馬倫道→加連威老道

這裡有最潮最乏的嶄新商場，也有歷史悠久、生意興隆的藥妝店，有一間間的好買商舖，更有好吃的茶餐廳。這新舊交陳的尖沙咀東，請慢慢逛、細細看！

加連威老道
金馬倫道
尖沙咀站
漢口道
北京道
彌敦道
梳士巴利道

錦繡唐朝 M3C2

用吸鐵環遊世界
獨特的伴手禮商店

🏠 九龍尖沙咀彌敦道27-33號良士大廈地下E1號舖
☎ 3188-5177　🕐 09:00～19:00
💡 地鐵尖沙咀站H出口　$ 平價　🛒 各式特色吸鐵

旅途中有些人喜歡購買當地美食，有些人則喜歡蒐集具有各地特色的吸鐵，這小小一家店面，牆面上貼滿各式吸鐵，不管是風景、美食、路標，各種主題圖案的都有，還有特色紀念品可以盡情選購。

開心玩
店舖面向北京道，不是在彌敦道上，稍微找一下就能看到。

重慶大廈 M3C2

昔日森林擴展
為嶄新商場

🏠 九龍尖沙咀彌敦道36-44號
🕐 依各店家有所差異
💡 地鐵尖沙咀站E或F出口
💬 活方廣場、新德里餐廳

建於1961年的重慶大廈已有50年歷史，這裡向來是歐美背包客群集的地方。也是 王家衛《重慶森林》的拍攝現場之一。其實17層樓、770多個單位不只有小型賓館，還包括東南亞餐廳、咖哩小食店及外幣找換店。咖哩餐廳以新德里餐廳最負盛名。大廈於2004年翻新增加「重慶站」及「活方」等獨立商場，「重慶站」有莎莎、國際萬寧，和近來熱門的珍妮曲奇聰明小熊餅乾。「活方」在地下1樓，以日式地下街商場模式經營，裡面包括馳名香港的老字號茶餐廳蘭芳園、米蘭站二手精品店。

珍妮曲奇聰明小熊餅乾 M3C2

🏠 九龍尖沙咀54-64號美麗都大廈地下24號舖
☎ 2311-8070　🕐 10:00～19:00　💡 地鐵尖沙咀站D2出口
$ 中價（每人約港幣100～150元）
💬 四味奶油曲奇、果仁曲奇

發跡於赤柱的Jenny Bakery，以印有不同泰迪熊圓盒包裝聞名，打開盒蓋之後，牛油味及咖啡味整個撲鼻而來，遠遠得都聞得到。招牌餅盒4mix裡面包含了軟牛油、脆牛油、軟咖啡和燕麥葡萄乾四種口味，還有咖啡杏仁、腰果、杏仁、榛子、合桃、開心果、水果皮合桃和巧克力豆8mix口味，杏仁薄片也很受歡迎。老闆說每隔一段時間會換小熊圖案，很適合送禮和收藏。

K11購物藝術館 M3B3

🏠 九龍尖沙咀河內道18號
☎ 3118-8070
🕙 約12:00～22:00（餐廳時間有所差異）
💡 地鐵尖沙咀站D2、M2出口
💬 基本生活百貨、Juicy Girl、Y3

包含了藝術、人文和自然等主體，號稱全球第一個購物藝術館，從商場大門外的裝置藝術、繪畫作品，即可感受到不同於一般以購物為主題的商場。這裡除了購物區、飲食區以外，更設有藝廊、表演廳、藝文活動等，是一全方位且多元化的大型商場。購物廊中，法國休閒品牌AIGLE、美式甜美風Juicy Girl、基本生活百貨等，都是時下流行的品牌。

三田製麵所

🏠 K11購物藝術館地下G21-G22號舖
☎ 2513-5311 🕙 11:00～22:00
💡 地鐵尖沙咀站D2、M2、N4出口
$ 平價（每人約港幣100元）
💬 三田特製拉麵、沾麵

空間寬敞舒適
餐點選擇多！

這家店的拉麵、沾麵特色在於麵條較粗，口感Q彈，而濃郁的魚介豬骨湯汁，加入辣味更是一絕。在台灣曾有分店，但已經撤出台灣，如果來香港旅遊，可以趁機在此食用。店舖位置明顯，店內空間較一般港式茶餐廳寬敞，是放鬆飽餐的好地方。

Paul Layfayet

🏠 K11購物藝術館G23號舖
☎ 3586-9621 🕙 11:00～22:00
💡 地鐵尖沙咀站D2、M2出口
$ 平價（每人約港幣50元）

甜點界的新貴，
最有人氣小店面！

💬 拿破崙、法式蘋果塔、巧克力蛋糕、法式焦糖燉蛋

位於尖沙咀河內道上的K11購物藝術館，是2009年底才新開幕的購物商場，其中也包含了數家餐館。這家Paul Layfet專售西式甜點，即使店面並不大，卻是近期很受歡迎的法式甜點糕餅舖，推薦拿破崙和法式焦糖燉蛋（Crémé Brûlée）想去吃吃看嗎？得有稍微排隊的心理準備喔！

彌敦道→金馬倫道→加連威老道

懷舊與創新並陳區：

雞記潮州麵食 M3B3

鹹檸檬七喜

🏠 九龍尖沙咀加拿芬道15號C地下
☎ 2301-2099　🕐 07:00～24:00
💡 地鐵尖沙咀站D2出口
$ 平價（每人約港幣50元）
💬 炸紫菜墨丸麵、蝦子油菜、生煎墨魚餅、黑豉油粗撈麵

在香港，賣潮州餐點的店不在少數。店內的黑豉油粗撈麵、墨魚丸是招牌。因加入了黑豉油而變油黑的粗撈麵，吃了一口實際不鹹，搭配一碗台灣少吃到的墨魚丸湯更是絕配。而炸墨魚丸、墨魚餅吃得到濃濃墨魚味，再來一杯店家推薦的鹹檸檬七喜，真是飽餐一頓。

Hushtag B M3B3

超火紅蛋塔旋風
當地人、遊客都喜愛

🏠 九龍尖沙咀加拿芬道49號夏蕙樓地下C號舖
☎ 6654-0016　🕐 08:00～21:00
💡 地鐵尖沙咀站B2出口
$ 平價（每人約港幣50～100元）
💬 拿破崙焦糖千層撻、朱古力丹麥酥

除了Bakehouse的酸種葡撻，有著花朵造型、塔皮酥鬆的Hushtag B蛋撻，也是香港目前最紅蛋塔之一。和一般葡式蛋塔不同，它的外皮是以拿破崙千層派製作，所以口感更鬆脆。冷、熱食用，風味略有不同。此外，朱古力丹麥酥、牛油蝴蝶捲也都值得推薦喔！

DNA Galleria M3B3

新一代潮人
格仔熱舖

🏠 九龍尖沙咀漆咸道南61-65號（百樂酒店）
☎ 2312-7136　🕐 13:00～23:00
💡 地鐵尖沙咀站B2出口　💬 潮牌、公仔、個性玩具

近年香港吹起一陣「格仔舖」熱，如此類型的mall愈開愈多，如「星爺」投資的gi。DNA Galleria也是這樣的綜合性商場，裡面共有130多間店舖，櫃位採全開放式設計，多以個性、有型的黑色或繽紛彩色為主調，主客層為新一代潮人，商場匯集了潮牌、個性玩具、飾品、少女型男衣著和潮鞋等。熱門的商舖包括after11、Start From Zero等香港本地特色潮店、也有美食區「food court」。

開心買
1. 這裡採前後雙入口設計，前門位於金馬倫、漆咸道口，後門出去是嘉蘭圍，旁邊就是利時廣場。
2. 每個樓層的主要收銀台，都有不同的酷炫造型

曲奇童話 M3B3

🏠 九龍尖沙咀加拿分道8-12號嘉芬大廈地下
　　H號舖
☎ 2889-2799　🕐 11:30～20:30
💡 地鐵尖沙咀站N2出口
$ 平～中價（每人約港幣60～250元）
💬 海鹽牛油餅乾、蝴蝶酥、莓瑰蝴蝶酥

這家店的餅乾奶香重，偏向酥鬆，推
薦的口味是黑芝麻亞麻籽、海鹽牛
油、咖啡夏威夷果仁和蝴蝶酥，可購
買袋裝或盒裝產品。店裡用的旋轉木
馬圖案的餅乾很受歡迎，建議自
由搭配餅乾連盒帶著走。餅乾禮盒
的名字都很特別，如幸福樂章、黑
馬皇子、喜樂果子等

深仔記茶餐廳 M3B2

🏠 九龍尖沙咀亞士厘道29-39號
　　九龍中心大廈地下A
☎ 9377-0072　🕐 07:00～22:00
💡 地鐵尖沙咀站L5出口
$ 平價（每人約港幣80元以內）
💬 瑞士汁撈公仔麵、雙拼或三拼蔥燒滑蛋
　　飯、紅荳冰特飲

港式茶餐廳會販售
的湯麵、撈麵、煲
仔飯、焗飯、港式
炒飯、小食、西多
士、豬仔包、三文
治和各式飲品，這
家店應有盡有，食

物份量充足，很適
合行腳一天後飽餐
一頓。飲品中有紅荳冰特飲，一般茶餐廳
較少見，喝膩了鴛鴦、奶茶不妨試試。

龍城大藥房 M3B3

🏠 九龍尖沙咀加連威老道28號
☎ 5377-0462　🕐 10:30～22:00
💡 地鐵尖沙咀站B1出口
💬 曼秀雷敦薄荷膏、無比滴

位在加連威老道上的龍
城大藥房，並非一般你
所想到的傳統藥房。店
內販售的是日系和歐美
系各品牌的化妝品，價
格不止比專櫃便宜，甚
至比莎莎或卓悅化妝品
店還便宜，因此，店裡
幾乎一整天都人潮洶
湧。如果你也想前往購買，建議在中午以
前客人較少時比較從容。

開心買

這裡的東西因為較便宜，加上川流不息的結
帳顧客，所以一律採現金交易，無法刷卡。

The One M3B2

位於尖沙咀核心商圈
購物、飲食和娛樂的綜合商場

🏠 九龍尖沙咀彌敦道100號
☎ 3106-3640　⊙ 11:00～22:00　🚇 地鐵尖沙咀站B1出口
💬 I.T Orange Forest、迷宮惜物店、AEON Supermarket、PIG FARMER

位於彌敦道及加拿分道、加連威老道交界，樓高29層，包括商場、餐廳和戲院等。較特別的商舖如香港第一家AEON Supermarket精品超市（LG1-LG2）、全新概念旗艦店I.T Orange Forest等。20樓的「The Glam」義大利餐廳、21樓的「Wooloomooloo Prime」西餐廳，都可以觀賞到無敵海景與「幻彩詠香江」燈光表演。

I.T Orange Forest

主打戶外運動時尚
潮流品牌大集合

🏠 L2全層　☎ 2815-2019
🚇 地鐵尖沙咀站B1出口
💬 Aape、The North Face、AFURI拉麵店

I.T集團以戶外運動時尚概念開設的整層大店，集結了許多潮流年輕男女喜愛的知名休閒、街頭品牌，包含The North Face、Beams Boy、Obey、BABY MILO STORE、Aape、aftermaths和FIVE CM等。此外也有美妝品牌、眼鏡、餐廳和AFURI拉麵店。

玩具站

大人小孩都喜歡
最流行的日系玩具

🏠 L305-306　☎ 2561-0806
⊙ 11:00～22:00
🚇 地鐵尖沙咀站B1出口
💬 TOMICA玩具車、BE@RBRICK SERIES公仔

喜愛玩具的人有福了！在這家連鎖玩具店裡，你可以找到來自日本的許多潮流玩具，從火紅的寶可夢（Pokémon）、TOMICA玩具車、爆炫陀螺、BE@RBRICK SERIES公仔、日本動漫模型，到經典的LICA娃娃和任天堂Switch等，店內空間寬敞，可以悠閒挑選。

迷宮惜物店

🏠 L606　☎ 6846-8388
🕐 11:00～22:00
💡 地鐵尖沙咀站B1出口
💬 居家小擺設、玩具、貼紙

懷舊風商品
喜愛尋寶的人別錯過！

店內蒐羅了各種70～90年代的懷舊風二手商品，有香港舊日風格、美式和日系復古物品，是一家可以用心淘寶的小店。從迷你貼紙、鐵皮玩具，到二手服飾、生活用品、模型、大型居家擺設等，置身寶藏店中宛如重回往日時光。

TOCA LOCA ULTRASPACE

🏠 UG101-UG108、UG117-UG126A
☎ 6380 0199
🕐 12:00～21:30（週日～四）
　 12:00～10:30（週五、六）
💡 地鐵尖沙咀站B1出口
💬 漢堡如來佛公仔（hambuddha）、機器人、雙妹嘜美妝品

精選童趣玩具商品
大人、小孩都喜愛！

偌大的開放店面集合了各種潮流玩具、玩味十足的機器人、顛覆經典的趣味造型公仔、Q版玩偶、絨毛玩具等，讓人看了不禁發出會心的一笑，為步調略急的香港之旅帶來些許輕鬆氛圍。此外，像香港本地品牌雙妹嘜美妝品，以及裝飾品、拼圖，店內都有販售。

H-PLUS Gallery

🏠 L321　☎ 12:00～19:00
💡 地鐵尖沙咀站B1出口
💬 寶可夢系列抱枕、卡通手機殼

知名卡通動畫與商品結合
實用生活用品店

結合了家飾、配件、玩具的連鎖生活用品店。店中豐富的商品包含寶可夢系列的傘具、抱枕、毯子、盤具、文具、哆啦A夢公仔，以及卡通圖案的口罩、手機殼等，讓你的生活中處處充滿童趣。

美麗華廣場 M3A2

🏠 九龍尖沙咀彌敦道132號
☎ 2730-5300 ⏰ 11:00～22:00
💡 地鐵尖沙咀站B1出口
💬 GU、adidas HONG KONG FTWR
SUPPLY、Don Don Donki、泰國Big C

位於彌敦道和金巴利道交叉的黃金鬧區，經過重新整修完成的綜合大型商場。商場面積大，聚集了時下受年輕人歡迎的服飾、運動用品品牌。其中位於商場門口旁醒目的「adidas HONG KONG FTWR SUPPLY」，可以買到最新款的鞋類、服飾；B1層有來自日本的唐吉訶德（Don Don Donki）；1～3樓除了服飾，還有登陸香港的第一間泰國Big C；4～6樓則聚集了餐廳、咖啡館。

丸急百貨

日系雜貨屋氛圍 玩具商品通通有！

🏠 美麗華廣場1期L2 229
☎ 2362-8155 ⏰ 11:00～22:30
💡 地鐵尖沙咀站B1出口
💬 神奇寶貝玩偶、日系卡通人物商品

一開始是被門口的神奇寶貝玩偶吸引，進入店中，發現真是個大寶庫。商品品項很多，大多來自日本，除了很多絨毛玩具、玩偶和娃娃，也有多種傘具、包袋、杯碗等生活雜貨可供挑選。牆上的日式海報，如同置身日本的小雜貨物！

You and Me
（櫻桃小丸子特許專門店）

從玩偶到小雜貨 小丸子粉絲不可錯

🏠 美麗華廣場1期B1 137
☎ 2326-9038 ⏰ 11:00～22:00
💡 地鐵尖沙咀站B1出口
💬 玩偶吊飾、保溫壺、文具

這是一家專賣櫻桃小丸子相關商品的特許店，門口有小丸子一家人的大型公仔迎賓，粉絲們快來集合。店中物品琳瑯滿目，除了超人氣尺寸豐富的玩偶、各角色吊飾、文具、生活雜貨、衣帽，還有小丸子聯名STEIFF德國金耳釦泰迪熊的限量玩偶喔！店外還有小丸子姓名貼＋卡貼機、小丸子遠足巴士等機器，拍照打卡再適合不過！

Don Don Donki 唐吉訶德

🏠 美麗華廣場2期B1層 ☎ 2650-0411
🕐 24小時營業 💡 地鐵尖沙咀站B1出口
💬 唐吉訶德獨家商品

Don Don Donki是去過日本絕對逛過的一家平價零售商場，香港的第一家店位於美麗華廣場2期的B1層，商品種類繁多且24小時營業，讓許多夜貓遊客也能凌晨購物。搭乘手扶梯而下，賣場立刻映入眼簾。招牌的日系零食、糖果、泡麵選擇多，也能買到獨家商品，讓你開心享受購物之樂。

創意市集

🏠 美麗華廣場1期B1中庭
🕐 12:00～20:00 💡 地鐵尖沙咀站B1出口
💬 手作風配件、首飾

在固定期間內舉辦不同主題的市集手作創意市集，例如「春日繁花」文創市集等。每次活動大約20個攤位，包含青年創作的陶瓷、布

作品、配件與首飾、香氛精油等攤位，作品風格獨特。

6ixty8ight

🏠 美麗華廣場1期L1 105
☎ 2326-9038
🕐 11:00～21:00（週日～四）；11:00～22:00（週五、六）；11:00～22:00（國定假日前一天）
💡 地鐵尖沙咀站B1出口
💬 貼身衣物、休閒服飾

如果你喜歡買貼身衣物、趣味休閒服飾，千萬別錯過這家集甜美、可愛和流行風的「6IXTY8IGHT」。這些一眼看過去款式琳瑯滿目，重點是價格平易近人的貼身衣物，絕對讓你挑得過癮，買得心滿意足。店中不時還有推出特價、花車特價的划算價格，不妨多留點時間細心選購。

翠亨邨

🏠 美麗華廣場1期食四方L5 507
☎ 2376-2882
🕐 11:30～15:00 / 18:00～23:00（週一～五）11:00～15:00 / 18:00～23:00（週六、日）
💡 地鐵尖沙咀站B1出口 高價（每人約港幣150元或以上）
💬 梅子乳鴿、甫魚炒飯、鬧佬炒飯

曾數次獲得香港美食最大賞金獎的翠亨邨餐廳，裝潢有氣派，吃得到正宗的港式料理，建議幾個朋友一起來吃，更可品嘗多道菜，像2002年的「美食之最大賞」的得獎菜甫魚炒飯、羊城特辣炒，招牌菜網油肝花卷、梅子乳鴿也都是不錯的選擇。另也有飲茶點心可供食用。

梅子乳鴿

彌敦道→金馬倫道→加連威老道
懷舊與創新並陳區：

充滿個性小店的
年輕族群商場

百利商場 M3A3

- 🏠 九龍尖沙咀漆咸道南89~105號
- 🕐 14:00~21:30
- 💡 地鐵尖沙咀站A2、B1、B2、D1、D2、P3出口
- 💬 潮流玩具、飾品、配件

百利商場是由一間間小店組成，店面不大，和西門町的萬年商場類似。每家店販售的商品都是店家從國外帶回，通常是僅此一件的特色商品。由於這裡較靠近尖沙咀東邊，距離鬧區有一段距離，因此店租較便宜，吸引許多想開店的年輕人在此開設個人小店，曾孕育出不少本地新銳設計師。

開心買

如果從彌敦道上地鐵A2、B1出口方向走過去，必須步行過好幾條路，若行程較緊湊，建議直接接走P3出口出來到達路面會比較快。

蘭香麵家 M3A3

- 🏠 九龍尖沙咀柯士甸路15號地下
- ☎ 3173-8158
- 🕐 08:00~03:00
- 💡 地鐵尖沙咀站B2出口、地鐵佐敦站C1出口
- 💲 平價（每人約港幣50元）
- 💬 牛柏葉撈麵、雞腸雲吞麵

雖位於尖沙咀地區，但位置較靠近佐敦的蘭香麵家，是一門面不甚起眼的小店，但卻有不少忠實的客戶。這裡的麵有家常的口味，但配料卻是牛柏葉（我們說的牛百葉）、雞腸、豬腳、大冬菇等少見的食材。我喜歡吃乾麵，特別點了店中有名的「牛柏葉撈麵」，清脆的牛柏葉搭配港式撈麵、醬料，另有一番美妙滋味，還有雞腸麵（較肥）等，推薦給敢吃內臟的人。

開心吃

蘭香麵家的地址是在柯士甸路，注意柯士甸路和柯士甸道不一樣，千萬別走錯了。

星座冰室 M3A3

- 🏠 九龍尖沙咀金巴利道16-20號香檳大廈地庫（B1）36號舖
- ☎ 2724-4408　🕐 08:00~21:30（週一~六）
- 💡 地鐵尖沙咀站B1出口
- 💲 平價（每人約港幣50元）
- 💬 茄牛通、蕃茄炒蛋一丁、蕃茄豬扒公仔麵

位在舊大樓的B1，花了一些時間才找到老舊字體招牌，傳統的店內擺設，可以感覺得出已有40多年的歷史！當地友人介紹來此一定要點蕃茄湯頭的「茄牛通」（蕃茄牛肉通心粉）、蕃茄醬汁相當濃純，蕃茄炒蛋一丁（出前一丁的麵）或豬扒公仔麵（炸豬排泡麵）。

開心吃

這家店在大樓的地下一樓，剛走下去會以為來到收攤的菜市場，記得往裡面走到最後幾攤，幾個人一起去較壯膽。

太平館 M3B3

懷舊西餐 上一代的美味回憶

🔺 九龍尖沙咀加連威老道40號地舖

☎ 2721-3559

🕐 11:00～22:00

💡 地鐵尖沙咀站B1出口

　中價（每人約港幣100～150元）

💬 瑞士雞翼、瑞士汁炒河、焗梳乎厘（舒芙蕾）

太平館餐廳是一家老字號的西餐廳，聽朋友說最有名的是「瑞士雞翼」這道菜，是這家店首創。這家店有著傳統西式餐廳的裝潢，用餐環境清幽，也是下午茶不錯的選擇。焗梳乎厘（焗舒芙蕾）也很有名，份量較大可夠2人食用，因現做需花費時間可先提早點。

開心吃

「瑞士汁」並非起源自瑞士，而是香港當地的一種醬汁，以糖、豆豉油和香料調配成的稍甜醬汁，因「sweet」和「swiss」音類似，所以有人稱作瑞士。

瑞士雞翼

好時沙嗲 M3B4

香港的異國風 美味小吃

🏠 九龍尖沙咀麼地道63號
　好時中心144～148室（1樓）

☎ 2739 -9808

🕐 12:00～22:00

💡 地鐵尖沙咀站P2出口

💲 中價（每人約港幣50～100元）

💬 串燒、叻沙、海南雞飯、甜品

位在尖沙咀地鐵站P2出口好時中心裡（我們的2樓，位於角落），是家專賣星馬料理的飲食店，很受香港人的歡迎。除了招牌的海南雞飯外，一群朋友最常來吃品嘗各式串燒、別於台式和港式，加入特殊香料的蘿蔔糕，以及重口味的巴東牛肉、叻沙、印尼炒麵。食物的份量算大份量，適合3、4個朋友一起食用。

開心吃

巴東牛肉

1. 當點了的沙嗲上桌之後，親切的老闆會告訴你要趁熱趕緊吃才會好吃。

2. 白飯或雞油飯的份量都很多，可以2個人點一份白飯，其他點沙嗲等菜色，較能嘗到不同料理。

沙嗲

香港(紅磡)體育館 M3A5

🏠 九龍紅磡暢運道9號

☎ 2355-7234

🕐 售票時間為每天10:00～18:00，若當晚有節目，則延長至節目開始後30分鐘。

💡 東鐵、西鐵紅磡站；搭乘地鐵於九龍塘站轉九廣鐵路，終站就是紅磡火車站，體育館就在旁邊。

$ 票價依活動調整

1983年正式啟用的香港體育館(簡稱紅館)，外型為倒金字塔型，令人印象深刻。因位於紅磡暢運道，所以又稱為「紅磡體育館」。想去紅館看偶像演唱會，如果旅費充足，可以選擇體育館附近的都會海逸酒店，看完演唱會後就可以悠閒走回飯店。但由於離尖沙咀鬧區有一大段距離，需搭乘飯店免費巴士或計程車外出。

開心玩

想去紅磡體育館看偶像的表演，體驗大場館的魅力嗎？可先上網查詢每月的活動。

圓方商場 M2C3

🏠 九龍尖沙咀柯士甸道西1號，九龍站上

☎ 2735-5234

🕐 10:00～22:00

💡 機場快線九龍站

🛍 Qeelin、Alice + Olivia、Moncler

Alice + Olivia

浪漫柔美風格
集性感與知性

🏠 圓方商場1/F 1013-14號舖（土區）

☎ 2386-8287

🕐 11:00～20:00（週一～四）
  11:00～21:00（週五、六、國定假日）

2002年成立的時尚品牌，擅於使用顏色、
印花等設計出各式休閒、宴會、上班或旅
行服飾，不同
場合都能找到
適合自己的穿
著。品牌中很
受歡迎的「墨
鏡娃娃頭」，
設計來原自
設計師Stacey
Bendet，商品
都很暢銷。

建在九龍機場快線站上，2007年底開幕的
圓方商場，並不僅是一般血拼商場，而是同
時集購物、娛樂、飲食和休閒、飯店於一地
的新型態商場。偌大的商場可分為金、木、
水、火和土5區；其中金區可看到許多國際
品牌和美食，像Bulgari、BOSS、CELINE、
HERMÈS和Cartier等。木區有健康和美容
商品，像BEYORG®、Giorgio Armani化妝
品、DIOR BEAUTY和Bobbi Brown等。水
區則為服飾和高級餐廳，如ANTEPRIMA、
Descente、Vivienne Tam，以及利苑等餐廳
等。火區是運動用品、甜點、童裝和娛樂相
關商品等。土區則以男性服飾、珠寶手錶、
家飾品等為主。場地相當大，購物之前一定
要記得拿張商場簡介表。

工藝大師設計製作
世界知名巧克力

La Maison du Chocolat

🏠 圓方商場1/F 1010號舖（土區）

☎ 2196-8333

🕐 11:00～20:00（特殊日子時間有調整，請
  見官網）

法國傳奇巧克力名店，可以說是巧克力中的
王者。販售的巧克力都是經由工藝大師設計
後製作，兼具口感和設計。目前台灣沒有直
營店。除了經典的松露巧克力、黑巧克力之
外，還有一些其他甜點可以選擇。

佐敦・油麻地

棋盤小格的街道，保留了老香港人的生活風貌。

佐敦、油麻地不若尖沙咀的熱鬧繁華，也不像旺角的人聲鼎沸，靜靜地保留了傳統在地的食、住和商業特色。這裡大多是平民化的餐廳和美食中心，久經歲月的老店，價格不高，但美味卻不扣分，值得嘗試。

在地品牌優質良品
送禮、自用都合適！

連續五年米其林推薦
70多年歷史的平民美食

裕華國貨 M4C2

🏠 九龍佐敦彌敦道301-309號
☎ 3511-2222 🕙 10:00～22:00
💡 地鐵佐敦站A出口

在香港大商場、百貨可以看到許多歐、美、日、韓進口品牌的服飾、家具、用品，那本地或中式品牌的服飾、伴手禮和紀念品到哪個商場買呢？佐敦的裕華國華是很好的選擇。除了文藝品、工藝品、酒類、保健食品之外，生活中常用到的駱駝牌保溫壺、蠶絲被等，都是這裡的明星商品。

澳洲牛奶公司 M4D2

🏠 九龍佐敦白加士街47-49號地下
☎ 2730-1356 🕙 07:30～23:00（週四公休）
💡 地鐵佐敦站A出口
💲 平價（每人約港幣50元以內）
💬 炒蛋厚多士、蛋白燉鮮奶、火腿通粉、炒蛋多士

總是川流不息的客人和停在門口的車子，讓想拍一張店門口紀念照的人始終找不到好時機，可見很受大家的喜愛。菜單不多，早餐時刻通常只有一種，可看牆上餐牌，可選擇煎蛋（太陽蛋）或炒蛋，麵類多是通粉（通心粉）。煎蛋炒得香滑柔嫩，可夾入烘底（上下都有烘烤）多士（吐司）一起食用。當然，這裡最有名的還是燉奶，如果胃還有空間，建議來一碗。

麥文記麵家 M4C2

🏠 九龍佐敦白加士街51號地下 ☎ 2736-5561
🕙 12:00～00:30（端午節、中秋節、正月初一、二、三公休）
💡 地鐵佐敦站C2、A出口
💲 平價（每人約港幣50元）
💬 鮮蝦雲吞麵、豬手麵、牛腩麵

香港人說：佐敦有雙寶一粥一麵，粥是彌敦、麵就是麥文記。已經有50多年歷史的麥文記麵家，時常入選媒體評選的美食店。招牌是雲吞麵，大小適中的雲吞包裹著實在的整隻蝦，細細的蛋麵很有特色，湯汁清淡易入口，適當的份量更是一餐剛剛好。其他的牛腩麵、南乳豬手麵、淨雲吞等，也都是店內名菜。

顧客絡繹不絕，
口味極受好評！

火腿通粉

腿蛋治烘底

婆婆珈琲屋 M3A2

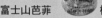

日系懷舊二樓咖啡屋
餐飲、雜貨選物店

🏠 尖沙咀彌敦道176號The Nate 1樓

☎ 9675-1438

🕐 12:00～18:00 / 18:30～21:30

💡 地鐵佐敦站D出口

💲 中價（每人約港幣100～200元）

🍵 富士山造型甜點、富士山飯糰、
抹茶可利露、蝶豆花拿鐵

位於二樓，有著大片窗戶可以看到街景。店內和風玻璃吊燈、木質桌椅、暖黃的燈光，溫暖且平靜，散發出日系懷舊氛圍。稍微離開喧鬧的尖沙咀百貨區，在彌敦道上往山林道右轉，一抬頭，很快就能看到婆婆咖啡屋了。

晴富士
三文魚鬆飯糰

昭和紅日·
富士牛乳布丁

富士山芭菲　　檸檬水

這家咖啡屋的料理，融合了和風輕食、居酒屋和日系家庭料理，像飯糰、漬物、麵食、飯類等，並推出季節餐點新作。加上可愛的日式餐盤、昭和復古硝子杯，彷彿正在電視裡昭和時代的京都喫茶店用餐。

此外，這裡的下午茶相當受歡迎，像富士山造型的布丁、芭菲和抹茶風味甜點，精緻漂亮又可口，是富士山控、哈日族打卡的主角。此外，這裡除了是咖啡屋，也是一家「婆婆雜貨店」，主要販售店家挑選的服飾、帆布袋、香氛、陶瓷碗盤、手工藝品等商品。

開心吃

地址雖然是1樓，但別忘了，在香港是指「2樓」的意思喔！另外，如果不想候位太久，可以先在官網訂位。

新興棧食家 M4C2

50年歷史老店
新鮮魚粥聞名

🏠 九龍佐敦寧波街23號地舖
☎ 2783-8539
🕐 08:00～01:00
🚇 地鐵佐敦站B1出口
$ 平價（每人約港幣50～80元）
🍜 魚腩粥、爽滑魚皮、魚片牛肉粥

靠近熱鬧的廟街，營業時間很長。佐敦店裡最知名的是生滾魚粥、魚腩粥、魚皮等，魚的各部位都能吃到，愛吃魚的人絕對心滿意足。食材新鮮，魚肉厚實有彈性，港式魚骨粥底鮮甜，粥中更放入很多青菜，口感清爽。別忘了點一份爽滑魚皮，口感爽脆，搭配薑絲、蔥花與醬汁，毫無魚腥味。

開心吃

由於店內座位較少，用餐時間客人很多，大多需要和人併桌。如果不喜歡併桌，建議非用餐時間前往。

卓悅化妝品 M4C2

香港最大連鎖
平價化妝品店

🏠 九龍佐敦道23號新寶廣場地下3號舖
☎ 2332-0868
🕐 10:00～23:30
🚇 地鐵佐敦站C1、C2出口
🍜 各類保濕、補濕面膜和再生液

目前在香港有20幾家連鎖店面，販售的商品包含化妝品、護膚品、香水、保健產品、護髮和個人護理產品等，幾乎所需的日常用品在這都找得到。開架式的陳列，讓人方便比較選購。另外，常有某些商品的特價促銷，運氣好時低價就能買到很多東西。店中的瘦身商品種類之多也讓人大開眼界。

彌敦道上金飾店 M4C2

富貴人家必購
金光閃閃伴手禮

🏠 九龍佐敦彌敦道　🕐 約11:00～21:00
🚇 地鐵佐敦站E2出口
🍜 年輕款式的飾品

「中國人實在很愛黃金！」相信很多人和我有一樣的想法。在九龍的彌敦道上，道路兩旁一家家專售黃金飾品的店面，像周生生、周大福、六福等老字號金飾店，金光閃閃的商品令人目不暇給。店中的金飾品款式多、設計新穎，是可保質、自用或送長輩的最佳禮物。

糖水檔1987 M4C1

🏠 九龍佐敦文匯街25號文景樓地下C號舖
☎ 2388-2240
🕐 17:30～02:00（每週一～二、四～日），
　　週三公休
💡 地鐵柯士甸站A出口
$ 平價（每人約港幣50元）
💬 椰汁香芋西米燉蛋白、香煎蝦米腸

如果住在佐敦附近的飯店，深夜肚子餓想吃點東西，但又不知道選什麼時，或是逛完廟街夜市想吃點糖水點心，這家能同時能吃到小食、小炒和糖水的小店，加上營業時間到很晚，是很不錯的宵夜選擇。

松記糖水 M4D2

🏠 佐敦白加士街23號地下
☎ 2736-7895
🕐 12:00～00:00
💡 地鐵佐敦站A出口/地鐵油麻地站C出口
　　平價（每人約港幣50元以內）
💬 幻彩明珠、Sunday、summer、CK酥

幻彩明珠

一到夏天總令人想來碗冰涼的甜點。松記糖水是間老字號的冰品店，店內五顏六色的冰品都是店家自己設計的。多以新鮮水果搭配冰淇淋、西米露、仙草凍、奶和巧克力等，變化出多種冰品。

店內最有人氣的幻彩明珠，是由大珍珠、山粉圓、仙草凍和芒果等水果組成，加入鮮奶美味一絕。喜歡吃冰淇淋的人，更推薦Sunday、summer、哈囉這些有著趣味名字的冰品，讓你開心吃冰趕走暑氣。

開心吃
1. 由於顧客較多，尤其是晚上和假日前，如果不想排隊等候，可以外帶。
2. 和銅鑼灣的甜點店甜姨姨不一樣，這裡的雪糕芒果班戟的內餡，除了鮮奶油之外，還加入了芒果塊，風味層次更佳，口感也更好！

佳佳甜品 M4C2

🏠 九龍佐敦寧波街29號地舖
☎ 2384-3862 🕐 12:00～01:00
💡 地鐵佐敦站B1出口
　　平價（每人約港幣50元）
💬 芋茸蓮子西米露、冰花燉雞蛋、芝麻糊、核桃湖

米其林推薦的香港糖水舖，門口總是排滿當地人與觀光客。當中的人氣名品「冰花燉雞蛋」風味特殊，類似蒸的甜味雞蛋，蛋香較濃郁、口感且細緻滑順且結實，是在台灣比較難吃到的道地港式甜品，也可以改成燉春蛋（鵪鶉蛋），想要嘗試的人一試凍的冰花燉雞蛋。而芋香風味、酸甜芒果風味、燉雪耳、芝麻糊和核桃湖等，是台灣人一般接受度較高的甜點。

開心吃
顧客大排長龍，但又不想花時間排隊時，建議「外帶」。可以向服務人員點餐，外帶回飯店食用。

天后廟 M4B2

🏠 九龍油麻地廟街眾坊街
🕐 09:00～18:00
💡 地鐵油麻地站C出口

又名「榕樹頭天后廟」，香港最多的就是天后廟，這間則是九龍地區規模最大的天后廟。廟內正殿有一個個大型漩渦狀的香，聽說這些香能夠點燃10天，當香點完，祭拜的人就能達成心願，每天總有許多當地居民前來祭拜。晚上這附近有很多算命攤，測字、面相、塔羅牌都有，吸引不少觀光客。

廟街 M4B2

🏠 九龍廟街文明里到甘肅街這一段
🕐 傍晚後才熱鬧
💡 地鐵佐敦站A2出口/地鐵油麻地站C出口
🍲 煲仔飯、夜市小吃

因為早期是香港有名的煙花之地，又叫男人街。起自文明里到甘肅街，穿過天后廟的這條細長路上，一到傍晚入夜，小小燈泡齊亮，來往遊客擠得水洩不通。廟街中除了販售男士服飾或生活日用品、色情光碟和小冊子，還有算命測字攤、戲曲表演等，兩邊道路則有許多小吃店面或路邊攤，常吸引外國遊客來此尋寶，體驗不同的香港在地文化。

M4A2

村爺爺龍蝦湯、泡飯、燉湯專家

🏠 九龍油麻地砵蘭街72號地舖
☎ 6395-6703
🕐 12:00～23:00
💡 地鐵油麻地站C出口
$ 平價（每人約港幣70～150元以內）
🍲 極上海鮮龍蝦湯泡飯、鮑魚花膠雞煲翅、爺爺三寶

特別推薦給喜歡吃海鮮、煲湯的人！位於油麻地的這家湯泡飯、燉湯專賣店，以用料實在、海鮮新鮮、湯頭濃郁鮮甜吸引客人，尤其冬天中餐、晚餐時段往往客滿。當中各種龍蝦湯泡飯、花膠龍薑雞煲翅等煲仔鍋、爺爺三寶（冬菇、炸南乳雞翅、炸魚豆腐），在飲食偏貴的香港，僅用普通價格便能享用到這些超棒食材，性價比很高。

玉器市場 M4B2

遊客最愛，代表中國的老玩意兒

🏠 九龍油麻地甘肅街和炮台街交界
🕐 10:00～15:00
💡 地鐵油麻地站C出口
💬 翡翠、玉器小飾品、手機吊飾

以前叫「玉器街」，原是在廣東街上以一個個攤販的形式做生意，攤位較凌亂，後來經過香港政府的整合規劃，將所有攤販聚集在同一個區域內，並改名為「玉器市場」，目前約有450家店。除了玉器，同時也可買到翡翠、珊瑚、瑪瑙等珠寶飾品，其中以保平安的翡翠、玉飾最受歡迎。這些小攤吸引了許多喜愛中國文物的歐美、日韓觀光客前來挖寶，假日更是熱鬧非凡。逛時要特別注意小攤販販賣的玉飾品良莠不一，需仔細挑選。這種市集有個好處，就是可以討價還價，殺到雙方都滿意的價格才成交。

開心玩
假日的玉器市場顧客相當多，記得多注意個人隨身攜帶的物品，現金交易時更要提防四周，才能買的安全又開心。

恭和堂 M4B2

來碗港式特製涼茶清涼退火精神好

🏠 九龍油麻地吳松街15號地舖
☎ 2388-7635
🕐 10:30～23:30
💡 地鐵油麻地站C出口、地鐵佐敦站A出口
平價（每人約港幣50元）
💬 龜苓膏、二十四味茶、雪梨茶

創業已經有100年的恭和堂，是一家歷史悠久的涼茶舖。由於早年香港一般市民從事勞動工作的人多，來碗涼茶或二十四味茶，還可解渴清熱，是極平民化的飲食。若是在炎熱的夏天來港旅遊，建議喝杯涼茶，若剛好長了青春痘，可試試超苦的二十四味茶。此外，這裡還有店家祖傳的龜苓膏，如不習慣淡淡的中藥味，可加上些許蜂蜜食用。

龜苓膏

二十四味茶

開心吃
若覺得涼茶太苦，店內桌上有糖粉，可加入些許後再飲用。另涼茶有中藥成分，建議孕婦或正服食西藥的人不要飲用。

興記菜館　M4B2

燈火通明下廟街裡最熱鬧的小吃店

🏠 九龍油麻地廟街14、15、19、21號、鴉打街48號
☎ 2384-3647
🕐 13:30～23:00
🚇 地鐵油麻地站C出口
💲 平價（每人約港幣50元以內）
🍴 北菇滑雞煲仔飯、咖哩牛腩煲仔飯、滑雞臘腸煲仔飯、蠔餅

位於熱鬧的廟街裡，傍晚以後才開始營業的興記菜館，專賣各式煲仔飯，受歡迎到店面越來越大，才容得下每晚來此品嘗的客人。開在廟街裡，每晚一桌桌大啖煲仔飯的人，彷彿來到了傳統香港電影裡的路邊餐廳。點了煲仔飯通常得等上15分鐘，當飯上桌時，慢慢打開蓋子後記得先倒入豉汁攪拌後再食用。另外，蠔餅和東風螺等可下酒的小菜也很好吃。

煲仔飯

一條街上集合多家傳統生活用品店

上海街日常用品店　M4A2

🏠 九龍油麻地上海街（眾坊街至窩打老道間）
🕐 依商店營業時間略有差異
🚇 地鐵油麻地站C出口
🍴 餐具、廚具、刀具

旅遊購物不一定都是買服飾、食品，也許也可以買買具當地特色的生活用品。上海街上聚集了許多頗有歷史、有的甚至是幾代都在這開店的老店鋪，已成香港人生活中不可缺的物品。像陳枝記老刀莊的菜刀、光榮飲食業的餐具、梁永盛名香的線香等，儼然已成另一個購物區。

美都餐室 M4B2

⌂ 九龍油麻地廟街63號地舖
☎ 2384-6402
🕐 11:30～20:30（週一、二、四～日），週三公休
💡 地鐵油麻地站C出口
平價（每人約港幣50～80元）
🍽 焗豬扒飯、焗排骨飯、奶茶

如果你想體驗一下舊日香港的飲食氛圍，那位於廟街裡的美都餐室，一定不可以錯過。走進這家已有60年歷史的餐室，古舊的收銀機、格子磚塊地板、天花板的老式電風扇，如同走入時光隧道。特別推薦以蛋炒飯為底的焗排骨飯、焗豬扒飯，雖然需等上一段時間才吃得到，但上桌後的香氣絕對讓你未吃先流口味。

紅茶冰室 M4A1

⌂ 九龍油麻地彌敦道498-500號地舖
☎ 6517-2828
🕐 07:00～22:00
💡 地鐵油麻地站C出口
$ 平價（每人約港幣50～80元）
🍽 脆皮菠蘿油包、芝士流心西多士

店面位於彌敦道大馬路上，由於地理位置佳，用餐時間幾乎都要排隊。如一般茶餐廳，這裡全天提供餐點：麵飯、通粉、排餐、小菜、三明治、麵包、飲品等。豐富的早餐全餐，可以讓你精神更飽滿，充滿體力。而逛街走累了，可以來份下午茶，脆皮菠蘿油包加上奶茶或鴛鴦，舒緩痠痛的雙腳。

開心吃

在尖沙咀加拿芬道18號恆生尖沙咀大廈地下5號舖、太子通菜街186號地舖也有分店。

焗排骨飯

開心吃

焗飯的份量較多，建議2個人一起食用，可再加點小菜和飲料，吃得飽又省錢。

點心到 M4A1

- 🏠 九龍油麻地彌敦道484號鴻星大廈地舖
- ☎ 5262-8465
- 🕐 07:30～22:00
- 💡 地鐵油麻地站C出口
- 💲 平價（每人約港幣100～150元）
- 🗨 黑金流沙包、醬黃金錢肚、黑松露菜苗餃、原隻蝦燒賣

燒賣

不管是來香港旅遊或出差，怎麼能不吃飲茶呢？距離油麻地地鐵站很近的「點心到」，店面很醒目，很容易找到。這家店標榜店內點心「即叫即蒸」，保持最佳的口感和新鮮度。大片玻璃可以從外看到店內，店內明亮，座位不少，但是與鄰桌的位置比較近，用餐時段，也可能併桌。點心種類很多，當中最喜歡的是只要咬一口就會流出蛋黃醬的招牌黑金流沙包，還有飲茶必點的蝦仁飽滿燒賣、蝦餃。如果累得飢腸轆轆的

話，可以試試份量多的臘味飯、金銀蒜海蝦飯等。

豉汁排骨

開心吃
食用黑金流沙包時，包子中的鹹甜蛋黃醬很燙，小心不要燙到。

醬皇金錢肚

黑金流沙包

永安號 M4A2

老街裡的良木
生活雜貨店

🏠 九龍油麻地上海街345號
☎ 2332-2443
🕐 10:00～18:30（週一～六）
　　11:00～16:30（週日）
🚇 地鐵油麻地站C出口
💬 木質小餐具

位在上海街這條老街上的永安號，是家專賣純木質器具、擺飾的小店，也是許多日本觀光客來港旅遊最愛購買伴手禮的店家之一。進店門口就能聞到一股木香，老闆選用不同的上好木頭做成生活用品，像碗盤、匙筷、小木盒，以及大型的招牌、爐子、店內菜卡等。我喜歡這種樸質的小器具，給用慣瓷器的都市人另一種來自大自然的選擇。

開心買

上海街是九龍地區的老街，1873年此處因設立油麻地警署而稱作差館街（差館是廣東話中警察局的意思），直到1909年才改成一般人所熟知的上海街。

正九清湯腩 M4A2

離地鐵站超近的
港式粉麵店

🏠 九龍油麻地文明里11-13號常安樓地下1號舖
☎ 9333-3268　🕐 10:00～22:30
🚇 地鐵油麻地站C出口
　　平價（每人約港幣50～100元）
💬 清湯牛腩河、正九牛肉羹、魚蛋河

距離油麻地地鐵站C出口非常近，第一次來香港旅遊的人也容易找到。這間牛腩專賣店不大，翻桌率高，即使在當天營業結束前，也都陸續有客人進來用餐。招牌是牛骨湯清爽、牛腩燉得入味的清湯腩，可以加入河粉、米線等，份量較足能吃飽。其他像腩汁蘿蔔、牛肉羹也很好吃。如果不愛吃牛肉，有嚼勁的魚蛋河、菜肉雲吞風味也佳。

開心吃

如果點牛腩，可以跟服務人員說牛腩要肥、瘦或半肥半瘦，比如「瘦牛腩河」。晚間飲料有減價。

魚蛋河

旺角・太子

如置身新宿，滿街年輕人、熱力四射的不夜鬧區。

　　這裡是香港年輕人、學生最愛的購物天地。大型的朗豪坊商場和一堆小型商場，滿足年輕族群的購物慾望。觀光客則因熱鬧的女人街、金魚街而愛上這裡，路旁各小店面中的特色商品，更是讓人樂而忘返，沈醉在旅遊樂趣中。

旺角最大型購物商場 讓你逛不盡買不完

朗豪坊 M5C1

🏠 九龍旺角亞皆老街8號
☎ 3520-2800 ⏰ 11:00～23:00
💡 地鐵旺角站C3、E1出口

15層高，有著巨石外牆的朗豪坊，是旺角區內最大型的購物商場之一，也是這一區的地標。商場大門口的特殊裝置藝術和空地，是年輕人們最喜歡相約碰面的場所。商場內的商品品牌大多以年輕人為主要客群，像B1的護膚香氛品牌Bath and Body Works、LeSportsac、1樓顯眼的adidas Sportswear Collective Store、2樓的香水Jo Malone 、3樓的i.t與I.T、5樓的#CCCCCc、6樓的American Eagle等，都是年輕族群和女性顧客的天下。8樓有電影院，各樓層則分散有平價的美食區，供顧客逛街疲倦之餘，可以上樓補充體力繼續再逛。另外，商場內有2條全港最長的室內通天梯，可從4樓直達8樓和12樓。

#CCCCCc

原創商品 概念選物旗艦店

🏠 朗豪坊L5 02號舖 ⏰ 11:00～23:00
💬 名畫趣味明信片、趣味棒球帽

以和香港本地藝術家合作的原創商品為主的選物店，商品包含服飾、包袋、美妝，以及生活品味、文具和寵物商品等，商品設計獨特有趣，選擇多樣化，值得細細挑選。尖沙咀The One、K11 Art Mall等都有分店。

MLB

來自韓國的時尚品牌 年輕人最愛！

🏠 朗豪坊L3 03號舖
☎ 2779-9766 ⏰ 11:00～23:00
💬 Monogram系列的長版上衣、棒球帽

近年來很受年輕男女歡迎的韓國潮流品牌，以「運動」結合時下的「流行」、「街頭」元素，推出一系列的男裝、女裝和童裝與飾品。Monogram系列的長版上衣、短版POLO衫是人氣商品。

MARKET PLACE

匯集歐、美、日進口商品 好吃又好買！

🏠 朗豪坊B2 08號舖
☎ 3580-8952 ⏰ 08:00～22:00
💬 進口食品、新鮮水果

和一般香港惠康、百佳超市販售的商品不太一樣，是以進口商品為主，而且品項種類都很多。除了零售食品、生活用品、雜貨之外，各種肉類、新鮮無花果等生鮮水果、酒類等應有盡有。

618上海街

🏠 九龍旺角上海街618號
☎ 2618-8980

**舊時香港唐樓
搖身一變文創、飲食市集**

🕐 11:00～21:00
💡 地鐵旺角站C2出口

「618上海街」是將上海街的一棟唐樓舊建築翻修後，設立的文創、飲食市集。大門進入便能看到手藝市集和特色扭蛋屋。每層樓牆壁上香港傳統文化的壁畫，很適合拍照打卡。這裡匯集了文創小店、手作市集、飲食餐廳等，包含了：雜貨、服飾、公仔和復古玩偶的「文化雜貨屋店」、二手衣的「美華氏」、港風餐廳「銀の冰室」、聘用弱勢族群工作的熟食中心「廚尊」，以及專賣傳統廚具、五金用品的香港商家。

REstore

**香港在地文創品牌
港風小物伴手禮首選！**

🏠 618上海街1F 102＆3號舖
☎ 2789-8815
🕐 11:00～20:30
🛍 小巴牌鑰匙圈和擺飾、
　　復古名信片

Restore這家文化小店，主要販售油尖旺地區許多老店品質佳的商品，讓即使滿街都是流行時尚文化的商場，仍有地方能購買到當地職人或雜貨老舖的好物。此外，具有香港特色的小巴牌商品、手工麻將牌，是零食土產之外，很推薦的紀念品。另也有販售卡通插畫風商品、公仔玩偶等。

黑地

**五花八門雜貨品
開心尋寶樂趣多**

🏠 618上海街G04C號舖
☎ 9806-1476　🕐 12:00～20:00
🛍 駱駝牌保溫瓶、登山露營用品、公雞碗

香港友人說黑地是文青最愛的「工藝雜貨店」，真的，雜貨種類很多。它集合了香港、台灣、日本、歐美等地的品牌，從杯盤、公雞碗、駱駝牌保溫瓶，到登山露營用品、

五金工具、復古風玩具等，就像一個小寶庫，值得你花時間慢慢挑選。假日時，店內人多稍微擁擠，移動時要小心別撞壞陶瓷商品。

蘇媽・蘇媽
馬來西亞茶餐室

**辛辣南洋料理
重口味好下飯**

🏠 618上海街G01號舖　☎ 2389-3829
🕐 11:30～22:30　💡 地鐵旺角站C2出口
💲 平價（每人約港幣50～100元）
🛍 肉骨茶、魚子醬蘿蔔糕、皮蛋肉鬆、白咖啡、咖央多士

位於618上海街大門旁，非常醒目的馬來料理餐廳，店內寬敞明亮，很有身在南洋餐廳的氛圍。來這裡當然要點湯底甘甜的肉骨茶餐，以及用中式食材搭配馬來料理中椰漿、香料等配料，烹調成一道道辛

香料味鮮明的「娘惹料理」，份量飽足。如果只是想稍微歇息吃個下午茶，可以來一杯馬來娘惹咖啡杯盛裝的怡保白咖啡、拉茶，佐以椰香咖央多士，份外滿足。

M5C1

澳門翠苑餐廳

隱身在熟食中心
的澳門美食

🏠 九龍旺角上海街557號旺角熟食中心2樓8、9號舖

☎ 3514-4348 ⏰ 07:00～21:00

👆 地鐵旺角站C3出口

$ 中價（每人約港幣50～100元）

💬 葡式咖哩牛腩農夫飽、金牌凍咖啡

咖哩農夫飽

朗豪坊後面的旺角熟食中心，裡面有數家小食攤組成的熟食中心。其中的澳門翠苑茶餐廳，專售澳門料理，推薦的葡式咖哩牛腩農夫飽、羅宋湯，再來杯老闆推薦、吃得到可可粉的凍咖啡。農夫飽麵包外酥硬，內搭醬汁和肉類食用，份量較多，建議2個女生合點一份，外加飲料就能吃得很飽囉！

M5C1

上海廚房

大眾美食街裡
上海家常菜

🏠 九龍旺角上海街旺角熟食中心2樓1號舖

⏰ 約07:00～01:00

👆 地鐵旺角站C3出口

$ 平價（每人約港幣50元）

💬 獅子頭、椒鹽排骨

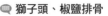

別看上海廚房小小的攤，販售的菜種類齊全。主要是上海式家庭菜，像獅子頭、椒鹽排骨、小籠湯包等，其中像拳頭般大的上海獅子頭，汁多料足，搭配上海菜販，不油不膩、鹹淡適中。

不斷蛻變，集餐飲小店
和服飾商店於一身

雅蘭中心 M5C2

🏠 九龍旺角彌敦道639號

⏰ 依商店營業時間略有差異

👆 地鐵旺角站E1出口

💬 意粉狂熱、牧羊少年咖啡館

經過整修後的雅蘭中心分為一、二期，兩棟大樓比鄰而建，是一複合式的綜合大樓。低層樓面雖有服飾店面，但整個中心內以各種餐廳和飲品店為主。像年輕人最愛聚餐的餐廳意粉狂熱、在女性間很受歡迎的打卡名店牧羊少年咖啡館、飲品店林香檸，以及港式燒臘快餐店太興等，較高樓層內則是辦公室或運動休閒中心。

意粉狂熱

價位適中義式料理，
家庭、朋友聚會好去處

🏠 雅蘭中心2樓208號舖
☎ 2511-1937　🕐 11:00～22:30
🚩 地鐵油麻地站E1出口
中價（每人約港幣50～100元）

營造和樂氛圍的義式餐廳。除了各類義式料理之外，絕對不能錯過的單品是「意粉」（義大利麵），不僅口感Q彈，而且麵粉麥香濃郁，是人氣料理。菜單上料理眾多，如果一時很難決定要吃什麼，可以點像「Meat&Fish Holic Set」類套餐，什麼都吃得到。

牧羊少年咖啡館

環境空間舒適
輕鬆享用西式料理

🏠 雅蘭中心1樓103號舖
☎ 2779-0268
🕐 11:00～22:45（週一～五），10:00～22:45（週六、日、國定假日）
🚩 旺角地鐵站E1出口
$ 中價（每人約港幣100～150元）
🍽 大阪燒風味煙三文魚薄餅、普羅旺斯燉菜

地點佳，位於雅蘭中心內1樓，是年輕人逛街後用餐，或朋友聚餐的好去處。餐點以披薩、薄餅、沙拉和肉排等西式料理，以及鬆餅、蛋糕和咖啡飲品為主。食物品質佳，但份量較少，所以如果肚子很餓，建議可以多點一些菜，餐後再來杯玫瑰牛奶咖啡真飽足。

倫敦大酒樓 M5C2

🏠 九龍旺角彌敦道612號好望角大廈
☎ 2771-8018
🕐 07:00～11:00
🚩 地鐵旺角站E2出口
$ 中價（每人約港幣100～150元）
🍽 雞扎、灌湯餃、金錢肚、椰皇燕窩燉鮮奶

傳統點心推車穿梭
舊日港式酒樓氛圍

在現今多以QR code點餐的連鎖餐廳中，這裡是少數仍採手寫餐單，並且保有港式點心推車服務的傳統酒樓之一，能讓人感受到濃厚的港風飲食氛圍，因此總能吸引不少國際觀光客。3樓和4樓的差別，在於3樓要自己找位置且併桌，而4樓則是一般桌位。若想體驗隨時攔下點心推車，或是直奔點餐區點菜，就選3樓吧！點心種類很多，雞扎、灌湯餃、金錢肚和山竹牛肉丸等，都很美味，別忘了多留意推車經過，當然到點餐區直接拿喜歡吃的也OK！別忘了店中超人氣且限量的「椰皇燕窩燉鮮奶」，椰香燕窩風味濃郁，是這裡特有的招牌點心，千萬別錯過！

開心吃

由於客人較多時，服務人員可能很難顧到所有客人，為免掃興，建議「一定要早一點」前往，坐在靠近點餐區、手推車出餐區的位置，不僅自助手拿點心方便，還能迅速排到限量甜點「椰皇燕窩燉鮮奶」。

兩草 M5C2

重口味引食欲
料理整碗吃光光

🏠 九龍旺角白布街16號地舖
☎ 2463-4646 ⏰ 12:00～16:00 / 17:00～21:00
🚇 地鐵旺角站E2出口
💲 平價（每人約港幣50～80元）
🍽 小籠包胡椒湯、蛋炒豬腸粉、招牌炸雞翼

距旺角超熱鬧逛街區有點距離，店內位置較緊湊，大多要併桌。聽說這是港星袁詠儀、張智霖必訪的小館，因此非常受歡迎，整間店總是滿滿的食客。招牌的小籠包胡椒湯、蛋炒豬腸粉和香煎脆邊蛋肉餅飯等，口味較重，很能引起食欲。

蛋炒豬腸粉

潮流特區 M5D2

🏠 九龍旺角彌敦道580號A
☎ 3123-2085
⏰ 約10:00～22:00
🚇 地鐵旺角站E2出口
🍽 日系商品、B10的ADLIB

位在旺角彌敦道和登打士街交叉處，約有100家商店。商場中多為小型店面，以販售年輕人喜愛的日系品牌、街頭潮流服飾，以及動漫、公仔等為主。這裡商家的潮流敏銳度佳，建議喜歡走在流行最前線的人不要錯過。另外，B10的ADLIB是當地品牌，短褲、服飾和帽子值得推薦。

開心買

話說潮流特區雖然地址是在旺角區，但實際上以步行來看，也可從地鐵油麻地站A2出口步行。除非你是打算逛旺角區，否則從油麻地站下車往下走較省時。

兆萬中心 M5D2

西門町有萬年大樓
旺角則有兆萬中

🏠 九龍旺角西洋菜街1號
☎ 2666-9216
⏰ 12:00～，依商店營業時間略有差異
🚇 地鐵旺角站E2出口
🍽 公仔玩具、日本最潮服飾、2樓超人玩具

在假日擁擠的旺角街區，街道兩旁的逛街人潮，常使人一不留意就錯過了兆萬中心的入口。兆萬中心是由一家家小店面所組成，和台北西門町的西門新宿和萬年大樓相似，專售日本、歐美（較少）流行服飾、玩具、公仔，以及時下最流行的進口商品。因物品多為店家從國外攜回，數量稀少而價格較高。但對於能在第一時間購得流行新貨，或者尋覓已久物品的人來說，不啻是最佳的尋寶購物地點。其中的玩具交易所區，各商家櫥窗內陳列的玩具逸品，即使不買也讓人大開眼界。

半路咖啡 Halfway Coffee M5C1

用中式復古風杯盤盛裝
每一杯好咖啡

🏠 九龍旺角鼓油街6號地舖
☎ 2606-1160　🕘 09:00～18:00
💡 地鐵旺角站E1出口
💲 平價（每人約港幣50～100元）
💬 玫瑰鮮奶咖啡、朱古力咖啡

隱身於旺角五金行、車行等店舖集中區中，但一早開門前便有不少人等候於門外，想來杯濃厚咖啡。除了在地人之外，

也有不少遊客前來。店內木質桌椅、綠色盆栽，讓人能放鬆品嘗咖啡。平白咖啡（Flat White）是這裡咖啡的特色，拿鐵上的細奶泡，與咖啡融合後口感更細滑，更偏重咖啡味。另也有販售茶類、

輕食、三明治和甜點等，是能悠閒享用早餐的好地方。此外，這家咖啡店使用中式復古風杯盤，飲用熱咖啡時，注意看看，你的咖啡杯是萬壽無疆杯，還是仙女杯呢？

甜牙牙 M5C2

人潮絡繹不絕的
甜品小店

🏠 九龍旺角廣華街3號百利達廣場4號舖
☎ 2171-4913
🕘 14:00～00:00（週一～日）
　 14:00～01:30（國定假日）
💡 旺角地鐵站A2出口
　 平價（每人約港幣50元以內）
💬 窩夫、雪花冰

旺角是美食之區，其中光是甜品店就聚集不少。這家以可愛牙齒圖案為LOGO的甜牙牙，位在旺角較裡面，雖然店面小卻總是來客不絕。店中各種口味的窩夫（鬆餅）、雪花冰都是招牌必選。香脆口味的窩夫搭配任何配料都很適合，我自己則喜愛香蕉朱古力口味的窩夫。如果很多人一起去的話，還可以試試店裡面的九層窩夫。

LINLEE手打檸檬茶 M5C2

清爽檸檬酸香
火紅飲料連鎖店

🏠 九龍旺角西洋菜南街4號
　 昌記大樓地下A1號舖
☎ 2781-2119
🕘 12:30～22:30（週一～四）
　 12:30～23:00（週五～日）
💡 地鐵旺角站E2出口
　 平價（每人約港幣50以內）
💬 鴨屎香檸檬茶、招牌檸檬茶、海底椰椰冰檸茶

近年來紅遍香港熱鬧街市的飲料店，店面明亮的綠色招牌色非常醒目，除了在旺角、中環、尖沙咀等鬧區有分店，在主要商場也能看見蹤影。清爽的滋味很能解渴，除了招牌檸檬茶，鴨屎香（銀花香單叢）風味的檸檬茶更獨特好喝。每一杯飲料都會送一個鴨仔小玩偶，還可以收集喔！

信和中心 M5C2

🏠 九龍旺角彌敦道580號
🕐 約12:00～20:00
💡 地鐵旺角站E2出口
💬 限量運動商品

信和中心同樣也是一家家小店面組合而成的商場，此處多販售VCD、明星雜誌和照片、運動鞋等商品。因許多服飾、鞋類並非代理進口的商品，往往物品都存在些許價差，建議除非只有此處有得買，否則還是稍微比價再購買為佳。

瓊華中心 M5C2

🏠 九龍旺角彌敦道628號
🕐 12:00～，依商店營業時間略有差異
💡 地鐵旺角站E2出口
💬 運動用品、鞋類

旺角的瓊華中心，和另一間兆萬中心，都是很受年輕人歡迎的綜合小型商場。一間間店面，大多販售潮流服飾、飾品和Cosplay（角色扮演）服飾，特別款式的運動商品也很受歡迎，像3樓的Hot Channel和2樓的Head Coach，都看得到年輕人喜愛的夢幻商品。喜歡Cosplay和Lolita蘿莉塔風的人，3樓的Lolita In Touch:thup、U15號舖的sprider，都是尋寶好地方。

肥姐小食店 M5D2

🏠 九龍旺角登打士街55號地下4A號舖
🕐 13:00～22:15（週一、週三～日），週二公休
💡 地鐵旺角站A2出口
💲 平價（每人約港幣30～50元）
💬 大皇牌

台灣路邊到處都有滷味攤，香港也有類似的攤子，只是並非隨處可見。旺角裡的肥姐小食店（以前叫肥媽小食店），就是專賣內臟、海鮮類滷味的高人氣路邊小食攤。較受一般顧客歡迎有生腸、雞腎，我個人則喜歡墨魚。一串串的滷味搭配芥末醬、辣椒醬食用，雖然有點不習慣，但嘗過後覺得很對味且清爽。還有這裡是以紙包裝，如果不想當場食用，建議可自備塑膠袋。

銀城廣場 M5C2

🏠 九龍旺角西洋菜街2A號
🕐 約12:00～20:00
💡 地鐵旺角站E2出口
💲 平價（每人約港幣50元以內）
💬 3C商品

旺角區店面租金昂貴，許多小店選擇開在商場中的2樓以上。銀城廣場中則包括了服飾、飾品、3C商品、手機美髮

用品，以及泳裝、樂器或特賣物品等，商品種類眾多，吸引年輕族群前往。

不膩口的脆皮鮮蝦腸、餡料足的晶瑩鮮蝦餃、加速哇沙比的創新鹹水餃和酸到好處的牛柏葉等等。如果點真係菠蘿包時，記得剛上桌時內餡非常熱燙，千萬別一口吞下。另外，由於排隊人龍絡繹不絕，建議大家避開一般的用餐時間，可以縮短等待時間。店家營業到約凌晨2點，是逛旺角時不錯的宵夜選擇。

粉果

滋味蜂巢糕

點點心 M5B2

🏠 九龍旺角通菜街106號地舖

☎ 2615-1609

🕐 11:00～23:00

🚇 地鐵旺角站B2或D2出口

$ 平價

🍽 真係菠蘿包、彩絲牛柏葉、脆皮鮮蝦腸、滋味蜂巢糕、洛神脆脆奶凍

媒體大力讚揚的港式點心

別看只是一家小小店面，這家專賣港式飲茶點心的店，可是榮獲得紐約《NEWSWEEK》2012年度全球101家最佳食府，以及《TimeOut Magazine》2011年度最佳點心店的殊榮，難怪門外總是大牌長龍，好在店門口有叫號燈，即使聽不懂店員用廣東話叫號，也能看得懂。喜歡甜點的人，可試試匠心獨具，真的包了菠蘿餡的真係菠蘿包、黑唐味濃的滋味蜂巢糕。而喜歡港式鹹點的人，則可嘗嘗香脆

晶瑩鮮蝦餃

真係菠蘿包

脆皮鮮蝦腸

彩絲牛柏葉

開心吃

除了旺角店之外，另外，在九龍佐敦文滙街28號文景樓（佐敦店）也有店面，可依自己的行程安排前往。

GLORY BAKERY M5B2

🏠 九龍旺角洗衣街161號E2D號舖
☎ 2203-4300 🕐 10:30～20:00
💡 地鐵旺角站B3出口
💲 平價（每人約港幣50～150元）
💬 茶餐廳系列餅乾、果乾、蘋果紅茶果醬

GLORY BAKERY（榮光手工創意曲奇）的餅乾甜味適中、口感酥鬆，餅乾盒的設計非常優雅，是香港旅遊必買曲奇之一，自用送人都OK。店中6款禮盒，我最喜歡的是集合了咖啡朱古力、阿華田杏仁、好立克夏果仁和檸檬茶風味餅乾的「港式茶餐廳」禮盒。如果只是要自己吃，可以買杯裝餅乾。此外，店中的果乾、果醬等也很美味！

港式茶餐廳禮盒

荷李活
商業中心 M5C2

電器購物、
餐飲美食好去處

🏠 九龍旺角彌敦道610號
🕐 依商店營業時間略有差異
💡 地鐵旺角站E2出口
💬 豐澤電器

這是一大棟複合式的商業中心，裡面除了一般公司的辦公室，其他還包括了豐澤電器分店、不時舉辦的嬰兒用品、服飾大減價特賣會。另外，幾家香港知名的餐廳，如稻香集團、潮樓等，都能在此品嘗得到。

奶路臣街傳統市場 M5C1

🏠 九龍旺角奶路臣街附近
🕐 約早上～16:00
💡 地鐵旺角站C3出口
💬 西洋梨等水果

旺角區最大型
的傳統露天市場

過了朗豪坊，在奶路臣街和廣東道交叉口附近，有一個傳統的露天市場。這個市場面積較大，是當地居民購買生鮮水果、肉類的必來之地。尤其一攤攤活跳跳的瀨尿蝦、大閘蟹、各種魚類，更讓人大開眼界。每到星期假日，顧客之多擠得水洩不通。香港的水果種類不若台灣多，但一般而言並不會太貴，可買一些比台灣便宜的櫻桃、西洋梨或熟食回飯店享用。

Chicago Sports M5C2

香港第一間賣
Visvim鞋子的店

🏠 九龍旺角洗衣街66號得寶大廈地下3號舖
☎ 2398-1267
🕐 11:30～22:00
💡 旺角地鐵站C3出口
💬 特別版運動鞋、Visvim鞋

Visvim鞋因陳冠希穿著而帶動流行，而這家店是香港第一間賣Visvim鞋子的店，因此成為許多潮男常光顧的店之一。此外，還有販售如New Balance、adidas、Converse、NIKE等運動品牌，當然也可以在這裡看到不同於一般店面販售的特別版運動鞋。

民華餐廳 M5B2

高朋滿座的
高品質茶餐廳

🏠 九龍旺角通菜街153～159號
☎ 2392-4880
🕐 06:30～23:45
💡 地鐵旺角站B3出口
平價（每人約港幣50元）
🍴 沙嗲牛肉公仔麵、西多士、魚湯魚蛋、
雲南米線

這家店除了有一般茶餐廳的粉麵菜，還有
像糯米雞、燒賣和牛肉丸這類點心可選。
食物份量不少，很餓的話可以選常餐、厚
多士、炒蛋、粉麵和飲料都有。此外這裡
的厚多士加煉奶，推薦給愛吃甜食者，飲
料則有好立克、凍檸茶、港式奶茶，都是
極佳的選擇。用餐時人非常多，最好能避
開這段時間。

西多士

魚湯魚蛋河粉

華星冰室 M5B2

品嘗港式美味
超人氣茶餐廳

🏠 九龍旺角西洋菜南街107號地舖
☎ 2520-6666
🕐 07:00～21:00（週一～四、週日）
　 07:00～22:00（週五～六）
💡 地鐵旺角站B3出口
$ 平價（每人約港幣50元）
🍴 黑松露多士、滑蛋叉燒飯、奶油豬仔包

在茶餐廳吃飯最大的好處，便是餐點種類
多可挑選、營業時間長隨時都能去，而且
能吃到在地人平日吃到的美食。店中「黑
松露多士」是明星
餐點，口感超級滑
嫩、奶油香氣十
足，點綴的黑松露
讓風味更升級。這
家店在灣仔、上環
和九龍灣等地都有
分店。

十三姨 M5C2

排隊美食
招牌鵝肝撈飯老饕必嘗

🏠 九龍旺角通菜街1M-1T號華發大廈地下C號舖
☎ 2885-6728 🕐 12:00～16:45 / 18:00～22:45
💡 地鐵麻地站A2出口
$ 中價（每人約港幣50～150元）
🍴 老闆娘鵝肝煎蛋撈飯、炙燒手撕雞伴雞油
飯、十三飛

專門販售飯、湯麵、小
菜、串燒等中式料理，
也是一家須排隊的美食
餐廳。料理口味較重，
非常下飯。店中招牌料
理有「老闆娘鵝肝煎蛋
撈飯」，是用了肥美的
鵝肝，搭配太陽蛋（只
煎一面）、香氣濃郁的
油蔥酥、蔥等，軟糯的
撈飯口味也很特別；還有使用牛肋、牛肩條
為主角的湯粉絲的「十三飛」等。

旦王 **M5B2**

口味獨特的庶民小食

🏠 九龍旺角粥街72號地舖
⏰ 10:00～00:30   🚇 地鐵旺角站B2、B3出口
💲 平價（每人約港幣50元以內）
💬 重慶酸辣粉、韓國墨魚仔

吃多了飯麵粥，何妨換個小攤食物嘗嘗。旦王位在熱鬧的旺角，小小的店面卻擺滿了各種熟食，像咖哩魚蛋、燒賣、螺肉、魷魚、墨魚，站著就能吃，馬上填飽肚子。這裡的招牌莫過於重慶酸辣粉，以紅地瓜做的QQ粉條搭配獨特麻辣醬汁、花生和榨菜等，吃過一定難忘，第一次吃的話建議點小辣口味即可。

口感滑嫩Q彈腸粉專賣店

豐味蒸食 **M5C1**

🏠 九龍旺角廣東道1016號地舖
☎ 9618-8306
⏰ 08:00～20:00
🚇 地鐵旺角站C3出口
💲 平價（每人約港幣50元）
💬 石磨腸粉、海丰小米餃、蒸餃、豬脾蒸飯、湯粉麵

這家店的門口是人來人往的市場，專賣腸粉等蒸類料理，腸粉有鮮蝦、牛肉、叉燒、豬膶（豬肝）等口味的腸粉，點菜後才開始蒸，所以石磨的腸粉皮，口感Q彈，內餡豐富。如果肚子沒有很餓，點些腸粉、蒸餃、海風小米餃剛剛好；如果已經飢腸轆轆，不妨試試招牌的招牌豬脾（豬寸骨）蒸飯、牛肉蒸飯。

絕無僅有，一眼望去都是運動用品店

波鞋街 **M5C2**

🏠 九龍旺角亞皆老街和花園街附近
⏰ 11:00～21:30
🚇 地鐵旺角站D3出口
💬 限量球鞋、adidas折扣服飾

位於亞皆老街和山東街中的花園街段。廣東話中的「波鞋」，是指運動鞋、球鞋的意思。這一區因聚集了數十家專售運動鞋和運動用品的專賣店，所以又叫「波鞋街」，是旺角區年輕人必逛之地。除了adidas、CONVERSE、NIKE等品牌專門店，還有集數品牌於一店的複合店。這裡可以找到不易見的限量鞋款，也有折扣高的過季商品，但因每家店即使同一品牌物品也不見得相同，所以最好記得欲購買物品店家的位置，以免價比三家後卻找不到原來店的地址。

女人街 M5B2

- 🏠 九龍旺角通菜街
- 🕐 約17:00～22:00
- 💡 地鐵旺角站D3出口
- 💬 圖案特殊的T恤、港劇DVD商家

地鐵旺角站D3出口上來，東側位於通菜街、數條街道平行的這一區就是女人街，類似我們的夜市，從傍晚時分起所有店家都開店做生意。雖然販售的商品種類繁多，但其中多以價格便宜的女性的服飾、髮飾配件、鞋襪、日用品、玩具為主，每晚因大量的遊客而人聲鼎沸，是各國觀光客不會錯過的好去處。這裡有數條小街道，通常很容易迷失方向走不回來，所以如果看中某樣商品，詢價後建議直接購買。

開心玩
女人街愈晚愈熱鬧，建議在附近吃過晚飯後再前往。這裡因街道較窄，加上逛街的人潮洶湧，四處都較擁擠，難免有扒手的蹤跡，讀者需特別注意隨身物品和金錢。

戲劇VCD、DVD專賣店 M5B2

- 🏠 女人街中　🕐 18:00～
- 💡 地鐵旺角站D3出口　💬 懷舊港劇TVB的DVD

女人街中有數家專售港劇DVD、VCD的商家，無論是那一家小店，看見整面牆上擺放無數最新和懷舊的劇集，連小時候迷戀的劇集都找得到，喜愛看港劇的人在這裡鐵定大失血。因為現金交易，可得小心節制荷包了！

杏甜品 M5C2

椰皇桃膠燉雙皮奶

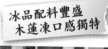
冰品配料豐盛
木蓮凍口感獨特

- 🏠 九龍旺角鼓油街25-31號地下3號舖
- ☎ 6998-2677
- 🕐 14:30～00:00（週一～四），14:30～01:00（週五～六），14:30～00:00（週日）
- 💡 地鐵旺角站E2出口
- 💲 平價（每人約港幣40～80元）
- 💬 椰皇桃膠燉雙皮奶、杏汁桃膠芋圓木蓮凍、龍眼冰

開在鬧區中的小店，店內桌數不多，每天大約下午2點半才開始營業。店中以販售中式糖水、創新甜品為主。傳統糖水包括杏仁茶、核桃湖、芝麻糊和燉雪耳等；新式甜點則有芒果類甜點、可以連椰肉一起吃的椰皇燉雙皮奶，以及用野生木蓮仔製作的木蓮凍點心。其中的木蓮凍點心口感十分特別，在香港、台灣都很少吃到，一定要試試看！

呂宋芒椰木蓮凍

林香檸 M5C2

- 🏠 九龍旺角豉油街21B號昌記大廈地下A2號舖
- ☎ 6317-9882
- 🕐 12:30～23:00（週一～四），12:30～23:30（週五、六），12:30～23:00（週日）
- ✋ 地鐵旺角站E2出口
- $ 平價（每人約港幣50元以內）
- 🗨 鴨屎香檸檬茶、招牌手打檸檬茶

可愛的黃檸檬娃娃頭logo，品牌識別度高。目前在香港的分店有好幾家，除了鬧區裡，人潮多的百貨商場也有設點，到處都看得到。清香酸甜風味，年輕人幾乎人手一杯。招牌手打檸檬茶、風味獨特的鴨屎香檸檬茶最受歡迎，此外，也有以泰式綠茶為基底的「原諒檸檬茶」，以及「苦瓜檸檬茶」、渣男手打檸檬茶」等飲品。

開心吃
雖然可以調整冰塊、糖度，但可能會影響風味，建議喝店家調整好的黃金比列！

好旺角麵家 M5B2

- 🏠 九龍旺角洗衣街123號地舖
- ☎ 2393-9036 🕐 10:30～21:30
- ✋ 地鐵旺角站B2出口
- $ 平價（每人約港幣50元）
- 🗨 招牌炸醬撈麵、雲吞炸醬撈麵、鮮蝦雲吞麵

這是一家老字號的傳統餐飲店，在旺角逛街時，常看見它的招牌。這裡專賣港式麵類（淡黃色鹼水麵）和粥品，招牌菜是搭配了黑色肉醬的炸醬撈麵，可分細麵和寬麵兩種（招牌炸醬撈粗就是寬麵）。肉醬較偏甜口味，但搭上鹼水麵恰到好處。其他如台灣少見的南乳豬手（豬腳）河粉，也值得一試。

紅島冰廳 M5D2

- 🏠 九龍旺角彌敦道594-596號地舖
- ☎ 2117-1968
- 🕐 07:00～22:00
- ✋ 地鐵油麻地站A2出口
- $ 平價（每人約港幣50～100元）
- 🗨 瑞士雞中翼拉麵、阿華田脆脆西多士、招牌焗鮮茄豬扒飯

紅紅綠綠的餐廳招牌，很有舊時香港氛圍的茶餐廳，營業時間很長，店中的飲食，從早餐、下午茶、粉麵、飯、小炒和鐵板肉類料理、各式飲品、冰品等都有，甚至還有越南料理，看得目不暇給。如果難以抉擇，可以從套餐、常餐組合挑選點菜，可以省下不少時間。

開心吃
地址雖然在旺角，但從地鐵油麻地A2出口走過來比較近。

鮮蝦雲吞麵

銀龍粉麵茶餐廳 M5B2、C2

24小時營業
再晚都有熱食可吃！

- 🏠 九龍旺角通菜街118號/旺角西洋菜街59號
- ☎ 2380-2566　🕐 24小時
- 💡 地鐵旺角站D2出口　$ 平價（每人約港幣50元以內）
- 🍜 XO醬雞柳炒公仔麵、乾炒牛河、辣椒膏炒公仔麵

搭配最晚的飛機抵達香港時，通常有許多飲食店已經關門了，這時
還肚子餓怎麼辦？如果你住在油尖旺地區（油麻地、尖沙咀、旺
角）的飯店，位於旺角鬧區的這家24小食茶餐廳，是不錯的選擇。
正如一般茶餐廳，這裡勝在餐飲選項多，從公仔麵、炒牛河到粥
類、茶餐廳特有的飲品，讓你在深夜仍能吃到熱騰騰的料理。
開心吃
雖說香港鬧區的治安不錯，幾步路就一個警察，但若在深夜仍在外走動，記得要與朋友結伴
同行，且盡量走在大馬路邊較安全。

八珍醬園旗艦店 M5B2

現代化的
老字號調味料店

- 🏠 九龍旺角花園街136A號舖
- ☎ 2394-8777　🕐 10:00～21:00
- 💡 旺角地鐵站B2、B3出口　$ 平價（每人約港幣50元以內）
- 🍜 八珍梅、甜蛋散、醬油、八珍甜醋

位於旺角市政大廈熟食中心對面的八珍醬園，是一專售各式
醬汁、調味料和蜜餞類的老字號店，旺角店是在2002年改
建成旗艦店，幾乎八珍的所有商品都可在這裡買到。其中的
八珍甜醋和香醋，帶點酸甜或特殊香味，甜醋可做糖醋排
骨、煎豬排、燜煮豬腸等菜，是台灣少見的調味料。只限新
春期間有售的八珍蘿蔔糕則是香港人過年排隊也要買的年節美物。

奇趣餅家 M5B2

香港人兒時記憶
的傳統點心店

- 🏠 九龍旺角花園街135號地舖
- ☎ 2394-1727
- 🕐 08:00～19:30
- 💡 地鐵旺角地鐵站B3出口
- $ 平價（每人約港幣50元以內）
- 🍜 光酥餅、棋子餅、雞仔餅

光酥餅

這家店位在花園街傳統市場裡，樸實的店面內放了各式各樣
的傳統餅類點心。朋友說店內的光酥餅是他從小吃到大的點
心，白白胖胖像小餐包般的圓餅，口感扎實。其他如棋子
餅、雞仔餅、香蕉糕、鮑魚酥和牛耳仔等，也是店內受歡迎
的點心，大多可單個購買，建議每一種都可買少許嘗試。

始創中心 M5B2

中大型的綜合商場
近年轉攻年輕族群

🏠 九龍太子彌敦道750號
☎ 9727-7000　🕐 12:30～22:30
💡 地鐵太子站B2出口
💬 自家箱場、Footstep plus、zembia

鄰近地鐵旺角站和太子站，是一交通便利、包含了8層購物商場和2層美食區的綜合型商場。除了中西美食外，販售的商品以影音、男女潮流服飾、鞋類用品、手錶首飾、品牌化妝品、電器和寢室用品等為主，應有盡有，而且還時常舉辦酬賓活動，可買到物美價合理的商品。D2號舖的格子舖「自家箱場」、2樓233-236號舖的「Footstep plus」、210-211號舖的「zembia」，都是特別吸引年輕人的店面。

妹記生滾粥品 M5B2

🏠 九龍旺角花園街市政大廈熟食中心4樓11～12號舖
☎ 2789-0198　🕐 07:15～15:15（週一、週三～日），週二休息
💡 地鐵旺角站B2出口　💲 平價（每人約港幣50元）
💬 魚腩牛肉粥、爽魚片、豬膶粥、皖魚片粥

及第粥

港式生滾粥是非常一般的港式飲食，和台灣粥最大的不同之處，是放入較多肉、海鮮等新鮮食材，讓你在吃綿密粥底的同時，還搭配鮮美

吃過還想再來的
港式生滾粥店

好料。香港的有名粥店極多，其中我每次來港遊玩必訪的是位於旺角的妹記生滾粥品。位在一棟熟食中心的4樓（2、3樓就像一般傳統市場），沒有大肆裝潢的桌椅，但親切的老闆和新鮮的生滾粥，絕對吃得盡興滿意。除了粥品以外，也推薦來一小盤爽魚片，沾著醬汁食用，清脆爽口，熱粥似乎沒那麼燙了。

魚腩牛肉粥

開心吃

妹記位在花園街市政大廈熟食中心的4樓，這裡是一棟傳統市場，4樓專賣熟食類，經由大樓外的手扶梯進入。2、3樓的新鮮水果，價格不高，值得品嘗。要留意妹記只營業到下午3點喔！

爽魚片

價格平民化的 大眾燒臘餐廳

廣東燒味餐廳 M5A1

🏠 九龍太子砵蘭街380號地舖
☎ 2380～2329　🕐 13:00～01:00
💡 地鐵太子站C2出口
💲 平價（每人約港幣50～100元）
💬 法式燉蛋、燉奶、沙沙合桃糊、芒果雪花冰

以販售料多實在的傳統甜品，如合桃（核桃）糊、芝麻糊、杏仁糊出名。其中加入合桃碎的是沙沙合桃糊，更得到鍾愛老口味甜品者的擁護。另外販售台灣知名的雪花冰，可試試芒果、芝麻雪花冰。而法式燉蛋類，我偏好雲尼拿（香草）口味的，搭配表面一層帶有焦香的焦糖一起食用，不會過甜不膩口，難怪是新一代的人氣甜點。

麻雀雖小什麼 都有賣的茶餐廳

金華冰廳 M5B2

🏠 九龍太子弼街47號地舖
☎ 2392-6830　🕐 06:30～23:30
💡 地鐵太子站B2出口
💲 平價（每人約港幣50元以內）
💬 波蘿油包、豬扒包、雞尾包、蛋塔

波蘿油包

門口櫃子裡排放著剛出爐的波蘿油包，總能吸引顧客。這家店面老舊、店內稍微擁擠的飲食店，最有名的是夾上了厚厚一塊奶油的波蘿油包。我們在上午時間前來，滿店的客人好不容易擠到靠近廚房的小餐桌。除了波蘿油包、蛋塔這類甜食外，豬扒包、雞尾包或通心粉、麵類都有，正如香港傳統茶餐廳般，麻雀雖小卻備齊了各項飲食。如果時間不夠，建議外帶波蘿油包、蛋塔。

聯合廣場 M5A1

🏠 九龍太子彌敦道760號
☎ 2380-2000　🕐 12:00～，依商店營業時間略有差異
💡 地鐵太子站B2出口　💬 盒子百貨、女性化妝品

潮流玩意大本營 美食餐廳也不少

這間小型商場內除多販售最新流行服飾、運動鞋外，另有女性化妝品，以及最近在香港開始聚集人氣的「盒子百貨」（格子舖），像1樓131舖的「B for Box盒子百貨」、103B舖的「Myfirst」，商品量和種類都很多，更新速度也快，不停推出的新商品讓人大開眼界。另外，還有多家中西式餐廳，可當作歇腳的好去處。

金魚街 M5B2

一包包透明袋 一條條美麗金魚

🏠 九龍旺角通菜街和弼街交叉口附近
🕐 10:30～22:00　💡 地鐵旺角站A3出口
💬 可愛水族箱

看過電影《新不了情》的話，對一幕女主角袁詠儀和男主角劉青雲逛街時，手裡提著的一小袋金魚戰利品一定印象深刻，但始終不了解為什麼香港人特別喜歡買金魚、熱帶魚？在這裡就有一小段路上有數家專賣金魚的商店，店家習慣將金魚放在小小的透明袋中，一袋袋掛在門口旁的牆上，這種陳列方式看來相當壯觀，也可方便顧客直接選購。

開心買

為什麼香港人特別喜歡買這些裝在塑膠袋裡的金魚呢？某個朋友告訴我，是因為將金魚放在塑膠袋有「袋金」的意思，就是把金錢放入自己的口袋，才能財運旺旺來。

MOKO新世紀廣場 **M5B2**

鄰近旺角東鐵站
交通便利的大型商場

🏠 九龍旺角太子道西193號
☎ 2397-0790　🕐 10:00～22:00
💡 地鐵旺角站B3出口、港鐵旺角東站出口
💬 土土屋、DFS旗下香港T廣場美妝世界、電影院

位於港鐵旺角東站出口的新世紀廣場，是一個與車站結合的商場，共有7層樓，室內挑高空間的大型購物廣場。圓形的商場分成A、B、C、D4區。總共200多間的店面，包含了服飾店、電影院、中西美食餐廳、親子活動區，以及家飾品、伴手禮、電器和書店，可以說集合了食、衣、住、行各項功能。其中5樓D區的有一美食廣場，可以看到中午時許多學生來此用餐。

九龍最大鮮花集散市場

花墟道 **M5A2**

🏠 九龍太子花墟道
🕐 依店家有所差異
💡 地鐵太子站B1出口

花墟道可以說是九龍地區最大的鮮花集散市場，每天清晨或是鮮花運送來時，是這裡交易最熱鬧的時候。花墟道裡約有50家的店舖，除了賣香港本地或外地的新鮮花卉、花種子、盆栽、假花和裝飾品等等，每年的新年及農曆新年前幾天都是花墟街最繁忙的日子。

一點心 **M5A2**

有別於熱鬧喧囂茶樓
的精緻飲茶店

🏠 九龍太子通菜街209A-209B號地舖
☎ 2677-7888
🕐 09:30～00:00（週一～五）
　　08:30～00:00（週六、日），週二休息
💡 地鐵太子站A出口
💲 平價（每人約港幣50～100元）
💬 鮮蝦菜苗餃、北菇棉花雞、馬拉糕、黑椒牛仔骨

並非開在超熱鬧街道上的一點心，經過特別的裝潢，感覺有點像精緻簡餐店，為用餐氣氛大大加分。這家店賣的是港式料理，但特別推薦這裡的美味小點心。清淡的鮮蝦菜苗餃、潮州蒸粉果、馬拉糕在師傅的巧手下更讓人垂涎三尺，別處少見的北菇棉花雞、還有我最喜歡的重口味黑椒牛仔骨、咖哩鮮魷魚等，更是下飯的美味小菜。

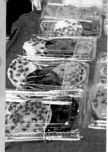

大記攔粉 M5A1

🏠 九龍太子基隆街10號地下
☎ 2787-1398
🕐 11:00～21:00
🚇 地鐵太子站C2出口
💲 平價（每人約港幣50元以內）
🍽 鯪魚球攔粉、鮮炸墨魚捲攔粉、桂花糕

大記是家專賣「攔粉」和「甜糕點」的店，外觀上，攔粉和以米製成的米苔目相似，但攔粉的口感較嫩滑，加上搭配各種不同的湯頭和配料，像鯪魚球攔粉、墨魚捲攔粉、豬頸肉攔粉，甚至還有雞酒味的，都有別於一般清淡口味的台灣米苔目。這裡的甜糕點口味多，從常見的紅豆、綠豆到特有的眉豆、薑汁蕃薯、雪耳紅棗，但我最喜歡清香爽口的桂花糕。

雀鳥花園 M5A3

🏠 九龍旺角園圃街
🕐 07:00～20:00
🚇 地鐵太子站B1出口

中國自古文人雅士就喜歡賞鳥、養鳥，直到今天，愛鳥的人仍不在少數。在雀鳥公園這邊，許多人帶著鳥籠慢走，到處都是清脆的鳥叫聲，有股時間流逝變慢的感覺。經過政府重新整理，許多鳥攤集中在園圃街，規劃出一個雀鳥公園。附近有一些賣鳥籠的店家、販售各種鳥類和鳥飼料的攤位，雖不能買隻鳥回來，但精美的鳥籠，也可買回做裝飾品，其中尤以紫檀製鳥籠為高級品，價格偏高。

添好運點心專門店 M5A1

🏠 九龍深水埗福榮街9-11號地舖
☎ 2788-1226
🕐 10:00～21:30（週一～五）
　　09:00～21:30（週六、日）
🚇 地鐵太子站E出口
　　平價（每人約港幣50～100元）
🍽 酥皮焗叉燒包、黃沙豬膶腸粉、芝士蝦卷、潮洲蒸粉果、陳皮牛肉球

旺角店已遷至大角咀海庭道奧海城商場二期G72號A-C舖，可試試也入選了「香港澳門米芝蓮（米其林）指南」一星級餐廳的深水埗店。不大的店面每天都坐滿了顧客，大家似乎因為排太久了，加上價格便宜，幾乎都點了滿桌點心想慰勞自己。特別推薦外皮酥肉餡入味不膩口的焗叉燒包、外面少見的豬肝餡黃沙豬膶腸粉，以及皮薄餡多的潮洲蒸粉果和蝦餃。

焗叉燒酥

潮州粉果

豉汁排骨

陳皮牛肉球

馬拉糕

豬膶腸粉

蝦餃

九龍&新界 其他好去處

鬧區以外的商場，避開人潮的另一選擇！

九龍地區除了尖沙咀、佐敦、油麻地、旺角和太子等人多較熱鬧的地區，其他地方也有不少商場，對於四天三夜或三天兩夜的香港之旅，九龍塘、黃大仙、深水埗等不算太遠的地區，很適合前往，也不必受長時間坐車之苦。

又一城 M2C3

靚衫美鞋，購物環境佳的國際級購物商場

🏠 九龍九龍塘達之路80號
☎ 2844-2222
🕐 11:00～21:00
💡 地鐵九龍塘站C2、H出口
💬 歡天喜地、MARKS＆SPENCER百貨、UNIQLO旗艦店、lululemon

位於香港城市大學對面，地鐵九龍塘站出口直達的又一城，集合了服飾、鞋類、珠寶等頂級商品，以及禮品、書店等生活精品，電影院、溜冰場等娛樂場所，還有多家美食餐廳。場內什麼都有，甚至全家大小在這裡逛一整天都可以。當中受大家歡迎的有美國冒險樂園、MARKS＆SPENCER百貨、UNIQLO旗艦店、兒童玩具店等，一次滿足全家大小的購物慾望。

開心買

和許多香港大型商場一樣，從地鐵站出口到又一城是一條長長的通道，這樣即使下大雨、颱風，因不需走上路面，即使不帶傘也不會淋濕，難怪人說香港真是購物的天堂。

Abercrombie & Fitch

美國休閒品牌簡約風格

🏠 又一城LG1-36號舖
☎ 3590-8283
🕐 11:00～21:00（週一～四、週日），
　 11:00～22:00（週五、六）
👆 地鐵九龍塘站C2、H出口
💬 T恤、香水

來自美國的Abercrombie & Fitch（A&F），
店內風格清新，服飾是以休閒、輕鬆和優
雅為設計理念，包括T恤、洋裝、泳衣等
服飾，以及香水、配件、飾品等等。

時思糖果

百年歷史糖果店
種類口味多！

🏠 又一城G-06號舖
☎ 2265-8199　🕐 11:00～21:00
👆 地鐵九龍塘站C2、H出口
💬 杏仁朱古力罐

美國時思糖果（See's Candies）
專賣店販售各式各樣的糖果、巧
克力，在香港有多家分店。各種
口味的棒棒糖、杏仁朱古力（巧
克力）、花生脆片等，都是極受
大人小孩歡迎的糖果單品。

ANTEPRIMA WIREBAG

特殊材質編織包袋
獨特有亮點

🏠 又一城LG2-15號舖
☎ 2616-9668　🕐 11:00～20:00

由日本人荻野泉以金屬線編織製作而成的手提包WIRE
BAG，因受到許多女性的歡迎，所以在原來服飾店
中，開始販售WIRE BAG這條線的商品。又一城的這
家店中，齊聚了最新設計的包款，因是專門店款式較
多，選擇性更多，而許多與其他品牌合作的限量產
品，在這也買得到，難怪常看到香港女星人手一個限
量包，不需羨慕，你也可以擁有。

it blue block

商品多元的
全新時尚概念空間

🏠 又一城LG2-30號舖　☎ 2265-7050　🕐 11:00～22:00
👆 地鐵九龍塘站C2、H出口　💬 J.S. FOODIES、品牌服飾

這家店是i.t的新型態概念店，不再僅以
販售服飾、包袋為主，而是希望能與生
活結合，因此增加了休閒戶外用品、美
妝、生活小雜貨、居家擺設，以及飲
食店等，並劃分了不同區域，讓逛街
變得更輕鬆。目前引進的品牌，包括
了：FRED PERRY、AMERICAN HOLIC、
karrimor、snow peak、WKNDRS、LAP等
服飾品牌。此外，專售異國料理、點心
的飲食店J.S. FOODIES也在其中，邊逛街
邊享用美食更方便了。

黃大仙祠 **M2C3**

🏠 九龍黃大仙竹園村2號嗇色園
🕐 07:00～17:30
🚇 地鐵黃大仙站B2出口

信眾多
香港最著名的道教寺院

1921年黃大仙祠從廣州遷移而來，嗇色園黃大仙祠是目前是全香港最大、最有名的道教寺院。香港有句順口溜「黃大仙有求必應」，就可以知道黃大仙在港人心目中的地位，據說一年將近有300萬人來此參拜，過年時更是熱鬧非凡，總要動員警力來協助疏通人群。廟外有一整排賣拜拜食品、用具的店家，大紅且金光閃閃，常見許多觀光客在此拍照。聽說這裡求的籤很靈驗，不妨求支籤後花點小錢請人解籤，透過黃大仙網站的解籤服務，當然也可以買一本黃大仙解籤書自己參考。附近的算命攤特別多，精通粵語、中文、英文、日文，如果有需要可以找個有緣的算命師來解籤。

開心玩

香港當地寺廟的拜拜方式跟我們有許多不同之處，最特別的就是他們習慣在地上鋪一張報紙，然後將香插在貢品上面，並把它放在地面上祭拜。

黃大仙中心 **M2C3**

🏠 九龍黃大仙正德街103號（南館），
　　翔龍道136號（北館）
☎ 3168-0080　🕐 09:00～20:00
🚇 地鐵黃大仙站D3出口
🍴 雞仔嘜、Big C、么鳳

黃大仙廟
參拜後的好去處

黃大仙中心分成南館、北館。南館共4層，是1983年落成的黃大仙中心；而北館則是以前的翔龍中心，共5層，都位於黃大仙廟旁。商場中的店家以食品餐飲最多，像市區內常見的海天堂、大快活、大家樂、美心MIX、奇華餅家、A-1 Bakery、紹香園和么鳳等，這裡通通有，而且人潮不若市區多，可以不排隊品嘗。另有雞仔嘜服飾（南館地下高層UG25號舖）、豐澤電器、文具行、超級市場，以及珠寶黃金門市，屬於生活機能型的商場。飲食方面，這裡也有許多餐館，像是譚仔三哥米線、鴻福堂涼茶館、金記冰室、上海婆婆、榮記粉麵茶餐廳和靠得住粥麵小館等，餐廳非常多。參拜完黃大仙廟後，建議可以來此消磨時間，購物吃飯。

青衣城 M2B3

市區外的血拼好去處

🏠 新界青衣青靜路33號

☎ 2449-9013　⏰ 09:00～20:00

🚇 機場快線清衣站、地鐵東涌線青衣站

💬 服飾、玩具

建在東涌線青衣站的上方，是一海洋概念的大型主題購物商場，包含了食衣住行各類約150家商店和電影院、美容沙龍，即使待在裡面一整天，吃喝玩樂都能完全包辦。由於距市區有段距離，而且靠近機場，許多觀光客會在離港前，順便到青衣城再血拼一下。近期新增加了瑪莎百貨、港式餐廳潮樓和一些運動品牌，這裡空間寬敞，不必像在市區般人擠人，逛街、吃飯也能很悠閒、輕鬆。

apm M2C4

營業時間最長入夜後的最佳逛街商場

🏠 九龍觀塘觀塘道418號創紀之城5期　☎ 3148-1200

⏰ 11:00～02:00　🚇 地鐵觀塘站A2出口

💬 橡子共和國、Big C、CASETiFY、CD Warehouse

apm位於觀塘地鐵站上面，商場的名字是結合了「am（白天）」和「pm（夜晚）」，希望逛街購物能不受時間限制，而取了這個有趣的名字。看見營業時間到凌晨2點，對愛逛街的夜貓觀光客來說，實在是不可多得的好去處。這裡除了一般耳熟能詳的男女服飾外，還有很多家美食小店、伴手禮零食店、名牌糖果店、玩具扭蛋店、書店等，店家數量多，一天根本逛不完。

鴨寮街跳蚤市場 M2C3

睜大眼睛仔細挑選的平民挖寶區

🏠 九龍深水埗鴨寮街　⏰ 12:00～24:00

🚇 地鐵深水埗站C2出口　💬 二手市場攤

鴨寮街又稱「電器街」，是一個相當發展已久的地區。這幾年經過旅遊發展局的整頓介紹，漸漸成為知名的觀光地區。在這個傳統的跳蚤市場裡，你可以看到許多二手物品，像古舊錢幣、新舊電器、電子玩意、遊戲機和黑膠唱片、鐘錶等，只要你想得到的東西，這裡大多都找得到，是許多在地人和觀光客喜歡尋寶的地方。不過，因這裡販售的物品多以二手為主，購買時需多加比較，價格方面，也可和店家殺價。

開心買

1. 這裡的電子器具較多水貨，為免購買到無保障的水貨，可向店家要求操作說明書。

2. 這裡沒有冷氣，尤其夏天人潮洶湧，逛街前需有天熱的心理準備。同時因人多，要小心個人物品的存放。

沙田

名列香港前三大購物中心的超級商場

新城市廣場 M2B3

🏠 新界沙田沙田正街17-18號
☎ 2684-9175
🕙 10:00～22:00
🙌 東鐵線沙田站
💬 史諾比開心世界（一期）、Vivienne Westwood Anglomania概念店（一期）

位於新界中心，面積之大可以稱得上是香港前三大購物中心的新城市廣場，是由新城市廣場一期、三期和新城市中央廣場組成。一期中包含了多家服飾、百貨公司和生活用品店。

其中3樓平台有深受大家歡迎、全亞洲第一個戶外遊樂場「史諾比開心世界」，Vivienne Westwood Anglomania全球唯一Anglomania概念店，7樓則有美食餐廳。三期中則集合了多家兒童服飾、玩具店和一田百貨。新城市中央廣場中則有多個家飾品品牌。若前往沙田馬場的回程，建議前來參觀。

開心買

沙田馬場的賽馬活動，是香港人日常生活中的一大休閒活動，對於台灣人來說很新鮮。建議你先前往沙田馬場試試運氣，回程再順便來逛新城市廣場，行程規劃較順。

史諾比開心世界

🏠 新城市廣場一期3樓戶外平台
🕙 11:00～19:00

可愛的開心世界中除了有史諾比相關商品販售外，另外還有好幾個小區域，如史諾比大屋、花生校園、獨木舟探趣、疊球遊樂場、花生大道和史諾比休憩廊等組成。

車公廟 **M2B3**

香火鼎盛 香港四大廟宇之一

🏠 九龍沙田大圍車公廟道7號
🕐 07:00～18:00
🚶 東鐵大圍站轉搭馬鞍山線，在車公廟站下車，沿路標指示可到達。

位在新界大圍、已有400多年歷史的車公廟，和上環文武廟、黃大仙廟、西貢的佛堂門大廟並稱香港的四大廟宇，祭祀南宋猛將車公。尤其在農曆過年、車公誕或是連續假日，來這參拜的人特別多，甚至得動用到警力為維持，並規劃好專門的參拜路線。車公廟附近有許多販售貢品、風車的小攤，都集中在一起，方便信眾購買。

開心玩

到車公廟參拜的人，多會購買可轉運、帶來好運的風車。據說只要轉動風車，就能去除厄運、帶來好運氣。許多人都是早上去車公廟參拜，然後再順便前往沙田馬場賭馬。尤其是在假日或過年期間，甚至會有免費巴士，專程載人到沙田馬場。

史諾比、查理布朗和其他花生人物等數十個卡通人物像，都是大人、小孩爭相拍照的地方，獨木舟遊園讓小朋友們樂此不疲。選個豔陽高照的好天氣來此，絕對能帶給你旅遊好心情。

SNOOPY IMPORTS

香港島

上環·中環·金鐘·灣仔·銅鑼灣
天后·北角·柴灣·淺水灣·赤柱

香港島是香港第二大島嶼，排於大嶼山之後。島上西由堅尼地城一直伸展至小西灣。北面與九龍半島相隔著維多利亞港，由3條過海隧道和3條過海鐵路銜接兩岸，其中還有天星小輪行走。

　　上環、中環、金鐘、灣仔、銅鑼灣等景點一字排開，像一顆顆璀璨珍珠點綴在維多利亞港邊，閃閃發亮，香港島的熱鬧美景，正等待著你來一一探訪。

上環

傳統文化、買賣吸引人潮，舊日繁華重現。

從殖民地時期起就開始發展的區域，有觀光客喜愛的荷李活道古董街、德輔道西海味街、高昇街藥材街，以及古蹟商場西港城等。在吃的方面，多以老店餐廳為主，蓮香樓、九記牛腩、勝香園都是一位難求的老饕愛光顧食堂。

永安百貨上環店　M6B3

🏠 香港上環德輔道中211號
☎ 2852-1888　🕙 10:00〜19:30
💡 地鐵上環站E3出口　💬 兒童和嬰兒用品、特色伴手禮

已有百年歷史的永安百貨，是香港知名的老百貨公司，而位於上環的這家店是總店。座落在德輔道西這條大街，加上又是地鐵站附近，絕佳的地理位置吸引不少附近居民或觀光客。這裡販售的以生活類商品居多，其中的母嬰用品、兒童用品、玩具商品更較其他商場來得多。禮品廊陳列出的禮品，讓你省去買伴手禮的煩惱。

擁有百年歷史的古董百貨公司

文華里印章街　M6B3

🏠 香港上環文華里
🕙 12:00〜22:00
💡 地鐵上環站A1、A2出口
💬 手工印章

快速取件、質感優的手工印章

印章是每個人生活中必備的事務用品，擁有一個質感刻工佳的印章相當重要。位於上環地鐵站附近的文華里，雖然街不長，但卻是以手工刻印聞名的傳統街區。在這刻印章通常當天晚上就可取件，適合短期停留的觀光客。可先選購自己喜歡的玉石材質，再選擇字體。

上環信德中心 M6A2

飽覽維多利亞港風光 來往港澳碼頭的必經商場

🏠 香港上環干諾道中200號
🕐 商場約11:00～21:00，碼頭則為24小時
🚇 地鐵上環站D出口
🍴 二手名牌商品、茶餐廳

如果要從香港島方面搭船前往澳門，上環信德中心港澳碼頭是最佳的選擇。不過在前往購買船票之前，或者從澳門搭船回來感覺疲倦，可以在這裡稍作休息。信德中心的地下～3樓大多是連鎖餐廳、咖啡店或茶餐廳、糖果零食店和二手名牌商品店等。另外，還有數家澳門娛樂事業的服務諮詢櫃台，方便詢問相關旅遊情報。大樓南面的地下有行人專門通道，可直通上環地鐵站，進入市區相當方便。

滿街都是海味店 貨比三家不吃虧

德輔道西海味街 M6A1

🏠 香港上環德輔道西
🕐 09:30～19:00
🚇 地鐵上環站A出口
🍴 乾鮑魚

德輔道西是上環的主要道路之一，尤其在皇后街和正街的這一段，因這裡早期是海味的集散地，一條路上聚集多家販售乾鮑魚、干貝等海味，以及珍貴中藥材的店面。雖然香港其他地方也都有海味店，但這裡因多家商店聚集，競爭下價格較有彈性，且顧客可以多逛數家店後再做選擇，貨比三家不吃虧。

高昇街藥材街 M6B1

珍貴中藥的 最佳購買處

🏠 香港上環高昇街　🕐 09:30～18:00
🚇 地鐵上環站A出口　🍴 中藥材

位在德輔道西海味街旁的高昇街，是一條圓弧形的街道，因開設多家中藥店而有「藥材街」之稱。這一帶也是中藥材的批發地，價格較一般市中心鬧區來得實惠，加上店中多有懂中藥材知識的店員可詢問，建議購買前，先詢問清楚再購買為佳。

開心買

某些店家有售如鹿角等的珍貴藥材，但切勿購買可能觸犯法律的保育類動物。另外，在中藥材和中藥成藥上，中藥材以每種0.6公斤為限，合計共12種。而中藥成藥每種12瓶（盒），但總數不可超過36瓶（盒），完稅的價格也不可超過新台幣1萬元。有興趣的讀者可先至財政部台北關稅局網站查詢。

永合成茶餐廳餅店 **M6B2**

難忘的全店之最
牛肉煲仔飯

🏠 香港上環蘇杭街113～115號地下
☎ 2850-5723
⊙ 07:00～16:00（週一～六），週日休息
🔦 地鐵上環站A2出口
$ 平價（每人約港幣50元以內）
🗨 窩蛋免治牛肉飯、熱奶茶、蘿蔔糕

這家小店一直以來是以煲仔飯聞名，最推薦的是招牌的「窩蛋免治牛肉飯」了，但煲仔飯需以爐火現做，等待時間稍長些，建議可加點其他小菜，奶茶、蘿蔔糕（10月以後才有）等先食用。喜歡喝濃味奶茶的人，不可錯過熱奶茶。相較於其他家的煲仔飯，這裡的少了點鍋巴，幾乎可將每顆飯粒吃完。

開心吃

免治牛肉是從英文的「minced beef」來的，是指牛絞肉或剁碎的牛肉；窩蛋的「窩」有柔滑、和黏稠的意思，窩蛋是蛋未熟，直接放在飯上面，日式的雞肉蓋飯就是窩蛋飯的一種，而香港最有名的則是「窩蛋牛肉飯」。

高CP值港式茶餐廳
平價吃好又吃飽

開心吃

營業時間到下午6點，和一般營業時間長的茶餐廳不同，想吃就早點來喔！

諸勝堂 **M6B2**

🏠 香港上環禧利街15號地舖
☎ 2394-1188
⊙ 07:00～18:00
🔦 地鐵上環站A2出口
$ 平價（每人約港幣50元）
🗨 鮮豬骨忌廉湯叉燒意粉、印尼雙撈麵

店招牌是一隻可愛的豬頭，光看店外深木色的門，很難讓人想到是一家港式茶餐廳。店內較小，而且用餐時間大多需併桌，但仍然不影響享受美食。食物的份量較多，尤其旅遊走得飢腸轆轆時，絕對吃得香又飽。推薦香滑的炒滑蛋和豬排。友人還推薦這裡的下午茶，像是蟹柳蟹子醬三文治、熱奶茶，是一般外面茶餐廳吃不到的好口味，可以試試。

西港城 M6B2

🏠 香港上環德輔道中323號

🕐 10:00～19:00，大部分商家在週日或國定假日休息

🚇 地鐵上環站B、C出口

💬 80M巴士專賣店、玩具專賣店

位於干諾道中和摩理臣街的交叉口，原是香港郵政局，已有數十年的歷史，是受政府保護的法定古蹟。1991年改建後的大門和廊柱，典雅的愛德華式紅磚建築外觀，是香港眾多商場中獨樹一格的設計。西港城中聚集了一間間的商家，大多是附近的老字號商家，以巴士飛機模型、可口可樂商品等各類收藏品、懷舊物品、縫紉相關器具布料行居多，都算是有特色的小店。

開心買

西港城附近有許多專賣髮飾、衣襪的小攤，雖非百貨公司內的高檔貨，但勝在商品種類多，加上價格平易近人，更能感受到平民街區的購物樂趣。

80M巴士專賣店

🏠 西港城G18號地舖

專售各種比例模型車！

☎ 2851-3643

🕐 10:30～19:00

雙層巴士是香港人最常利用的兩大交通工具之一（另一是地鐵），早已完全融入一般居民和觀光客的生活中。這家已有數間連鎖店面的80M巴士專門店，就是一家專賣香港各時期巴士、雙層巴士的專門店，是巴士蒐藏迷必光顧的店。另外，還可以得到國泰、港龍等多家航空的模型、玩偶或周邊商品，航空飛機迷們有閒不妨來此選購。尖沙咀天星小輪碼頭也有分店。

滿記甜品

🏠 西港城地下4-6號舖

☎ 2851-2606

老牌港式甜品
推薦芒果，榴槤風味

🕐 12:00～22:30（週一～五），13:00～22:30（週六、日）

💡 地鐵上環站B出口
平價（每人約港幣50元）

💬 榴槤忘返、芒果白雪黑糯米、龍眼冰三重奏

這家滿記甜品位於西港城內，距離市區的店比較遠，所以顧客沒有這麼多，享用甜點比較沒有壓力。除了經典的芒果風味、榴槤忘返甜點之外，海底椰黑糯米甜甜、椰汁紫米露等，喜歡吃港式傳統甜點的話，也可以點芝麻糊杏仁茶、蓮子陳皮紅豆沙，試試純樸札實的口味。另外，一邊吃甜品，還能看到叮叮車經過，絕對是少有的經歷。

萬順昌 M6B2

🏠 香港上環永樂街199號萬順昌大廈　☎ 2545-1190
🕐 09:00～18:00（週一～五），09:00～15:00（週六），週日休息
💡 地鐵上環站A2出口　$ 平價（每人約港幣50元）
💬 陳皮梅、化梅

走入上環，不論是路旁的建築、庶民化的茶餐廳，都能感受到濃濃的懷舊氣息，連零食也是一樣。製作方法與傳統乾貨店略不同的萬順昌，賣的果仁、乾果、蜜餞，在老一輩香港人間享有盛名，即使一顆話梅價格不便宜，仍能吸引許多顧客樂於品嘗。吃膩了巧克力、高級點心的人，不妨試試這些港味零食。

開心吃

萬順昌和鄧海滿記都開在同一條街上，傍晚也都很早就歇息了，而且週日也沒有營業，想購買的人一定要注意時間，不然會白跑一趟。

鄧海滿記 M6B2

🏠 香港上環永樂街175號地下
☎ 2544-6464
🕐 08:00～17:00（週一～五），08:00～15:00（週六），週日休息
💡 地鐵上環站A2出口
$ 平價（每人約港幣50元）
💬 陳皮梅、陳皮化核應子、芒果乾

在香港到處充斥進口糖果店的同時，兒時最愛的零食——蜜餞乾果店仍舊存在。位於上環的

鄧海滿記，是一家以販售陳皮梅、化核應子、芒果乾等蜜餞為主的老店。早年親戚朋友們從香港旅遊歸來，一定會帶一包陳皮梅作伴手禮，即使到了今天，這類蜜餞還是送禮的不二選擇。它獨特的家鄉味，甚至在美國許多華人超市都買得到，撫慰了海外香港人的思鄉之情。

啟發涼果 M6B2

🏠 香港上環永樂街132號地下
☎ 2543 9988
🕐 09:00～18:00（週一～五），09:00～17:00（週六），週日休息
💡 地鐵上環站A2出口
$ 平價（每人約港幣50～100元）
💬 化核陳皮梅、化梅條

上環永樂街、永吉街一帶，開了許多「涼果」的批發或零售商店。香港的傳統涼果，是指欖、梅、李以及薑等種類，像常見的甘草欖、黃金欖、陳皮梅、檸汁薑、化梅薑和化核應子等都是超人氣涼果。位於永樂街上的啟發涼果，專門販售多種涼果和零食，多家門市緊鄰，商品種類多。這裡還有販售多種口味的肉乾，只能在當地食用，不可帶回台灣，以免受罰。

創於1948年的
潮州滷水鵝專賣店

陳勤記鹵鵝飯店 M6B2

🏠 香港上環皇后大道西11號地下
☎ 2858-0033
🕐 11:00～22:30
🚇 地鐵上環站A2出口
💲 中價（每人約港幣100元）
🍽 滷水鵝、蠔仔肉碎粥、沙嗲牛肉芥蘭、蠔餅

喜歡吃鵝、鴨、雞等家禽類菜餚的人，上環一遊別漏了這家超過50年歷史的滷水鵝專門店。除了招牌的滷水鵝片肉、鵝拼盤外，煎蠔餅、滷水豆腐也值得一試。食量小的人，可單點鵝肉飯或四寶飯；想吃個飽足的人，中午時還有2人、4人的套餐組合可選擇。

一家同時可嘗到
人氣粥品、牛腩

生記粥品專家 M6B3

🏠 香港上環畢街7～9號地下
☎ 2541-1099
🕐 06:30～20:30（週一～六）
　週日和國定假日休息
🚇 地鐵上環站A2出口
　平價（每人約港幣50元以內）
🍽 鯪魚球粥、魚片粥、清湯牛筋牛腩粗麵、香煎魚餅

生記粥品專家和生記清湯牛腩麵家開在兩隔壁，其實都是同一家店，所以可以互點兩家店的菜。香港有名的粥店很多，生記的海鮮、肉類配料既新鮮且份量足，特色是湯較多些，不喜歡濃稠粥的人應該會喜歡。搭配一小碗薑蔥豉油，更是異常合味。香煎魚餅薄且有味，是不錯的小點心。清湯牛腩除了牛肉美味，湯底鮮甜，連帶使爽口的清湯蘿蔔都成為人氣必點。

魚片粥

開心吃
生記粥品麵家的地址是上環畢街7～9號地下，和禧利街20～22號地下的生記清湯牛腩專家地址上看來差很多，其實就在畢街和禧利街交叉處，就是兩隔壁那麼近。

魚腩牛肉粥

永樂街
和文咸西街 M6B2

🏠 香港上環永樂街、文咸西街
🕐 永樂街09:30～19:00
　　文咸西街09:30～18:00
💡 地鐵上環站A出口
💬 參茸燕窩

*滋補養生聖品
送長輩的最佳好禮*

這裡又叫作「參茸燕窩街」。當地人在過年吃團圓飯，或是節日、請客時，最喜歡弄一桌燕窩、海味飯。這裡的店的價格較一般商店便宜，尤其一些位於2樓的店面價格又較一樓店面便宜。燕窩、參茸等食材早已深入港人飲食，所以這類店家較多。

荷李活道古董街 M6B2

🏠 香港上環荷李活道
🕐 11:00～18:00
💡 地鐵上環站A出口
💬 古物、古董

*各憑本事淘寶、尋古玩
歐美觀光客的最愛*

荷李活道（Hollywood Road）是香港的第一條街道，它的名稱並非因美國好萊塢而來，而是因當地種植許多冬青樹而有這個名稱，又叫「冬青街」。荷李活道上集合了多家販售古董、古物的商店，從大型的家具到可隨身攜帶的小玉珮、飾品等都有，往往吸引許多熱愛中國文物的歐美觀光客。購買時依個人喜好和古物常識挑選，但這類物品沒有公定價，不妨嘗試和店家講價。

開心買

因這裡距離地鐵站出口有一段距離，且沒有一條可直達的路，建議可先走摩利臣街，至皇后大道時再走小條的樓梯街往上方走，就可到摩羅上街和荷李活道。

摩羅上街古物街 M6B2

🏠 香港上環摩羅上街
🕐 11:00～18:00
💡 地鐵上環站A出口
💬 古物、古董

*往日贓貨集散地
今日試手氣探險去*

摩羅上街這裡專售古董、古物、工藝品或二手物品，因舊時這些商品多半來路不明，甚至有部分是賊贓，因此稱這些商品為「老鼠貨」，而稱蹲在地上或小攤旁挑選商品的顧客作「貓」，後來形容顧客如貓捉老鼠般挑選物，所以這條街又稱「貓街（Cat Street）」。摩羅上街的商品較荷李活道的來得小，多為器皿、飾品或絲製品、玉石、畫等，抱著揀寶的心情來挑選，看運氣說不定還能買個傳家寶。

文武廟 M6C2

🏠 香港上環荷李活道124～130號
🕐 08:00～18:00，07:00～18:00（初一、十五和誕期）
🚇 地鐵上環站A2出口

建立於1842年，是香港最古老且知名的寺廟之一，專門祭祀文昌君和關聖帝君（關公），以及包公和城隍爺。文昌君主管學問，每年都有許多考生祈求金榜題名，也有不少政府人員祈求工作順利。關聖帝君忠義勇武，主管功事，最常見警務人員多來此參拜。這裡最特別的是位於前殿正堂，從天井高處垂下一個個巨大、圓形漩渦般的香，非常少見。據說當巨大的香完全燒完，願望就能達成喔！

開心玩

1. 文昌帝誕期為農曆二月初三，關聖帝君誕期為農曆六月廿四日，包公誕期為農曆六月初六，城隍誕期為農曆五月十一日、七月廿四日，這幾天香火更勝平日，廟方開門時間是07:00～18:00。

2. 從地鐵中環站D2出口右轉到戲院里，沿著皇后大道中往半山行人電梯走，搭此電梯前往荷李活道也可到達。

樓梯街 M6C2

🏠 香港上環荷李活道124～130號
🚇 地鐵上環站A2出口

位在文武廟、摩羅上街附近，是一條全長350公尺的樓梯道路。從皇后大道中為起點，終點則在堅道，中途會經過摩羅上街、荷李活道和四方街等，所以如果要到文武廟、古董街，不妨親自走一趟樓梯街。這條樓梯街常成為港劇和電影的一景，因此相當有名。

六安居 M6A1

酒樓老點心師傅手藝
體驗港式飲茶文化

🏠 香港上環德輔道西40-50號　☎ 2156- 9328
🕕 06:00～22:00　🚶 地鐵上環站A1出口
$ 平價（每人約港幣50～100元）
💬 淮山雞扎、芋頭糕、蜂巢芋餃、鯪魚球

飲茶是香港人日常生活中最常見的餐食，一杯或一壺茶，加上兩三盤小點心或一碗粥，就能和朋友聊個天，消磨上午時光。因此到香港旅遊，一定要到茶樓，大啖茶點。

如果你想體驗道地茶樓的茶居文化，上環的「六安居」是個好選擇。

六安居是上環知名茶樓蓮香居歇業後，以新店名重新營業的，最大的特色是老師傅的手藝、傳統的點心菜式、傳統手推餐車服務，當然還有能和香港在地人一起併桌用餐啦！這是個難得的體驗，可以觀察在地人都吃些什麼。

牛肉丸

2樓必須和其他客人併桌，但是可以省下許多排隊等候的時間。這裡的點餐方式是拿著服務人員給的點心紙，到點心餐車選點心，選好之後，再由推車服務人員在紙上做記號，最後以此結帳。特別推薦幾款連鎖茶樓吃不到的工夫點心，像不油不膩的淮山雞扎（常見的是腐皮雞扎）、用腐皮捲著鴨掌的鴨腳扎，以及外皮酥脆，散發濃郁雞蛋香，裹著白糖的冰花蛋球（又叫沙翁，中環泰昌餅家的也很有名）。

冰花蛋球

鴨腳扎

開心吃
由於顧客眾多，建議早一點前往，而且2樓大多需要併桌。另外，不用等到手推車路經自己的桌子旁，可以直接走到點心車挑選。

有記合 M6B2

百年直角轉角唐樓
香港三級古蹟

🏠 香港上環皇后大道西1號
🚇 地鐵上環C出口

四層樓高，估計約有百年歷史，是香港碩果僅剩的幾棟直角轉角唐樓之一，也是外觀維持最好的一棟，已經被列為三級古蹟。一樓曾是知名的有記合燒臘味店舖，但1970年代時已經歇業，之後陸續出租給涼茶店、蔬果店、便利商店、服裝店等，見證了上環地區百年的發展。

Tartes & Pop M6B2

精緻法式甜塔
口味選擇多

🏠 香港上環摩利臣街2號
☎ 6597-6667　🕐 11:00～18:30
💡 地鐵上環站C出口
　　平價（每人約港幣60元）
💬 雲呢拿士多啤梨撻、香橙伯爵茶撻

西港城對面，一家摩登綠色裝潢的法式甜塔糕餅店，口味品項多，但常常下午就有不少品項賣完，包裝盒也很可愛。因為喜歡吃酸甜層次風味的甜點，尤其吃完港式中餐後，最適合來個雲呢拿士多啤梨撻、清爽酸甜的新鮮青檸撻，小尺寸一次吃完。搭配泡芙的香橙伯爵茶撻也很私心推薦，一定要試試！

瑞記咖啡 M6B2

奶茶稱霸、咖啡稱皇
的小攤平民美味

🏠 香港上環皇后大道中345號市政大廈2樓CF17號舖
☎ 2850-8643
🕐 08:00～15:00（週一～六），週日、國定假日休息
💡 地鐵上環站A2出口
　　平價（每人約港幣50元以內）
💬 玉泉樽仔凍奶茶、蔥花蛋牛包

開在上環熟食中心內的瑞記咖啡，就很像香港任何熟食中心大樓裡的一個小攤，沒有裝潢，只擺了幾張桌椅，但卻有價格便宜好喝的飲品、小食和高樓商業區少見的人情味。牆面上貼著「奶茶稱霸、咖啡稱皇」的紙條，那一定得點瓶裝的樽仔凍奶茶或熱奶茶了！蔥花蛋牛包的蔥花和鹹牛肉搭配的剛剛好，這裡還有我最愛的牛肉公仔麵，吃得飽又價格便宜。

尚興潮州飯店 M6B2

到此大啖
正宗潮州菜

🏠 香港上環皇后大道西29號地下
☎ 2854-4557、2854-4570
🕐 11:30～14:30 / 17:30～23:00
💡 地鐵上環站A2出口
💲 中價（每人約港幣100元）
💬 煎蠔餅、河韭菜盒、滷水鵝片、蠔仔粥、川椒雞、凍蟹

上環區有許多潮州人，因此不乏幾家有名的潮洲菜店，尚興潮州海鮮飯店就是其中一家。香脆的煎蠔餅、滷水拼盤、吃得到新鮮蠔仔的粥品、重口味的川椒雞，都是喜愛重口味的人垂涎欲滴的名菜，連許多在地香港人都聞香而來，聽說連周星馳都抵擋不住喔！

西多士

中環

花一天也逛不完吃不膩的精華區

中環是香港政經中心，超高大樓櫛比鱗次矗立，大型購物商場精銳盡出，就算花一整天也逛不完。飲食方面，除了商場內的餐廳，威靈頓街、擺花街、閣麟街裡的知名餐館、小攤，價格便宜的甜鹹美味更是讓人回味再三。

中環 路線1

上中環老饕路線：歌賦街

九記牛腩、蓮香樓、勝香園是老饕都叫好的餐館，這幾家店地址雖在中環，但離上環地鐵站較近，從上環地鐵站E2口出來過兩條街就到了，由中環地鐵站走過來則要花20分鐘，稍微遠一點。建議擅於辨識道路的人可走上環，易迷路的人則由中環沿著皇后大道中的下兩條威靈頓街一直走即可。

歌賦街
威靈頓街
閣麟街
結志街
嘉咸街

陳意齋 **M6B3**

🏠 香港中環皇后大道中176號G/F
☎ 2543-8414　2543-8922
🕙 10:00～19:30（週一～六）
　　10:00～18:30（週日）
✋ 地鐵中環站D1、D2出口
$ 平價（每人約港幣50元以內）
🍽 燕窩糕、杏仁餅、牛油雞蛋捲、齋燒鵝、扎蹄

陳意齊販售多款懷舊餅類、零食，價格雖稱不上便宜，但因只有此處有，總能吸引老顧客回店購買。也是許多港星常光顧的老店。知名的點心包括嘗起來口感密實、一小盒港幣約40元的燕窩糕，品茗的涼拌杏仁餅，傳統港式零食齋燒鵝、以豆皮製作、帶有淡淡鹹香的扎蹄和各式乾果蜜餞等。

住好啲G.O.D. **M6C3**

香港原創品牌
將設計融入日常生活

🏠 香港中環荷李活道48號　☎ 2805-1876

🕐 10:00～20:00　💡 地鐵中環D2出口（轉搭半山行人電梯前往）

🍴 特色T恤、滿滿信箱圖案商品、麻將組

1996年創立的香港本地原創品牌，G.O.D.是「Goods Of Desire」的縮寫，中文有「住得好一點」、「提高生活品質」的意思。特色是以香港為設計主題元素，將其融入各類商品之中，包括服飾、包袋、家居擺飾、家具、生活小物、文具、杯碗用品等，幾乎包含生活上常用的，以及居家物品。滿滿信箱圖案的筆記本、圍裙和抱枕，還有懷舊公雞碗、印上「囍」字的相關商品，是能代表香港的伴手禮好選擇。

九記牛腩 **M6B3**

50年歷史老店
牛腩馳名全港

🏠 香港中環歌賦街21號地下

☎ 2850-0123

🕐 12:30～23:30（週一～六）
　　週日、國定假日休息

💡 地鐵上環站E2出口　💲 平價（每人約港幣50元以內）　上湯淨牛腩河粉

🍴 清湯牛腩、咖哩牛筋腩、上湯牛腩伊麵、咖哩筋腩伊麵

九記在一條小小的巷道裡，但不論你何時前往，都會發現門口井然有序的停了一台台的私家車，甚至都是名貴高級轎車，大多只為了來此吃一小碗清湯牛腩或牛腩麵，一點都不誇張。在地的朋友也常說這裡常有名人出沒，可見沒有人抵擋得了美食的魅力。因咖哩、清湯各有各的好口味，建議可和朋友分點不同湯頭的牛腩，就每種都吃得到了！這家店中午以後才開門，千萬別特意來卻撲了個空。

勝香園 **M6B3**

路邊大排檔，
人氣蕃茄口味顧客慕名而來

🏠 香港中環美輪街2號大排檔

☎ 2544-8368

🕐 08:00～15:30（週一～六），週日和國定假日休息

💡 地鐵上環站E2出口　💲 平價（每人約港幣50元以內）

🍴 奶醬多、茄鮮牛肉蛋通粉、茄牛麵、牛油檸蜜脆脆

路邊的大排檔美食，也是尋找香港美味的好地方。位於上中環的勝香園，令人豎起大拇指的美味，首推蕃茄牛肉麵、蕃茄牛肉通心粉，和酥脆麵包上淋牛油檸檬蜜糖的「牛油檸蜜脆脆」。尤其喜歡吃蕃茄口味的人，更是不能錯過這裡汁濃料實的蕃茄湯。脆脆的麵包搭配奶油、甜蜜一起食用，讓人體驗到真正的香酥脆，難怪即使在酷夏和寒冬，來自各地的顧客從來沒少過。

上中環老饕路線：歌賦街

忠記粥品 **M6B3**

新鮮料足好味道
的平價美食粥店

炸兩

🏠 香港中環機利文新街32-34號A號舖
☎ 2544-0208
🕐 07:00～20:00（週一～六）
　　07:00～18:00（週日、國定假日）
💡 地鐵上環站E1出口
💲 平價（每人約港幣50元）
💬 鹹蛋艇仔粥、蔥花蝦米腸粉、碎牛粥

地址雖在中環，但建議從上環站E1
出口走過來比較近。忠記是在小
街道內的傳統粥品店，店面較
小，大多需要併桌，但是在
飲食價格昂貴的市區，這家
店不僅價格便宜，最重要的是
粥品、炒麵等都量足且新鮮，
腸粉、炸兩等口感極佳，幾乎每位
顧客都碗盤朝天。偷偷看拼桌和隔壁桌
顧客都點什麼，除了生滾粥，「蔥
花蝦米腸粉」幾乎每桌都有，一
定要試試，絕對是你吃膩了茶
餐廳、飲茶點心、西式粉麵的
最佳選擇。

碎牛粥

蔥花蝦米腸粉

九龍醬園 **M6C3**

堅持手工製造的
老字號醬料店

🏠 香港中環嘉咸街9號
☎ 2544-3695
🕐 08:00～18:00，週日休息　💡 地鐵中環站E2出口
💲 平價（每人約港幣50元）　💬 金牌生抽王、酸薑、糖沁皮蛋

堅持以手工製造特種調味醬料、醃漬食品的老店，也提供給許多知名
餐廳使用，可見品質有口皆碑。喜歡做菜的人，可嘗試換換港式口味
的醬油、豉油烹調，或者做為送人的伴手禮。香港人愛吃的酸薑和糖
沁皮蛋，都是特殊的口味，不妨入境隨俗嘗嘗看。

開心吃

常聽見的「生抽」和「老抽」都是釀造醬油，是廣東的說法。生抽顏
色比較淺、口味較鹹、醬油味較淺，比較像我們一般做菜加入的調味
醬油。而老抽顏色較深、沒那麼鹹，醬油味較重，而且還帶點濃稠，
專用在料理上色，像紅燒類、滷味類適合用。

蓮香樓 M6B3

必訪懷舊風
港式飲茶樓

🏠 香港中環威靈頓街160～164號
☎ 2116-0670
🕐 06:00～23:00
♛ 地鐵上環站A2出口
$ 平價（每人約港幣50～80元）
🍽 雞球大包、蛋黃蓮蓉包、霸王鴨、豬膶燒賣、魚肉扎

1926年就開始營業的蓮香樓，已有80多年的歷史，年長友善的沖茶阿叔、推著傳統式小車的阿姐、邊吃邊看報的老年顧客等等，彷彿來到仍保有舊時風情的飲茶樓，人情味是一般連鎖飲茶樓無法比擬的。

叉燒包

由於顧客太多空間顯得狹窄，建議一大早就來找位子。這裡美味有名的點心太多，但每次來，特別喜歡點豬膶燒賣、魚肉扎、雞球大包、北菇魚肚等小點心，另外，也推薦這裡鬆軟的馬拉糕和不膩口的千層糕，有甜有鹹再搭配一壺茶更是滿足。

燒賣

魚肉扎 糯米包

牛肉腸粉

開心吃

一上2樓餐廳別被烏壓壓的客人給嚇到了，建議你趕緊看看哪裡有座位，或者站在快離坐的人旁邊。如果4人以下一同前往，較容易找到一起坐的座位，否則可能要分桌而坐。

遮打道→雪廠街→安蘭街→都爹利街
名品、平價都好買區⋯

這一區盡是全世界大小精華服飾店，多半是知名設計師品牌，除了各高級大廈內的綜合商場外，雪廠街、安蘭街附近一間間特色店舖更值得一覽；最後，請多走幾步，在都爹利街浪漫的石階和煤氣燈旁喝杯咖啡稍事休息，充電一下再出發。

雲咸街
皇后大道中
安蘭街
中環站
遮打道
雪廠街
都爹利街

國際金融中心商場
IFC MALL　M6B4

香港島第一高樓裡的大型商場

🏠 香港中環金融街8號
☎ 2155-1323
🕙 10:30～22:00，依品牌營業時間略有差異
💡 地鐵香港站F出口
💬 連卡佛（Lane Crawford）百貨公司、Qeelin、agnès b.旗艦店

國際金融中心大樓IFC，共88層樓高，自2003年啟用以來，曾為香港第一高樓（2011年起，樓高188層位於九龍站上的環球貿易廣場，成為全香港最高的摩天大樓）。

國際金融中心商場位於香港機鐵站的上面，交通方便，商場一共四層，但因每層面積寬廣，數百家不同品牌商店大集合，真要逛一天都走不完。除了國際品牌服飾、配件、高級珠寶、頂級包款，當然也還有餐廳、咖啡店、超級市場和電影院、小型書店。其中的Lane Crawford百貨、米其林拉麵店「金色不如帰」、摩納哥咖啡老牌「𦬠蓮咖啡 Bacha Coffee」、深受文青喜愛的排隊咖啡名店「藍瓶咖啡」、知名巧克力La Maison du Chocolat，以及時尚牛仔褲7 for all mankind、運動服飾Sweaty Betty等，可以享受購物樂趣。

Lane Crawford

🏠 IFC MALL L3 3031-70號舖
☎ 2118-2288　🕙 10:00～21:00

專門販售高級的歐洲品牌服飾、配件、生活精品等，一些台灣找不到，或者正流行的品牌這裡都有，其中較受國人歡迎的3.1 Phillip Lim's、BALENCIAGA、 DRIES VAN NOTEN、JUNYA WATANABE、RAF SIMONS、 TOGA等品牌，這裡的商品款式都較多且新穎。

Blue Bottle Coffee

文青、遊客都喜歡的排隊咖啡館

🏠 IFC MAII L3 3077號舖　☎ 4626-0687

🕐 08:00～19:00（週一～五），10:00～19:00（週六、日、國定假日）

💡 地鐵香港站F出口　$ 平價（每人約港幣50～70元）

☕ 手沖咖啡、拿鐵、酪梨吐司

目前在台灣還沒有設店，最近的地方只能在香港品嘗。這家分店位於IFC的3樓一隅，開放式的座位，令人感到空間寬敞，舒適的空調，不時灑落的陽光，可以在逛商場疲憊時，到此來杯冰美式、冰拿鐵。而且推開旁邊的玻璃門，還可以在戶外一邊欣賞風景，一邊享用咖啡，是高CP值眺景咖啡館。此外，這裡也有販售藍瓶咖啡自家的商品，像馬克杯、隨行杯、手沖杯等，是辨識度很高的伴手禮。

金色不如帰

日本米其林一星拉麵店黃金湯頭一吃上癮

🏠 IFC MAII L3 3020號舖

☎ 6333-8036

🕐 11:00～22:00（週一～四），11:00～22:30（週五～日、國定假日）

💡 地鐵香港站E1出口

$ 中價（每人約港幣100～200元）

🍜 貝汁醬油拉麵、貝汁鹽味拉麵

連續數年榮獲米其林一星的日本拉麵店，最大的特色是色澤金黃，以貝類為主要食材，搭配豬大骨、魚介熬煮的黃金湯頭。如果喜歡稍微清甜、爽口風味的，可以試試貝汁醬油拉麵。還可以點散發醬油香氣的溏心蛋，也很適合搭配拉麵。姊妹店「牡蠣不如帰」（銅鑼灣百德新街57號）則是以牡蠣為主角的拉麵、料理店，也很受歡迎。

正斗粥麵專家

香港美食雜誌推薦的粥麵專家

🏠 L3 3016-18號舖　☎ 2295-0101　🕐 11:00～22:00

💡 地鐵香港站E1出口　$ 中價（每人約港幣80～150元）

🍜 鮮蝦雲吞麵、牛腩麵、乾炒牛河

是家很有名氣的港式粥麵店，在許多美食雜誌上也曾報導過。香而不油膩的乾炒牛河、餡料實在的雲吞和細麵、大塊的牛腩，都是很多吃過的人推薦的菜色。尤其開在國際金融中心商場中，很適合逛街後填飽肚子，只不過人多難免要排隊。

開心吃

現在在香港國際機場也有正斗麵家（還有翠華），離境時再也不怕餓肚子了！

Pierre Hermé Paris

品嚐糕點界的畢卡索
名作的好機會

🏠 IFC MAII L2 2029號舖
☎ 2833-5700
🕐 11:00～19:00（週一～五）
　　10:30～19:30（週六～日）
🖐 地鐵香港站F出口
💲 高價（每人約港幣100～200元）
💬 馬卡龍、高級巧克力和巧克力馬卡龍

若說到馬卡龍，絕對不能不提到有
「糕點界畢卡索」美譽的Pierre Hermé。現在不用遠赴法國或日本，在附近的香港就能品嚐到他的高級巧克力和馬卡龍點心了。位於IFC的Pierr Hermé吸引許多愛好法式甜點的饕客。店內裝潢繽紛亮麗，令人一踏進店裡便感到心情愉悅。各種口味的的馬卡龍和巧克力都是明星商品，馬卡龍中以橄欖雲呢拿、熱情果草莓、玫瑰花瓣、秘魯黑朱古力最搶手，巧克力類則以香橙乾酒黑朱古力、甜薑牛奶朱古力、檸檬鏈黑朱古力最熱門。

開心買

包裝盒精緻且硬挺，盒內還有透明架避免碰撞，設計貼心，有利於當伴手禮帶回來贈送他人。

Sweaty Betty

多功能時尚運動服
慢跑、瑜伽都能穿

🏠 IFC MAII L1 1028號舖
☎ 2519-0922
🕐 10:00～21:00
🖐 地鐵香港站F出口
💬 緊身褲、印花圖案短褲

近幾年來，全世界女性運動人口持續增加，積極參加慢跑、瑜伽、健身等陸上或室內運動，傳統的運動服飾已經滿足不了女性，因此出現了許多結合時尚、運動的機能服飾。這家來自英國倫敦的女性運動服飾以多款能提臀的緊身褲聞名，店中款式新且齊全，想買些時尚運動服的人可以進店看看。

中環碼頭 M6B4

多班巴士、觀光車的總站

🏠 香港中環民光街6號和7號碼頭外中間的位置
💡 中環天星碼頭出口

中環的天星碼頭又叫中環7號碼頭,是多條巴士線的露天總站。原來的中環碼頭並不在這,2006年底才搬至此地。這裡是前往多個觀光景點的巴士站或總站,像前往山頂纜車總站(可去太平山頂)的15C巴士、629巴士特別班次(可去海洋公園)、H1和H2人力觀光巴士(路線資料可參照P.236)等。

遮打大廈 M6C4

香港的 ARMANI王國

🏠 香港中環干諾道中8號、遮打道11號
☎ 2921-2497
🕙 10:00～19:00
💡 地鐵中環站E、F出口
💬 ARMANI/BAR HK、ARMANI巧克力專賣店

建築的外牆有著斗大的ARMANI品牌字樣的遮打大廈,地面3層樓為商場,包括了Emporio Armani、Armani Jeans、Giorgio Armani Cosmetics、Armani Libri、Armani Floru、ARMANI/BAR HK等,是除了義大利的米蘭總店外,各系列產品最集中的大級旗艦店。其中的ARMANI/BAR HK是可吃點心和西餐的餐廳,逛街累了不妨來杯咖啡或下午茶,休息後再繼續血拼。

歷山大廈 M6C4

PRADA亞洲第二大旗艦店在此 PRADA迷勿錯過

🏠 香港中環遮打道16～20號
🕙 11:00～20:00,依品牌營業時間略有差異
💡 地鐵中環站K出口 💬 PRADA旗艦店

位於地鐵中環站上,太子大廈旁的歷山大廈,雜處在中環這幾間商場之中。它的地面層的商場,是由PRADA亞洲第二大旗艦店、YSL、SWAN、BURBERRY PRORSUM等多家名店,以及中、西式餐廳、咖啡店組成。因這附近幾棟大廈的低樓層都是商場,進駐的品牌各異,建議若逛街時間不夠,可先找出自己心儀品牌位處的商場,既能買到東西又省時間。

文華東方酒店快船廊
Clipper Lounge 下午茶 M6C5

🏠 香港中環干諾道中5號閣樓
☎ 2825-4007
🕐 14:30～17:30（週一～五）
　 14:00～15:45 / 16:00～17:45（週六）
　 15:30～17:30（週日）
🚇 地鐵中環站F出口

> 有「香港廚房」美譽
> 優雅酒店的下午茶

始終滿座的時尚下午茶餐廳，位於中環中心文華東方酒店快船廊，地鐵出來就可以輕鬆抵達。這裡的下午茶是屬於傳統的英式下午茶，點心盤裡裝滿司康、馬芬、三明治和起司蛋糕等，搭配各類茶或咖啡。通常下午茶是下午3點開始，目前有「classic afternoon tea」和「high tea」兩種下午茶套餐。

另不定時推出chocolate tea buffet，全部都是巧克力點心，是巧克力迷最興奮的大餐，或是藝術主題下午茶套餐。司康和玫瑰花果醬相當值得推薦，玫瑰花果醬帶有一股特殊的香味，只有這裡才吃得到。餐廳的餅店都是老師傅手藝的呈現，可以外帶些餅乾回飯店吃，順便買瓶玫瑰草莓果醬做為小禮物是最適合不過的了。

玫瑰草莓果醬

開心吃
一般下午茶的價格，像季節的spring afternoon tea約1人港幣448元，2人組合約港幣848元；不定時推出會推出藝術主題的下午茶套餐，價格略有不同。

太子大廈 M6C5

歷史悠久的
國際品牌這裡有！

🏠 香港中環遮打道10號
☎ 2921-2194
🕐 10:00～19:00，依品牌營業
　　時間略有差異
💡 地鐵中環站K出口
🍴 男士訂製服裝、生活精品

地下到4樓都是商品名店
街，設有行人天橋可連接其他幾個大廈型商
場的太子大廈，店家多以老牌精品Bally、
Boss、男士訂製服裝、生活精品為主。許多
男性上班族喜歡到此訂做西服，注重生活品
質的人，常流連在皇家哥本哈根、喬治傑生
等頂級器皿店。

開心買

太子大廈和附近的歷山大廈、遮打大廈和置
地廣場都有行人天橋相通，即使颱風下雨，
再也不怕提著大包小包戰利品淋了一身雨，
真是貼心又方便。

立法會大樓 M6C5

🏠 香港中環昃臣道8號
💡 地鐵中環站K出口

新古典主義風建築

大樓面向皇后像廣場，前身是香港的最高
法院（當時人稱「大葛樓」）， 1997年以
後才改為現在的立法會大樓。這棟三層樓
高的建築，有著新古典主義風格的外觀，
模仿希臘和古羅馬的建築。立法會大樓是
目前香港決定政策
和立法的部門。

開心玩

大葛樓是因法院的
英文字為court，
廣東話唸起來很像
葛，所以才有這個
稱呼。

Cova Pasticceria & Confetteria

🏠 太子大廈1樓
　　134-135號舖
☎ 2869-8777
🕐 08:00～19:30（週一～五）
　　10:00～19:30（週六、日、國定假日）
$ 中價（每人約港幣50～70元）
🍴 芒果忌廉蛋糕

人氣款蛋糕、水果塔
美味不踩雷

一般大型蛋糕之外，也有販售迷你蛋糕、水
果塔，一個人吃剛剛好。朋友建議試試這
裡的芒果忌廉蛋糕（Mango
Dome），海綿蛋糕
與鮮奶油、芒果
風味融合，酸甜
平衡，難怪是人氣商
品。自己則喜歡香醇苦
甜的堤拉米蘇。此外，
也有咖啡飲品可以外帶。

堤拉米蘇

皇后像廣場 M6C5

🏠 香港中環遮打道
💡 地鐵中環站K出口

中環區
休憩的小天地

這個廣場，是
1965年時英國馬
格麗特公主來港
訪問時建立的公
園，深具英國殖
民地色彩。靠近
立法會大樓，屬
於開放空間，每
到週日都有許多
外勞在此聚會休
憩。如今公園裡已不見維多利亞女王的銅
像，看到的是香港金融界巨人湯瑪斯·傑
克森的銅像。從中環地鐵站K出口一上來，
抬頭一看，四周都是有名的超高樓大廈，
使這個廣場成為寸土寸金的金融區，可以
乘涼放鬆的小天地。

中銀大廈 M6D5

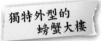
設計名家
貝聿銘的傑作

🏠 香港中環花園道1號
☎ 2523-4158
🕙 10:00～19:00
💡 地鐵中環站J1、J2出口

出自知名設計大師貝聿銘之手的中銀大樓，樓高70層。據說大樓當初的設計概念，來自於節節高昇的竹子，但因外觀看起來如同一把銳利的劍，曾有風水不佳的傳聞。大樓免費對外開放，參觀者可以搭乘電梯到43層觀賞香港島的風景。當走進大樓，整個內部突然完全安靜下來，設計師藉由空間和結構的設計，將戶外嘈雜聲隔絕於外。

開心玩

曾有人說如長劍般的大樓外觀，如同一把劍斜插入亞里畢道的前總督府的「龍背」上， 之後進駐的最後兩任總督，皆在任內猝死或重病入院，應了風水不佳的傳聞。因此，1997年回歸後的第一屆特首董建華不再入住於此，前總督府也已改為香港禮賓府。

香港上海滙豐銀行總行大廈 M6D5

獨特外型的
螃蟹大樓

🏠 香港中環皇后大道中1號
💡 地鐵中環站H、K出口

1935年落成，位於皇后像廣場和立法會大樓旁邊，建築外牆有如數條鋼鐵纏住的匯豐銀行總行大廈，是由英國著名的設計師諾曼‧福斯特（Norman Foster）設計的。1樓是開放空間，2樓則是銀行區。獨特的外觀如同身穿鎧甲的武士，遠看又有點像一隻橫著走的螃蟹，所以大家戲稱它為「螃蟹大樓」。

開心玩

香港有3家銀行可發行鈔票，分別是香港上海匯豐銀行、中國銀行和渣打銀行，這棟外觀特殊的大廈就是總行。

Harvey Nichols百貨

⌂ 置地廣場G46～48、127～135、 226～230、
319～320、 323～326、403～408號舖

☎ 3695-3388

🕘 10:00～19:00

💬 Kris Van Assche, Les Homme、Repetto、
GOYARD、珍貴皮革包

總店位在英國的夏菲尼高百貨（Harvey
Nichols），是以販售高級服飾、生活精品
為主的英式百貨。2005年底選在置地廣場
設立一共5層樓高的店中店。B1～3樓設立
Beyond Beauty化妝品區，3～4樓是女、男裝
區和餐廳，，獨家引進Kris Van Assache、
Luca Venturini、Les Hommes等品牌。近來在
2樓增設「Precious Skin Corner」區，販售珍
貴皮革用品，引進Kotur、VBH、Colombo、
Lana Marks、Carlo Falchi等牌：也在4樓另設
「Savvy Savings Corner」區，以較低折扣販
售名牌精品，包括Juicy Couture, 6267,和Life
with Bird等。

全球時尚
名牌集中地

置地廣場 **M6C4**

⌂ 香港中環畢打街11號

☎ 2921-2199 🕘 10:00～19:00

💡 地鐵中環站G出口

💬 LOUIS VUITTON旗艦店、Manolo
Blahnik、Harvey Nichols百貨、Roger
Vivier鞋

位於畢打街和德輔道中附近，中環商
業區的中心地帶，血拼商場一級戰區
的置地廣場，共有5層商場。商場設
有方便的行人天橋可通往歷山大廈，
地下通道則可通往中環地鐵站，交通
上四通八達。能在這裡出現的品牌幾
乎都是國際精品，像Chanel、Dior、
Gucci、FENDI、Tiffany & Co.、Manolo
Blahnik、STELLA McCARTNEY等，其中
門口的LOUIS VUITTON旗艦店，更是全
球四大旗艦店之一。

另有英國頂級Harvey Nichols百貨，難
怪置地廣場可和半島酒店商場共稱香港
兩大名牌商場。年輕人喜愛的G.Gigli、
Ralph Lauren、Tommy Hilfiger等服飾商
品，在置地廣場中當然也有。

名品、平價都好買區：

遮打道→雪廠街→安蘭街→都爹利街

外國記者會及藝穗會 M6D4

🏠 香港中環下亞厘畢道2號
☎ 852-2521＃7251　🕐 12:00～22:00（週日休息）
💡 地鐵中環站D2、G出口

這一棟以磚砌及灰泥粉刷，
極具殖民色彩的二級古蹟。
總讓人想拿起相機猛拍，最
早建於1892年，1913年曾
翻新，當時是牛奶公司儲存
冰品及乳製品的冷藏倉庫。
目前由本地推廣藝術創作的
非營利團體藝穗會接管建築

的南段，於此舉辦各類藝文展覽及小劇場表演，北邊則為外國記者
協會。館內還有一個法式餐廳。

HOODS HK
M6C4

🏠 香港中環雪廠街10號
　　地下5號舖
☎ 2162-8009
🕐 約11:00～20:00
💡 地鐵中環站G2出口
💬 Neighborhood、軍服

這家年輕人來朝聖日
本時尚的潮流店，在
2009年底才開幕，是
Neighborhood及WTAPS
在日本以外的專門店。
店內裝潢是由日本創意
人比內直人和設計師西
山徹企畫，店面有一整
層寬廣，直接聯想是販
售男性風格的商品。在
日本有名的軍事風服
飾、牛仔褲、字母上衣
等在店中都能看到。

COMME
des GARCONS M6C4

🏠 香港中環雪廠街10號B2
☎ 2869-5906
🕐 11:00～20:00
💡 地鐵中環站G2出口
💬 入門款PLAY系列服飾

日本國寶級設計師川久保玲的設計，80
年代就一直紅到現在，擁有許多死忠的粉
絲，更是許多香港人的心頭好。2009年
底才在雪廠街開幕的這家店，店內擺設給
人簡潔俐落之感，牆上還懸掛藝術作品。
發現所有系列的商品幾乎都有，款式也較
多樣化。當中這幾年很流行的「PLAY」
愛心系列，大大的愛心臉上2個不安分
的眼睛（有多色搭配），吸引許多年輕人
的注意，價格較平易近人，可以說是這個
品牌的入門款，偶爾還會推出限量特別
款，大家不妨入店碰碰運氣。

都爹利街石階和煤氣燈 M6D4

🏠 香港中環都爹利街和雪廠街交接處
💡 中環地鐵站D1、D2出口

中環都爹利街和雪廠街交接處，有一花崗岩的石階，建造於1875～1889年間。而石階上下兩端欄杆處，在20世紀初時裝上了4盞煤氣燈。本來香港政府打算將煤氣燈拆除放入博物館保存，最後仍決定保留在原地，且由煤氣公司負責提供點燈的煤氣，當時是由手工點燃，現也改成自動操作，每天晚上6點到第二天早上6點亮燈，氣氛浪漫。這是目前香港碩果僅存的4支煤氣燈，已被列為法定古蹟保存，許多港劇和電影都喜歡來此取景。煤氣燈曾於2018年9月16日因颱風損毀，請來專家修復後，在2019年12月23日重新點亮

馬莎百貨 M6C4

🏠 香港中環皇后大道22-28號中匯大廈
☎ 2921-8323
🕐 08:00～22:00（週一～六）
　　10:00～21:00（週日）
🚇 地鐵中環站D1、D2出口
💬 咖啡、盒裝糖、英國平價服飾

來自英國的平民百貨馬莎百貨，在香港一直深獲好評。雖然一度也曾進入台灣，但目前已經撤出台灣。香港的馬莎百貨貨品種類較多，服飾包括男女裝、各色活潑明亮的童裝、泳裝等，以及兒童玩具、圖書和青少年內衣服飾，還有包袋、配件等，價格便宜實惠，而且還時常打折。此外，很建議大家可以選購這裡的食品，像各式盒裝咖啡、糖果、英式餅乾、巧克力盒裝糖和氣泡酒等，冷藏區也有多種起司商品，可以買回飯店享用。

開心買

馬莎百貨在香港有多家分店，除中環皇后大道店之外，另在尖沙咀的朗豪坊、國際廣場、銅鑼灣的皇室堡、沙田的新城市廣場、上環的信德中心購物中心、大角咀的奧海城二期和青衣城等地都有分店。

名品、平價都好買區：
遮打道→雪廠街→安蘭街→都爹利街

中環街市 M6B4

用生活雜貨、玩具、懷舊小食
訴說近代香港故事

🏠 香港中環皇后大道中93號及德輔道中80號

☎ 3618-8668

🚇 地鐵港島線中環站C出口、東涌線香港站C和E出口

從1842年起，整棟建築已擁有80年歷史，屬於香港三級歷史建築。建築經過數次更名和整修，前幾年的活化計畫修建重整後，搖身一變成為現在的中環街市。建築內的水磨石樓梯，貫穿每個樓層，是遊客打卡的最愛。街市內部有各種零售小舖、工作坊和餐飲小店（中環食坊），不僅可以享受不同於商牌的購物樂趣，當然也有餐廳料理可享用。此外，也有供空間，可供舉辦市集、表演和展覽等特別活動。

叮叮老香港辦館

販售復古汽車模型、玩具
感受香港舊日情懷

🏠 117號舖位　💬 的士、富豪雪糕車模型

復古港風的店內裝潢，宛如舊時的雜貨店。這裏以販售傳統汽車模型和玩具，像迷你巴士、叮叮、的士（計程車）、賽馬玩具等，以及存錢筒、牙籤筒、黑白淡奶杯這類生活用品。此外，亦有販售食品，比如香港製的老牌麵條、爆谷（爆米花）等零食。由於店面空間比較小且商品多，隨身帶行李的人要小心移動。

Tiny微影

搜羅香港、國際品牌模型
汽車粉絲的最愛

🏠 104號舖位

💬 富豪雪糕車、 香港巴士、賽車模型

中環街市中有好幾家店舖都有賣迷你模型車，但這一家店是專售模型車，舉凡香港的各種車輛的模型車，像是港鐵、九巴、雪糕車都找得到。不僅香港車種，還代理了peako、64Para、schuco和inno 64等國際品牌各種縮小版的賽車、跑車、吉普車、挖土機車等，是模型車愛好者不想離開的挖寶地。另外，也有李小龍等玩具公仔可選購。

林記懷舊小食

懷舊小食糖果 湧入童年回憶

🏠 108號舖位 　💬 糖蔥餅、糯米滋

店舖擺設與裝潢散發滿滿的舊日氛圍，彷彿回到二、三十年前，街頭上時常出現的小攤檔。寫滿食物品項與價格的牌子上，賣的都是早年流行的小食，像糖蔥餅、砵仔糕、夾心南棗糕和花生糖、龍鬚糖等，很多選擇，有些已經很少見。這裡還有賣很多種口味的糯米糍，尤其推薦榴槤糯米糍、芒果糯米糍，類似有餡料的麻糬、大福，很受歡迎。

蘇太名醬

百分百香港製造 萬用醬伴手禮

🏠 115號舖位
💬 雪菜香齋醬、胡麻醬

烹調中式料理，絕對少不了各種調味醬料增味，這家位於中環街市內的「蘇太名醬」，是香港在地製造、專賣醬料的知名品牌。

可以搭配各式中式料理的XO醬、可以涼拌且當作沾醬的蘇太麻辣涼拌醬、胡麻醬，以及獨特少見的雪菜香齋醬、天然素齋醬都很值得推薦。如果不想購買一般零食當作伴手禮，明亮色澤包裝的醬料也是極佳的選擇，但記得要確認醬料是否含有肉類等材料。

香港淳記

香港原創品牌 送禮居家自用都合適

🏠 107號舖位
💬 不鏽鋼保溫壺、碗盤

以復古元素為設計主題，融入生活中，設計出各種居家生活雜貨、包袋、文具等，讓商品更具特色。

特殊中式花樣布藝地毯、傳統圖樣的碗盤和不鏽鋼保溫壺等，都是生活中所需的實用商品，自用或當作伴手禮送親朋好友都再適合不過。

Slowood

注重極簡、零浪費的 環保生活專賣店

🏠 231～233號舖位
💬 椰子香橙茶、香薰、線香

這個品牌以簡單、零浪費為經營理念，販售的商品涵蓋日常生活用品和飲食，包括清潔美容用品、居家生活、雜貨個人護理、茶類等健康飲品、有機食品，以及廚房用品等，如同生活選物店。店內純白、原木的色調，即使沒有買東西，逛起來也很舒適，為緊湊的旅遊行程帶來些許悠閒。此外，這裡最特別的是顧客可以自己攜帶容器，自己決定買多少，而不是一包包成品購買，是很獨特的購物體驗。

遮打道→雪廠街→安蘭街→都爹利街
名品、平價都好買區：

大館 M6C3

集合歷史、藝術和文化
法定古蹟變成新景點

🏠 香港中環荷李活道10號　☎ 3559-2600　🕐 08:00～23:00

🚇 地鐵中環站D1出口、香港站E出口（搭乘半山行人電梯，經過荷李活道、奧卑利街交界處的天橋）

隱身在中環半山腰的「大館」，是由舊中區警署、前中央裁判司署，以及域多利監獄組成的建築群（16棟建築、2個戶外空間），已有170年以上歷史，在2018年5月起對外開放，變成集合歷史、藝術和文化的新景點，不僅是舉辦藝術展覽、享用美食的好地方，更是假日遊憩的好去處。早年的香港走的是警察局、法院、監獄「一條龍」式的流程，犯人審判後馬上服刑，所以包含監獄、審判室等井然有序地集中。

舊警察總部大樓

一進入大館，映入眼簾的是2層維多利亞式風格的舊警察總部大樓，現在用來舉行展覽，例如「大館一百面」展覽。

營房大樓

維多利亞式風格白色對稱建築，最古老的建築，用作報案室、辦公式等，現在則是大館歷史展覽室、訪客中心、商店和餐廳。

牢房

以前關犯人的地方，現在有些開放給遊客進入體驗，有些則變成展覽室，讓人想像當時犯人的居住生活。

監獄操場

最裡面的一塊大操場，以前犯人每天外出活動（放風）、勞動體罰的空間，旁邊有高牆阻隔，現在是參觀者休息的地方。

巴黎小館Café Claudel

想像法國人在大廣場旁的咖啡座來杯咖啡、輕食或料理，你也可以在面向檢閱廣場上的巴黎小館，悠閒舒適地享用沙拉、義大利麵、三明治和咖啡等。

PMQ元創方

🏠 香港中環鴨巴甸街35號
☎ 2870-2335
🕐 依品牌營業時間略有差異
🚇 地鐵上環站E2出口、從中環至半山行人電梯步行
@ http://www.pmq.org.hk/

港島藝術、
生活與創意的新地標

曾經是香港書院，二次大戰後改建為已婚警察宿舍。於2014年起正式取名「PMQ元創方」並對外開放，這是香港政府與香港理工大學、香港設計中心一起規劃的本地創意大本營，許多店鋪是給香港本地設計師進駐，如此既可培植在地藝術創作者，同時讓居民多一個休閒好去處。

內有Hollywood（H）和Staunton（S）兩大棟建築物，一間一間曾經是學生學習、警員家庭生活的宿舍，現在搖身一變成為概念店、創意工作室、餐廳、手作小店、個人品牌店的藝術複合區，的確饒富新意。有時間，建議你一層樓一層樓慢慢逛，你會看到許多個人創作的服飾、陶瓷器、飾品、家具、雜貨小店，每個品牌都有自己的創作理念。除了店面之外，這裡還設有畫廊、講堂等開放式藝術展覽空間，若剛巧碰上，還可以欣賞到喜愛的創作作品或演講。

設計師雲集的品牌小店，一天都逛不完

S104的「Mr.Men STUDIO」是全球首家旗艦店，店內滿滿都是英國經典卡通人物Mr.Men系列商品。商品包括超吸引人的奇先生與妙小姐周邊商品、生活雜貨和角色玩偶等；S405的「一筒工作室」推出麻將的相關商品，像吊飾、麻將組和襪子等；H110-112、H119-H120的「田宮模型香港旗艦店」，是熱衷迷你四驅車、模型相關顏料和工具的人一逛就不想離開的店；H104香港年輕設計師成立的手作皮革、飾品、配件工作室「OYTY Critique」等等，是一個可以慢慢閒逛一天的文化藝術小基地。

輕食、咖啡好多認你選，累了歇會再出發

這裡也有幾間餐廳、咖啡廳可以填飽肚子或吃下午茶，例如專售咖啡和輕食的H105「Jessy咖啡」、位於1F的法式料理餐廳與酒吧的「LOUISE」，以及在H107店內裝潢雅致的創意純茶店「半茶十里」等。如果逛累了，可以就近在這裡解決飲食，吃飽繼續再逛。

就是要好吃路線：

茶餐廳＋燒臘＋粉麵粥＋甜品

中環不僅是香港高級購物及飲食區，遍地的美食小舖更是讓人流連忘返。可以從一早的奶茶、吐司，吃到午間粥麵，吃到下午茶甜品，吃到晚間燒鵝燒臘，夜裡還有PUB區可暢飲，真讓人吃得不撐不歸呀！

鏞記 M6C4

蜚聲國際米芝蓮
一星級港式餐廳

- 香港中環威靈頓街32～40號
- ☎ 2522-1624
- ⏰ 11:00～22:30，14:00～17:00供應港式飲茶
- 地鐵中環站D2出口
- $ 高價（每人約港幣200元～）
- 💬 燒鵝、糖沁皮蛋酸薑、金牌叉燒

說到中環的鏞記，馬上令人聯想到油亮亮的燒鵝。不過除了鎮店之寶燒鵝吸引老饕外，嗆辣的酸薑配糖沁皮蛋、粒粒分明的荷葉飯、瘦肉居多的金牌叉燒，還有得過香港國際美食大賞的「金獎」的松子雲霧肉（類似東坡肉），都是備受老饕讚賞的菜餚。因為來自各地的觀光客和當地食客人數眾多，建議如果想在店內用餐，先以電話預約，才不會排隊等太久。

開心吃

若不想在店內用餐，在店門口旁有一個外帶區門，可以單點外帶的燒鵝飯，回飯店大快朵頤。想吃得獎名菜松子雲霧肉嗎？必須先以電話預定。

一樂燒鵝 M6C4

🏠 香港中環士丹利街34-38號地舖

☎ 2524-3882

🕙 10:00～20:30（週一～六）
　　10:00～17:30（國定假日），週日休息

💡 地鐵中環站D2出口

🍴 鵝髀瀨粉、蜜汁叉燒飯、淨瀨粉

叉燒、燒鵝是最知名的港式料理之一，來港旅遊絕對不能錯過這些油油香脆的料理。而且想要以平價享受米其林級料理，連續九次獲選米其林一星的一樂燒鵝是不錯的選擇。傳統的店面不大，併桌機率較高，時時都有排隊人潮。特別推薦這裡的燒鵝，皮脆、肉香且油脂適中，鵝髀（鵝腿）部位肉質滑軟，可以搭配瀨粉、米飯、米線享用。如果也想吃叉燒，可以點燒鴨和叉燒雙拼，像叉燒雞髀飯。此外，還有油雞、蜜汁叉燒和燒腩仔等美食可供選擇。

開心吃
鵝髀是店內的招牌，很容易售完，建議可以改點其他燒味料理，或者四分之一隻脆皮燒鵝。

一樂燒鵝髀

陸羽茶室 M6C4

🏠 香港中環士丹利街24-26號地舖

☎ 2523-5464

🕙 07:00～22:00

💡 地鐵中環站D1、D2出口

💲 高價（每人約港幣150～200元）

🍴 豬膶燒賣、滑雞球大飽、鮮蝦餃、脆皮糯米雞

幾乎每本旅遊書都介紹的陸羽茶室，充滿懷舊氛圍的店內裝潢、中國式桌椅和水墨畫、上了年紀的服務生，立刻能感受出這家店的悠久歷史。這裡除了品茶外，廣東菜、港式小點中也有不少人氣菜餚。若4人以上前來，可點棉花雞、杏汁白菜豬肺湯等，人數少可點滑雞球大飽、燒賣、鮮蝦餃和雲腿焗雞夾等小點。我最喜歡豬膶燒賣這道小點，第一次看到那麼大的豬肝，不是到處都有喔！

茶餐廳＋燒臘＋粉麵粥＋甜品

就是要好吃路線：

蘭桂坊 M6D3

越夜越美麗的
蘭桂坊

🏠 香港中環雲咸街至德己立街之間
☎ 2849-1000
🕐 約每天18:30～凌晨
💡 地鐵中環站D2出口
💲 高價（每人約港幣
150元以上）
💬 酒吧、異國料理餐廳

說到香港的夜生活，絕
對不能漏掉中環的蘭桂
坊。如果你曾白天行經
此地，一定感受不到任
何的氣氛還以為來錯
了地方。沒錯，這裡
只屬於夜晚，越晚越
熱鬧，是夜貓子的天堂。尤其是週末假日，絡繹不絕湧入的人潮，可
小心別和朋友們走散了。來到這裡的男女穿著都很入時，每逢特殊節
日，像萬聖節，還能看到特別的裝扮。即使平常沒有逛夜店、上酒吧
的習慣，也可以到此感受一下歡樂的氣氛，來杯雞尾酒、啤酒，狂吃
下酒菜。當中近幾年很紅，可容納約80位客人的酒吧「鐵仙子The Iron
Fairies」，裝潢走工業風，天花板數量龐大的美麗手工蝴蝶，如置身在
魔幻電影場景般。

半山行人電梯 M6C3

🏠 香港中環街市至高級住宅半山區
🕐 06:00～10:00（電梯往下），10:30～24:00
💡 地鐵中環站A出口（起點）D2出口（終點）

連接中環和南側的山區，全長800公尺，最低到最高點約為135公尺，號稱是全球最長的戶外有蓋手扶電梯。在還沒親臨這個電梯前，已經在電影《重慶森林》中，看過王菲在電梯上的身影，直到站在電梯上，才有股興奮。從皇后大道中，經過士丹利街、威靈頓街、荷李活道和士丹頓街，直抵半山區手扶電梯。每天約有5萬人次使用，是極為便利的交通移動工具。

開心玩
因為電梯只有單方向通行，最好知道電梯上行、下行的時間，才能省下不少步行的時間，不然只得自己爬樓梯了。

春回堂藥行 M6C3

🏠 香港中環閣麟街8號
☎ 2544-3518
🕐 09:00～17:30（週一～六），週日休息
🚇 地鐵中環站C出口
💲 平價（每人約港幣30元以內）
🍵 五花茶、二十四味茶、龜苓膏

每次經過這條小小的閣麟街，都能看到絡繹不絕的客人，站在門口一人一杯，走近一看，原來大家都在喝涼茶，店中較暢銷的茶款有二十四味茶、甜花茶（菊花茶）、感冒茶等等。香港的天氣和台灣很像，尤其夏天相當悶熱，若能來杯涼茶去火，就能抵抗炎熱的暑氣。

開心吃
二十四味茶和感冒茶非常的苦，大家嘗試之前要有心理準備，不過良藥通常都是苦口的。還有身體寒冷、懷孕或生病時盡量不要喝涼茶。

就是要好吃路線：
茶餐廳＋燒臘＋粉麵粥＋甜品

永樂園餐廳 **M6C4**

🏠 香港中環昭隆街19號地下
☎ 2522-0965
🕐 07:30～19:30（週一～六），週日、假日休息
💡 地鐵中環站C出口
$ 平價（每人約港幣50元以內）
💬 雙腸熱狗、奶茶

熱狗至尊
邊走邊吃超方便

很難想像摩登的大街上，隱藏著不少傳統美食小店，皇后大道中上的一條小街昭隆街裡，就有一家以賣熱狗堡出名的永樂園餐廳。小小的店門，時常排滿了外帶的顧客，最適合逛街走累了，停下來大咬幾口補充元氣。這裡的熱狗堡，麵包鬆軟，醬汁濃厚，搭配熱狗剛剛好。邊走邊吃超方便！

金字招牌的
港式雲吞麵

麥奀雲吞麵世家 **M6C3**

🏠 香港中環威靈頓街77號地舖
☎ 2854-3810
🕐 11:00～21:00
💡 地鐵中環站C出口
$ 平價（每人約港幣50元以內）
💬 雲吞麵、鮮蝦水餃子麵、蝦子撈麵

雲吞餡料是以蝦子和肉混合，包好的雲吞較一般麵店的來得小巧，但口感紮實、原汁原味，難怪雲吞麵是這家老店的金字招牌。通常端上桌的雲吞麵，是湯匙擺在最底，接著放上雲吞，最後才擺入麵，這種擺法是這家老店的堅持。另外，香而不腥的蝦子撈麵也可一試。

媽咪雞蛋仔 **M6B4**

🏠 香港中環皇后大道中93號中環街市2樓242B
🕐 12:00～20:45
💡 地鐵中環站C出口、香港站C和E出口
$ 平價（每人約港幣50元以內）

街頭夜市小食
拿著吃最方便！

雞蛋仔是香港街頭最常見到的小食，這家雞蛋仔連鎖店在熱鬧地區、街市都有賣。多種口味選擇多，並非只有原味一種，甜味的像咖啡、有機栗子、抹茶朱古力等，鹹味的則有雙重芝士、芝麻肉鬆等，都很受到年輕人、遊客的歡迎。熱熱的吃，外皮焦脆、內部柔軟，隨手拿著就能吃，非常方便。

招牌雲吞麵

價格親民的大顆雲吞
吃的滿足

沾仔記 M6C3

🏠 香港中環威靈頓街98號地舖
☎ 2850-6471 ⊙ 11:00～21:30
💡 地鐵中環站D1、D2出口
$ 平價（每人約港幣50～70元）
💬 雲吞牛肉麵、牛肉雲吞河、鮮鯪魚球麵、鮮蝦雲吞麵、三寶麵

在中環這個寸土寸金的地方，能夠用很便宜的價錢，吃到特好吃的餐，那非這裡莫屬。它的雲吞皮薄餡多又大塊，吃一碗就可以讓你充滿飽足感。一碗裡有三顆的雲吞，除了包了多尾蝦仁，更加入調味適當的絞肉，每顆雲吞餡料充足，簡直就是超級雲吞。鮮鯪魚球麵裡的鯪魚球也很大顆，讓人更能夠大快朵頤，飽餐一頓。

愛吃辣、重口味者的
飲食天堂

瘋狂小面 M6C3

🏠 香港中環士丹利街66-72號佳德商業大廈1樓
☎ 2311-3905
⊙ 11:00～21:00（週一～六）
　 11:00～20:00（週日），國定假日休息
💡 地鐵香港站C出口
　 平價（每人約港幣100元）
💬 重慶小麵、四川冰粉、棒棒雞

店內中式裝潢，牆壁上的川劇臉譜，沒錯，你來到一家辣、椒麻味料理的餐廳，紅通通的辣油和蔥、花生粉搭配，喜歡吃辣、想要挑戰辣味的人請進！店中可以吃到知名的川菜小食，像棒棒雞、重慶小麵更是人氣之選，甜點的成都老冰粉也很值得品嘗。但記得要帶水，或在店中點飲料，不然會被辣到喔！

蛇王芬飯店 M6C3

🏠 香港中環閣麟街30號地下
☎ 2543-1032 ⊙ 11:00～21:30
💡 地鐵中環站D1、D2出口
$ 中價（每人約港幣50～100元）
💬 鮑魚燴五蛇羹、袖珍鮑片花膠蛇羹、生炒糯米飯、豉油皇炒麵、雙腸羊片煲仔飯

一碗蛇羹
大飽口福

金色的店名字，店內掛著的竹簡菜單，你以為來到了古時的客棧嗎？其實它是一家以蛇羹和煲仔飯聞名的小飯店。敢吃蛇或慕名而來想嘗試的人，店內的鮑魚燴五蛇羹、袖珍鮑片花膠蛇羹是最佳選擇。不吃蛇也沒關係，重口味的豉油皇炒麵、雙腸羊片煲仔飯，以及懷傳統老菜如八寶鴨、荔芋香酥鴨等，可不是每家店都吃得到。

開心吃

好吃的煲仔飯並非全時間供應，18:00～22:00才能點。

茶餐廳＋燒臘＋粉麵粥＋甜品

就是要好吃路線：

蘭芳園 M6C3

絲襪奶茶發源地
觀光客必飲！

- 🏠 香港中環結志街2號
- ☎ 2544-3895
- 🕐 07:30～18:00（週一～六）
  週日公休
- ☝ 地鐵香港站F出口
- 💲 平價（每人約港幣50元以內）
- 💬 秘製豬扒飽、凍奶茶、蔥油雞扒撈丁、西多士

1952年開業的蘭芳園，是香港早期的茶餐廳之一。最令人熟知的，就是老闆發明的絲襪奶茶。將數種茶葉放進絲襪裡，再用絲襪過濾茶葉，使奶茶喝起來更香滑好喝而得名，數十年來深受大家喜愛，已深入香港人的生活飲食中。蘭芳園的奶茶除了好喝外，最特別的地方在於冰塊也是奶茶製成的，所以即使冰塊融化也不會影響口味。有人說來香港卻沒喝過奶茶就不算到過香港，但如果沒喝過蘭芳園的絲襪奶茶，也不算是到過香港。

喜愛吃甜食的人，還要大大推薦塗滿蜜糖、奶油的西多士和咖央西多士，香濃的蜜糖久久難忘，搭配鴛鴦奶茶正適合。

開心吃

蘭芳園目前在上環干諾道中信德中心3樓和尖沙咀彌敦道重慶大廈活方地庫26號舖也有分店，不必擠著在中環排隊吃。

祥興記上海生煎包 M6C3

汁多餡料香
剛起鍋吃得超滿足

- 🏠 香港中環蘇豪擺花街48號地舖
- ☎ 2690-0725　🕐 12:30～20:00
- ☝ 地鐵香港站C出口　💲 平價（每人約港幣50元以內）
- 💬 招牌生煎包

偌大的中環逛街累了嗎？尤其是爬坡好一段，是否有點肚子餓了，但又還沒到用餐時刻呢？這時可以前往這家生煎包店，買幾個生煎包，填飽肚子繼續血拼。這家店因米其林曾推薦而更知名，除了招牌口味，蟹粉、鮮蝦的也很受歡迎，此外還推出麻辣口味，是一般很少吃到的獨特風味。因為小食攤沒有設座位，通常在店門口小桌子，或是街邊食用。

三寶飯

中環地區
必光顧的燒臘店

龍記飯店 M6C4

🏠 香港中環域多利皇后街12號地下
☎ 2545-5328
🕐 07:00～22:00
🚇 地鐵中環站D2出口
💲 平價（每人約港幣50元以內）
💬 三寶飯、乳豬飯、叉燒飯

原來在蘭芳園對面的龍記飯店已經搬遷到域多利皇后街。店裡最多人點的乳豬飯、油雞叉燒飯，叉燒的皮酥脆，還不時散發出肉香。一般燒臘店不見得有賣乳豬肉，看見店內掛著一隻隻剛烤好的乳豬，不禁令人垂涎欲滴。這家店上菜速度算快，不必擔心癡癡等餐。

蔗汁、蔗汁糕
老店的傳奇

公利真料竹蔗水 M6C3

🏠 香港中環荷李活道60號地舖
☎ 2544-3571
🕐 11:00～21:00（週二～日），週一公休
🚇 地鐵上環站A2出口
💲 平價（每人港幣30元以內）
💬 蔗汁、龜苓膏、蔗汁糕

香港有名的涼茶舖不少，但加賣甘蔗汁的就不多了。仍維持著舊日裝潢的老字號的公利，以賣蔗汁、龜苓膏聞名，新鮮的蔗汁是現搾的，沒有加入任何糖類，但卻有著天然甘醇的滋味和甘蔗的清香。還有一般少見的蔗汁糕，口味清淡，稍帶軟黏，還是第一次吃到。店中其他如酸梅湯、龜苓膏等，也都各有支持者。

香港仔南記粉麵 M6C4

🏠 香港中環域多利皇后街
　　5-8號地舖
☎ 36918050
🕐 08:00～20:30（週一～六）
　　09:00～20:00（週日、國定假日）
🚇 地鐵香港站C出口
💲 平價（每人約港幣50元以內）
💬 肥牛酸辣米線、魚肉春捲

招牌春捲加魚蛋
清爽又可口

喜歡這家店的招牌春捲，所以最常點簡單的碗仔粉，整碗湯頭鮮美，還可以依個人喜好，加購魚蛋、魚片或魚腐、牛肉丸等配料。

而米線湯類有不同「蕃茄」、「麻辣」和「酸辣」口味，選擇多樣。

就是要好吃路線：茶餐廳＋燒臘＋粉麵粥＋甜品

羅富記粥麵專家 M6C3

🏠 香港中環擺花街50號地舖
☎ 2850-6756
🕐 08:30～18:00（週一～六）
　　週日公休
🚇 地鐵香港站C出口
$ 平價（每人約港幣50元以內）
🍽 炸鯪魚球、皮蛋瘦肉粥、鯪
　　魚球粥、豬肝牛肉粥

**份量適中
早餐的好選擇**

豬肝牛肉粥

又是一家小有名氣的生滾粥專賣店。最愛這裡的豬肝牛肉粥、鯪魚球粥，粥底米粒細而濃稠，豬肝和牛肉滑而軟嫩，配料給的大方，整碗份量適中，絕不會有吃不完的遺憾。炸鯪魚球也是不可錯過的好料，剛炸好的鯪魚球，有嚼勁，沾著自製醬汁食用，更能提升魚肉的鮮美味道。

鯪魚球粥

**小店的傳統
美味糖水**

**結合美加餐廳風味
年輕人的最愛**

玉葉甜品 M6C3

🏠 香港中環伊利近街2號
☎ 2544-3795　🕐 12:00～24:30
🚇 地鐵香港站C出口
$ 平價（每人約港幣30元以內）
🍽 海帶綠豆沙、香草綠豆沙、糖不甩

這家傳統的戶外大牌檔糖水店，已經有百年歷史了。鐵皮屋的外觀，簡單的裝潢，仍保持著早年路邊攤的格局。因地面稍微傾斜，連帶桌椅也斜斜的。店中賣的糖水品項也不多，但多年來卻吸引著不少死忠顧客。招牌糖水如海帶綠豆沙、香草綠豆沙、芝麻糊和糖不甩等。而雖說是糖水出名，但牛腩撈麵也頗得顧客喜愛。

開心吃
糖不甩的外型如同一顆顆的白玉湯圓，外層撒上白芝麻混著椰子粉，口感紮實有嚼勁，是香港的傳統甜點。

Green Waffle Diner M6C3

🏠 香港中環擺花街43號地舖
☎ 2887-9991
🕐 08:00～22:00（週一～四、日）
　　08:00～03:00（週五、六）
🚇 地鐵香港站C出口
$ 中價（每人約港幣100～150元）
🍽 薯餅、薯粒鑊仔、窩夫（鬆
　　餅）、發酵咖啡

這是一家集合了美國、加拿大風味的料理、甜點店，店內空間寬敞，一到週末顧客眾多，非常熱鬧。餐點除了推薦薯餅、薯粒之外，各種口味的窩夫（鬆餅）才是主角，像烤雞、棉花糖石板街、香蕉窩夫等甜鹹口味都有。此外，獨特的生酮料理，是減重者享用美食的好選擇。當然漢堡、沙拉不可少！

泰昌餅家 M6C3

連總督都來捧場的老餅家

🏠 香港中環擺花街35號地舖
☎ 8300-8301　🕐 09:30～19:30
💡 地鐵香港站F出口
💲 平價（每人約港幣50元以內）
🍴 蛋撻、沙翁、皮蛋酥

位在擺花街的這家泰昌餅家是總店，裝修後的門面清爽，一眼就能看到店內，但大多時候前來，總有一群群的遊客，但香港在地人也不少。聽說早年香港總督彭定康，最喜歡吃這家店的蛋撻，讓它的名氣更是

錦上添花。這裡的蛋撻是最傳統的，也就是硬的餅乾皮底，並非酥油皮。另一人氣小點沙翁（冰花蛋球），香港能買到的地方更是不多，吸引許多懷舊的顧客。我自己則是推

薦皮蛋酥，皮蛋包入餅中，和著酥餅皮，配著熱茶，別有一番滋味，是長輩們的最愛。此外，店中還有販售蛋捲禮盒等，適合當作伴手禮。

Mr Simms Olde Sweet Shoppe

M6C3

如同英國街角旁的糖果店 甜蜜的氛圍

🏠 香港中環擺花街37號地舖
☎ 6596-2756
🕐 10:30～20:30
（週一～四、日）
10:30～21:00（週五、六）
💡 地鐵香港站C出口
💲 中價（每人約港幣100元）
🍴 飛碟糖、棉花糖、巧克力

專售復古風英式糖果、巧克力的老店，在英國有超過一百家連鎖店，現在香港也吃得到了。糖果種類豐富，在海港城的LCX中也有專櫃。不算大的店中擺滿了很多種英國老糖果，棒棒糖、棉花糖、飛碟糖，集合了多種糖果，不僅口味多，而且包裝更五花八門，有單純塑膠袋包裝，也有適合送人的精美禮盒包裝。店中還有一小面牆全是巧克力，苦甜味都有，嗜吃巧克力的人可以買到不常見品牌的巧克力，找到喜愛的風味。

123

太平山頂
無敵夜景好風光…

與北海道函館、義大利拿波里並稱世界三大夜景的香港太平山夜景，是到港旅遊絕不能錯過的景點，否則就損失了百萬（太平山夜景有百萬夜景之稱）。

太平山頂 M2C3

🏠 香港中環山頂道128號　☎ 2849-0668　🕒 07:30～23:00

💡 1. 從地鐵中環站J2出口步行約10分鐘至山頂纜車總站（香港中環花園道33號），再搭乘纜車或計程車上山。山頂纜車行駛時間為每天07:30～23:00，每15～20分鐘一班。

2. 於中環國際金融中心2期搭乘1號小巴，往返山頂：06:20～00:00（中環開出）；06:45～00:25（週一～六、國定假日除外，山頂開出）；07:00～00:00（週日、國定假日，山頂開出）

3. 於中環（中環渡輪碼頭）/（交易廣場）搭乘15號巴士（普通線），往返山頂：06:15～00:15（週一～日、國定假日，中環開出）；06:30～01:00（週一～六、國定假日除外，山頂開出）；07:00～01:00（週日、國定假日，山頂開出）

4. 於中環（中環渡輪6號碼頭），搭乘X15號巴士，往返山頂：10:00（週六、日、國定假日，中環開出），18:00（週六、日、國定假日，山頂開出）

5. 於纜車總站前搭乘計程車，車資需先詢問司機是否跳錶。

一般人最常搭乘的上山交通工具，是已經有120年歷史的山頂纜車，紅色的車身，斜斜往山頂前進，兩旁的美麗高級住宅區盡收眼底。

經過整修後的山頂，目前有山頂廣場和山頂凌霄閣市集這兩家大型商場，裡面除了提供各式餐廳、冰品、速食等，還有販售風景明信片、書籍、伴手禮，以及在地品牌住好啲、雙妹嘜等，是極佳的購物選禮處。廣場正中央，不時會有表演、裝置藝術，另有一台纜車可供參觀，常可見觀光客和當地人全家出遊。

國際金融中心二期

K11

中銀大廈

國際金融中心一期

長江中心

凌霄閣摩天台428【10:00～22:00（週一～五），08:00～22:00（週六、日、國定假日）】，仍是看夜景的不二場所，只要天氣好，每晚七點以後人潮漸漸聚集，有時甚至連一個觀景的位置都難求。香港因高樓群聚，每一棟建築變得更加立體，令人震撼，完全不同於一般平面式夜景。

開心玩

山頂纜車的行駛時間是07:30～23:00，普通日子：成人單程約港幣62元，來回票約港幣88元；熱門日子：成人單程約港幣76元，來回票約港幣108元。

由於天色漸暗人潮變多，很難搶到位子，建議大家大概下午可以先上山，先在商場逛逛或吃飯，天快黑時再上凌霄閣摩天台428，可參考上方圖片，一邊認這些有著獨特外觀的高樓大廈。

太平山頂
無敵夜景好風光…

山頂凌霄閣市集

集流行和傳統
於一身的商場

🏠 香港山頂山頂道128號

☎ 2849-0688

🕙 10:00～23:00（週一～五）
08:00～18:30（週六～日、例假日）

💡 中環花園道山下纜車站（地鐵中環
站J2出口）搭乘山頂纜車、在中環
交易廣場（地鐵香港站D出口）巴士
總站搭乘15號巴士前往山頂。

太平山上的山頂凌霄閣，是香港最有
名的景點之一，頂部半圓形的建築相
當特別。內部這一兩年經過改建後，
目前為6層樓的商場，從摩登服飾到
傳統的紀念品專賣店、中國式禮品、
進口糖果等都有販售。像Crocs的鞋
子、Time + Style的各國名錶、Candy
Haus的各國糖果，讓你前往太平山不
是只有看景色，也能同時逛街血拼，
順便買買伴手禮。

開心買

你可在中環J2出口步行
前往纜車總站，或在中
環天星碼頭搭乘15C的
接駁巴士，都能前往山
下纜車總站，再搭山頂
纜車上山。我比較喜歡
從J2出口步行前往，走
過去差不多10分鐘時
間，還可以欣賞市區風
景。

香港杜莎夫人蠟像館

維妙維肖
名人蠟像館展示！

☎ 2849-6966

🕙 10:30～21:30（最晚入場為20:30）

💲 門票高峰價格成人港幣300元，孩童（3～11歲）和長者（65歲以上）港
幣255元

山頂除了看夜景，最不能錯過的就是蠟像館。館中有巨星李小龍、楊紫
瓊、劉德華、女身卡卡等，並劃分為樂壇、時尚、韓流和世界巨星等，
來找找看有沒有你的偶像的蠟像吧！一起拍照是很特別的體驗。

PEAK GALLERIA 山頂廣場

山頂廣場

- 🏠 香港山頂山頂道118號
- ☎ 2849-4113
- 🕙 10:00～22:00
- 💡 山頂纜車
- 💬 G.O.D住好啲專門店

位於太平山頂廣場對面的
山頂廣場商場，是一有4層樓的購物商場、
飲食中心，也是太平山區內最大的
購物區，到太平山賞景的人，多
會前往商場餐廳吃飯或購物。
廣場內的店家包括生活用品、
精品、咖啡廳、餐廳和在地品
牌G.O.D住好啲專門店等。廣場門
口有一大塊空地，假日時常有街頭藝
術表演，還有戶外藝術裝置，聚集很多人
潮，相當熱鬧。因這裡地較大，很適合帶
小朋友共同前往。

香港最高處
的高級餐廳

太平山餐廳

- 🏠 香港中環山頂道121號
- ☎ 2849-1000
- 🕙 12:00～22:00（週一～五）
  08:00～22:00（週六、日、國定假日）
- 💡 太平山纜車、計程車、往山頂的公車
- 💲 高價（每人約港幣500元）
- 💬 燒烤、海新拼盤、甜點

三角屋頂和傳統煙囪，加上磚頭屋的門
牆，門口太平山三個字，是許多上太平
山看景色的人一眼就看到的餐廳，位置顯
眼。餐廳裡面有內廳和戶外座位，以異
國料理、燒烤、甜點等飲食為主。內廳宛
如高雅的用餐區，而戶外座位，則可在欣
賞美麗景致的同時，品嘗各國料理或下午
茶點心，體驗難
得的異國度假悠
閒。

聖約翰大教堂 M6D5

- 🏠 香港中環花園道4～8號
- ☎ 2523-4157
- 🕙 07:00～18:00
- 1. 於中環天星碼頭前搭乘15C巴士，或於金
  鐘、銅鑼灣搭乘15號巴士在山頂纜車總
  站下車。
- 2. 地鐵金鐘站B2出口

位於中環山頂纜車總站附近，很容易找到。
建於1849年，是香港最早建立的基督教堂，
外觀屬於哥德式
建築，教堂內則
可見美麗的彩繪
玻璃。因創建於
英國殖民時代，
染上濃厚的殖民
地色彩，是貴重
的文化遺產。

金鐘 · 灣仔

飲食、購物集中的地區，吃買一地就OK！

　　地鐵金鐘站是荃灣線和港島線的轉車站，交通相當方便，有名的商場則有太古廣場和金鐘廊。相鄰的灣仔，大多數的餐廳和商店家都聚集在地鐵站附近的軒尼詩道、莊士敦道、駱克道和謝斐道，算是飲食、購物很集中的地區。

太古廣場 **M7B1**

🏠 香港金鐘金鐘道88號
☎ 2844-8988　🕐 10:30～22:00
💡 地鐵金鐘站C1出口　💬 世界各大名牌幾乎都有

香港最尊貴的購物商場之一

集合了頂級設計品牌、美食餐廳和休閒電影院的大型商場。打從寬敞挑高的入口進來，這裡較一般商場，多出了許多可供顧客歇息的區域。手提多包戰利品後，買杯咖啡坐在椅子上，是最大的享受。兩家頂級名牌百貨、西武和連卡佛就已經讓人買得不亦樂乎，再加上SWANK、I.T、Joyce等一店就能買到數十種品牌的複合店，以及唱片行、運動服飾店、圖書文具等，滿足不同年齡的顧客，花一個下午，包你滿載而歸。

開心買

像進入太古廣場這類較大型的商場，除非打算隨意逛逛，否則建議你先在服務台拿一份商場指南，再決定要前往哪一區，較能節省寶貴的購物時間，並且買到想要的東西。

金鐘廊 **M7B1**

與太古廣場僅一通橋相鄰的老牌商場

🏠 香港金鐘金鐘道93號　☎ 10:00～22:00
🕐 10:00～22:00　💡 地鐵金鐘站C1出口　💬 特價服飾

這是一長廊式的商場，因此逛起來不容易迷路。從太古廣場經通橋進入金鐘廊，首先看到的都是女性服飾品牌店，尤其入口邊的特價店面，能買到Juicy Girl、Miss Sixty和歐美年輕女性最喜歡的小禮服等，因價格便宜銷售速度快，看上了千萬別猶豫。這裡不像太古廣場的名牌集散地，多以中價位的品牌為主，讓大家血拼更無負擔。

力寶中心 M7B1

🏠 香港金鐘金鐘道89號

🚶 地鐵金鐘站B出口

從金鐘地鐵站走出來，立刻看到兩棟東凹西凸的大樓建築，樓高44層。其實仔細一看，很像兩隻無尾熊抱著樹木的樣子，所以又叫「無尾熊的樹」。每棟大樓分成三段，每段中央主幹延伸出一個個「C」字型，是很罕見的特殊建築。

香港公園 M7B1

🏠 香港金鐘紅棉路19號

☎ 2521-5041

🕐 06:00～23:00（戶外公園），10:00～17:00，週二休館（植物溫室），其餘設施需詢問服務處

🚶 治太古廣場（地鐵金鐘站F出口）商場內的指示牌，步行約5分鐘，或C1出口

在寸土寸金的香港市區裡，想要找到一處可看得到綠地，能夠休閒散步、呼吸新鮮空氣的地方更是難能可貴。在這裡，利用原來的地形建造出地大且美麗的公園。公園內有人工池塘、溫室、體育館、賞鳥園等多項設施，天氣晴朗的日子裡，甚至還有許多新人在這裡拍婚紗照，是香港城市的居民們假日休閒的好去處。

茶具文物館 M7B1

🏠 香港金鐘紅棉路10號

☎ 2869-0690

🕐 10:00～17:00，週二休息

🚶 地鐵金鐘站C1出口

茶具文物館位在香港公園裡面，是一棟白色雅致的英式建築。它原為英軍總司令的辦公處和宅邸，直到1984年才改成現在的博物館。以中國茶具文物為主題，目前館內收藏了約600多種茶器。除了展示唐、宋、元、明各代的茶壺、茶杯外，也有舉辦如何泡茶的茶藝講座和陶瓷講座等。

港麗酒店咖啡園茶 Garden Café 下午茶 M7C1

香港金鐘皇后大道88號港麗酒店大堂低座

☎ 2521-3838轉8220

🕐 06:30～22:30（全天供餐）

🚶 地鐵金鐘站C1出口

位於金鐘最熱鬧的購物廣場太古廣場樓上，飯店裡有家叫咖啡園（Garden Café）的咖啡廳，

設有戶外的座位，下午逛街累了，可以來此，請服務人員幫你安排戶外的座位，簡單點一杯咖啡搭配美味的甜點，由於飯店位處高樓，只要好天氣，戶外美麗的風景一覽無遺。下午茶每人約港幣368元起，價格雖不低，但在金鐘這個寸土寸金的地方，如此悠閒的喝杯下午茶是值得的。

129

強記美食 **M7B5、M8B1**

老牌美食店
米其林小食推薦

🏠 香港灣仔駱克道406號地舖
☎ 2572-5207
🕐 12:00～22:00，週一休息
👆 地鐵銅鑼灣站C出口
💲 平價（每人約港幣50～80元）
💬 香煎蝦米腸粉、原味蘿蔔魚蛋魷魚、鴛鴦
　腸雜錦糯米飯

從銅鑼灣C出口步行約10分鐘，曾被米其
林多次推薦，已有70年歷史的強記
美食，本來只有街邊小攤，如今
已搬入店面，店內寬敞整齊，用
餐氛圍舒適。這家店最受歡迎
的是糯米飯、香煎蝦米腸粉。
　　　　鴛鴦腸雜錦糯米
　　　　　飯，顆顆飯
　　　　　粒滲入鴛鴦腸

香煎蝦米腸粉

鴛鴦腸雜錦糯米飯

（臘腸＋膶腸）的濃香；蝦米腸粉煎得香脆，搭配特
調醬汁，吃得很有滋味。另外，還點了經典港式糖水
香草陳皮綠豆沙，香滑的甜綠豆沙中些許陳皮味，難
以形容出的好吃。

香草陳皮綠豆沙

灣仔電腦城 **M7C3**

年輕人最愛逛的
大型電腦商場

🏠 香港灣仔軒尼詩道130號
🕐 13:00～21:00，僅少數店家
　11:00會開店
👆 地鐵灣仔站A3出口
💬 手機、電動遊戲

位於軒尼詩道上的灣仔電腦城，
是一有3層樓，約100多家商店組
成的大型電腦商場，因地理位置
佳，是許多人選購電腦、3C電子
商品和二手物品的不二去處。由
於各家商店價格不一，盡量貨比
三家再選購。另因有電壓問題，
在購買前可詢問店家相關事宜，
並記得索取操作說明書。

檀島咖啡餅店 M7B3

- 香港灣仔軒尼詩道176～178號地舖及閣樓
- 2575-1823
- 07:00～22:00
- 地鐵灣仔站A5出口
- $ 平價（每人約港幣50元以內）
- 蛋撻、咖啡、奶茶、咖央多士

以蛋撻、咖啡聞名
的傳統餅家

開業近80年的檀島，以蛋撻、咖啡最為著名，門口就以此為標題：「檀香未及咖啡香，島國今成蛋撻國」。聽說他們的蛋撻有128層酥皮，比普通的100層多，所以吃起來特別令人感覺到香滑酥脆。咖啡則是從開店到現在配方都未曾換過，保留了傳統的好口味。檀島的下午茶也是很熱鬧的，每天總是有許多上班族利用下午休息時前來購買，如果沒有太多時間，門口旁也有外賣區，販賣多種口味的麵包和點心，趕路的觀光客也可買外帶邊走邊吃。

牛肉三明治

開心吃

咖央（kaya）是馬來西亞以當地的醬汁，椰子和雞蛋製成，吃起來甜甜的，可塗抹在吐司上食用。

葉香留 M7C3

天熱消暑
必去的涼茶舖

- 香港灣仔莊士敦道104號
- 8202-7207
- 10:30～20:30
- 地鐵灣仔站B2出口
  平價（每人約港幣30元以內）
- 野葛菜水、涼茶、羅漢果茶

位於莊士敦道和春園街交叉口，有著很醒目的招牌，專賣各種涼茶。親切的老闆娘對觀光客非常友善，很仔細的解說各種涼茶的功效。尤其炎熱的盛夏，忙於四處走動的觀光客，經過灣仔熱鬧的莊士敦道時，不妨來碗涼茶消消暑氣。

開心吃

春園街附近有許多家有名的餐廳，一般來到灣仔都會走到此地，春園街的街牌不太好找，小心別走過了頭。葉香留涼茶舖旁就是春園街了。

香港會議展覽中心 M7B3

全亞洲最大級
會議中心

🏠 香港灣仔博覽道1號　☎ 2582-8888
🕐 依展覽時間有所差異
💡 地鐵灣仔站A1出口

外型如同張開雙翅的海鷗，飛在維多
利亞港的海面上，這是號稱亞洲最
大、設備最新穎的多功能會議、活動
中心，目前多用在舉辦大型的藝術展
覽、藝文活動、遊戲展等。1997年
時，在新館舉行香港回歸中國的儀式，因此讓這裡大出風頭。館外2期面海有一
處金紫荊廣場，場中鍍金的金紫荊花，是中國因香港回歸而贈送的，加上每天在
此舉行升旗典禮，現在已成為觀光客拍照留念的一個必遊景點。

開心玩

也曾經有現代傳說或迷信風水說法，外觀為半圓球狀的展覽中心，很像一隻大烏
龜。有一說當烏龜遊向維多利亞港，代表了香港地運會衰落，為展覽增添神秘的
色彩。

Angel 天使化妝品 M7C3

另一平價連鎖
化妝品商店

🏠 香港灣仔太原街13-5號地下
☎ 2591-1055
🕐 10:00～22:00
💡 地鐵灣仔站A3出口
💬 各種香味的爽身粉

除了較熟知的莎莎、卓悅化妝品
商店，天使化妝品也是女性很常
光顧的化妝品店之一。男女香
水、化妝品、保養品、洗髮精到
爽身粉、沐浴露等，商品約有百
個品牌以上。這家店位在黃金地
段上，顧客很多，
開架式的擺放，讓
人易於選購商品。
店中也買得到其他
專門店或專櫃的商
品，像廣生堂雙妹
嘜的某些商品在這
裡就看得到。

太原街玩具店 M7C3

🏠 香港灣仔太原街
🕐 約10:00～20:00
💡 地鐵灣仔站A3出口
💬 各式進口玩具

商場以外
購買玩具的好去處

從莊士敦道一轉進太原街，可以看到幾家專
賣各式玩具的店舖。店頭掛著琳瑯滿目的鋼
彈模型、火車玩具、絨毛玩偶、星際大戰公
仔等，從進口玩具到本地自製玩具，都有得
買。每到週末假日，人潮川流不息，加上這

條街是許多大
樓通往地鐵站
的道路，想要
擠進玩具店，
還得費一番功
夫。不過，因
店內玩具種類
多，從孩童到
成年人都找得
到夢幻商品，
很少有人空手
而出的。

華嫂冰室 M7B4

灣仔人氣排隊茶餐廳
份量多吃得飽

🏠 香港灣仔謝斐道272號杜智臺地下3-4號舖
☎ 2698-5599
🕐 08:00～21:00（週一～六），08:00～
　17:00（週日）
🚇 地鐵灣仔站A1出口
💲 平價（每人約港幣50～100元）
🍴 招牌菠蘿包、豬扒檳城喇沙湯米粉、豬潤
　牛肉芫茜皮蛋米線

用餐時段總是滿滿的人潮，下午茶時段顧客
相對少一點。以茶餐廳來說，店內空間稍寬
敞，有足夠的飲食空間。餐點種類豐富，從
早餐、快餐、下午茶餐，到一般粉麵、米線
等都有。豬扒豬仔包、豬扒菠蘿包和鮮油奶
多是早餐的明星餐點，搭配一杯熱奶茶，吃
得飽又滿足。其他像皮蛋芫茜湯底的牛肉米
線，口味獨特，皮蛋入味，配料也豐富。此
外，味道濃郁的喇沙湯、咖哩和蕃茄湯，搭
配米線、公仔麵等都十分可口。

蕃茄牛米線

鮮油奶多

豬潤牛肉芫茜皮蛋米線

舊灣仔郵政局 M7C3

香港歷史
最悠久的郵政局

🏠 香港灣仔皇后大道東221號
🕐 10:00～17:00（週一～週日），週二、假
　日休息
🔦 地鐵灣仔站A3出口

舊灣仔郵政局於1912年興建，是香港歷史
最悠久的郵政局。它是一座L形的建築物，
屋頂呈金字型式，現在已經被香港政府列
為法定古蹟，內部仍保有當時的特色文物
遺產。目前舊灣仔郵政局已經改為灣仔環
境資源中
心，稱為
環保軒，
展示有關
於環保的
資料和圖
片，免費
參觀。

金鳳茶餐廳 M7C3

馳名全港凍奶茶

🏠 香港灣仔春園街41號春園大廈地下
☎ 2572-0526
🕐 06:45～19:00
🔦 地鐵灣仔站B2出口
💲 平價（每人約港幣50元）
🍴 菠蘿飽、雞批、原樽凍奶茶

如果說檀島的招牌是咖啡、蛋撻，那金鳳無
疑就是奶茶了。它的奶茶最特別的是不加
冰，因為加冰就會沖淡奶茶本身的味道了。
奶茶放涼後就放入冷凍櫃中冰凍，使它保持
著原味，讓人一喝就愛上。來到金鳳除了必
點的凍奶茶外，千萬不要忘了它的好朋友菠
蘿飽，這兩種搭配一起吃，真的會讓人有一
種非常滿足的感覺。而蛋撻則是酥皮的，和
傳統硬皮的不一樣，更香口感層次分明。

開心玩

香港茶餐廳菜單上常看到的雞批，就是
chicken pie雞肉派。

藍屋、灣仔民間生活館 M7C3

🏠 香港灣仔石水渠街72-74A

🕐 13:00～17:00（週一至週日），週三、假日休息

🖐 地鐵灣仔站A3出口

露台建築的
唐樓歷史古蹟

藍屋現在是香港一級歷史建築物，原址曾是醫院，拆卸後興建現在4層高建築，當時政府為藍屋外牆漆油漆時，因只剩下藍色油漆，於是整座樓房便漆成藍色。樓梯間的牆壁、樓內的窗戶都由木材製造，是香港少數存留下有露台建築的唐樓。目前藍屋還保留原屋主林世榮後人的武館，前面街上則有灣仔民間生活館，展出灣仔早期民間生活用品。並不時展覽及有藝文活動。

新九記粥麵 M7C3

🏠 香港灣仔大王東街9號地舖

☎ 2865-2827 🕐 11:00～21:00

🖐 地鐵灣仔站B2出口

小而美味
不同於一般的粥火鍋

💲 平價（每人約港幣50元）

🍜 鯪魚腩粥、雲吞麵、粥火鍋、炸醬撈麵

小而乾淨、座位不多的典型港式茶餐廳，專門供應份量足、吃得飽的飯、麵、粥。除了這些以外，小店中還有以粥品生鮮配料為主的粥火鍋，這種火鍋的湯底就是白粥，將牛肉、雞肉、丸子類料放在粥中煮熟，連同粥一起食用，相當特別。喜歡吃麵的人，建議試試炸醬撈麵，將附上的湯汁稍微淋入麵中，麵不僅能吸收到湯汁味，也較容易夾起。

聰。C Dessert M7C3

🏠 香港灣仔莊士敦道35-45號利文樓地下1D號舖

☎ 2493-3349

甜點名店聰嫂重出江湖
星級甜點

🕐 13:00～23:00（週一～四、日），13:00～00:00
（週五、六、國定假日、國定假日前一天）

🖐 地鐵灣仔站B2出口 💲 平價（每人約港幣50元）

🍜 芒芒麗莎、士多啤梨西米冰、龍眼椰果冰

芒芒麗莎

士多啤梨西米冰

從銅鑼灣搬到灣仔的聰。C Dessert （原店名是聰嫂），依舊門外一長列排隊人潮，店內幾乎座無虛席，觀光客、香港本地人都很多，而且越到夜晚越多人。不僅一般顧客，也是許多明星幫襯的星級口味甜品。甜點大多以新鮮水果為材料，一進門就聞到清甜的水果味，建議大家一定要嚐嚐招牌的龍眼椰果冰，雪花、椰果加上新鮮龍眼肉十分爽口；芒果風味甜點、窩夫等也都令人讚不絕口。另也有熱糖水可選擇。

車仔麵之家 M7C2

> 不用併桌
> 香港也有站著吃

- 🏠 香港灣仔晏頓街1號地下A號舖
- ☎ 2529-6313
- 🕐 07:00～18:00（週一～六），週日休息
- 💡 地鐵灣仔站B2出口、地鐵金鐘站F出口
- 💲 平價（每人約港幣50元以內）
- 💬 咖哩魷魚、牛肚、咖哩魚丸、大腸、蘿蔔

這家店除了東西好吃，站著吃更是一大特色，在日本常見的站食，在香港是第一次看到，據說是老闆為了能加快來客用餐的速度而特別設計的。我喜歡吃車仔麵，是因為可以自由選擇搭配的食材，可選數種之多，連麵也可以自己選擇公仔麵、河粉、米線等。咖哩魷魚、牛肚、咖哩魚丸、大腸、蘿蔔是我最愛的配料，即使站著吃，每次都能吃得滿足又開心。

和昌大押 M7C3

> 舊日唐樓外表下
> 的西式餐廳

- 🏠 香港灣仔莊士敦道60～66號
- ☎ 2866-3444　🕐 複合式餐廳，依各間不定
- 💡 地鐵灣仔站A3出口
- 💲 高價（每人約港幣150元以上）

和昌大押建於1888年，是當時有名的當舖。外型帶有中西合璧的建築風格，為四座相連的廣州式騎樓建築。但隨著時代改變，當舖這行在香港逐漸沒落，因此，在2003年被香港政府以港幣2,500萬元買下後重新翻修。之後和大集團合作，保持外表不變，而翻新為複合式餐廳，1樓為「祇月OVOlogue」，內有4個店舖相連，內部設計古色古香，除文化藝術品展覽外，還有中式美食可享用。2樓至4樓是餐廳「THE PAWM」，其中2樓的「The Living Room」，是能讓人喝喝酒的酒吧。3樓的「The Dining Room」是稍微正式的西餐廳。4樓的「The Roof Garden」位在頂樓花園，可以與朋友坐在戶外聊天，並觀賞街景。

香港魚蛋皇 M7B4

- 🏠 香港灣仔軒尼詩道309號地舖
- ☎ 2877-0808
- 🕐 07:00～03:00
- 💡 地鐵灣仔站A3出口
- 💲 平價（每人約港幣50元以內）
- 💬 墨魚丸

以豬骨湯為湯底的各式菜餚，都能同時喝到濃郁的湯汁。新鮮的墨魚丸、雲吞是搭配麵類、米粉和河粉的不二選擇。份量都剛好，適合一人食用。另外，以魚肉包裹著肉類、蔬菜等餡料的魚扎，在台灣也不常見，可以試試。

> 適合一人份量
> 的潮州小食

再興燒臘飯店 **M7B4**

座無虛席
灣仔吃燒臘首選

- 香港灣仔軒尼詩道265～267號地下C座
- ☎ 2519-6639
- ⏰ 10:30～22:00（週一～六），週日、假日休息，中秋、端午、冬至等10:00～18:00
- 地鐵灣仔站A2出口
- $ 平價（每人約港幣50元以內）
- 叉燒飯、燒鴨飯、乳鴿燒鵝飯

燒臘似乎已成為港式飲食的代名詞之一，加上現時無法帶肉類回台灣，到香港旅遊，一定要到燒臘餐廳飽餐一頓。灣仔這家超過50年歷史的燒味餐廳，常有名人、藝人來此光顧，頗有星味。店內蜜汁叉燒飯是一時之選，燒鴨飯、老火湯、燒乳豬等也都在水準以上。不過用餐時間往往排隊的人多，建議避開這個時段。

海皇粥店 **M7C3**

連鎖粥品店
美味不打折

- 香港灣仔莊士敦道151-155號東方大廈地下B號舖
- ☎ 2276-4504　⏰ 06:30～00:00
- 地鐵灣仔站A3出口　$ 平價（每人約港幣50～100元）
- 艇仔粥、及第粥等生滾粥、炸兩

炸兩

生滾粥是指先煮好粥底，再將新鮮的海鮮、肉類等食材放入粥裡面煮至熟，是極為普通的港式飲食之一。海皇粥店是一家專賣生滾粥品的連鎖店，因店都開在大街上，對觀光客來說較容易找到。我喜歡這裡的艇仔粥，煮至不見米粒狀、不黏糊的白粥底，加入新鮮魚料、豬皮，吃來鮮美順口，搭配炸兩一起食用更佳。

艇仔粥

開心吃
炸兩是以腸粉皮包裹住油條，切成小塊後沾著特製醬汁，撒上些許蔥花一起食用，在粥品店中常見到，是專屬香港的特色食品之一。

三不賣野葛菜水 **M7B4**

有原則的
老字號涼茶舖

- 香港灣仔莊士敦道226號富嘉大廈地舖
- ⏰ 11:00～21:00，週日休息　地鐵灣仔站A3出口
- $ 平價（每人約港幣20元以內）　野葛菜水

1948年營業至今，已有60年歷史。為什麼店名叫「三不賣」呢？那是因為店家堅持「不夠火候不賣，不夠材料不賣，地方不乾淨不賣」，可以說是有原則的涼茶。香港和台灣的夏天一樣悶熱難耐，尤其頂著大熱天旅遊，最怕中暑，這時來杯涼茶、野葛菜水，能幫助消除暑氣。飲用時，可試著加入少許鹽，這種鹽是海鹽，可使涼茶喝起來比較甘甜。

靠得住粥麵小館 **M7C4**

魚湯粥鎮店之寶
水晶粽馳名美味

🏠 香港灣仔克街7號地下
☎ 2882-3268 🕐 11:00～21:00
💡 地鐵灣仔A2出口
💲 平價（每人約港幣50元）
🍴 鱔球豬膶粥、新鮮熟魚皮、鹹粽、手撕雞粥

小小一條克街，幾乎整條都是餐飲店，而靠得住靚粥就是其中之一。這裡的生鮮魚料粥和海鮮小食是來店必點，粥底鮮甜，飯粒綿密好喝，份量則剛好一人食用。搭配蔥絲、薑絲和花生一起食用的新鮮熟魚皮，是我這怕魚腥味的人都能接受的。另還有鹹肉粽、特別口味的包了芝麻醬的水晶粽，是一般香港餐廳少見的小點。

東寶小館 **M7B4**

大口吃菜大碗喝酒

🏠 香港灣仔謝斐道303號凱聯2樓
☎ 2880-9399
🕐 17:30～00:00
💡 地鐵會展站A2出口
💲 平中價（每人約港幣100～150元）
🍴 南乳炸豬手、黃金蝦、風沙雞、戰鬥碗裝啤酒

這是香港本地人相當熱愛的菜館，這裡既不精緻又吵雜，但菜色極爽口，難怪每晚都爆滿。推薦裹著鹹蛋黃的黃金蝦，和沾著蒜末的炸豬手，還有一定不要忘了來瓶啤酒，是用大大的「戰鬥碗」裝著，喝來別有一番豪氣。

華星冰室 **M7B4**

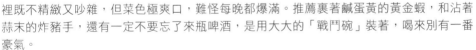

舊氛圍中的
主題冰室

🏠 香港灣仔克街6號廣生行大廈地下B1號舖
☎ 2666-7766 🕐 07:00～21:00
💡 地鐵灣仔站A2出口
💲 平價（每人約港幣50～80元）
🍴 炒蛋多士、凍奶茶、奶油豬仔包

同樣位在小小的克街裡，川流不息的車陣，店門口也永遠都臨時停了私家車。店內貼上許多電影海報和唱片做裝飾，帶點懷舊氣氛，賣的則是多士、奶茶火腿通心粉、奶油豬仔包等。推薦這裡的炒蛋，口感鬆滑，令人聯想到同樣美味的澳洲牛奶公司（位於佐敦）的炒蛋，原來是澳洲牛奶的老師傅來此幫襯的。喜歡吃甜食的友人叫了份咖央多士，香甜的椰奶醬汁，搭配酥脆吐司太令人流口水了啊！

腸粉皇 M7C4

單單美味的淨腸粉
下次絕對再來！

🏠 香港灣仔灣仔道177-179號保和大廈地下
　　D號舖
🕖 07:00～23:00　🚶 地鐵灣仔站A3出口
💲 平價（每人約港幣50元以內）
💬 淨腸粉、潮州粉果

同樣在克街，但是位在跨過灣仔道的另一端克街，很容易找到。腸粉皇只有一個店面，是個小攤，完全沒有設桌椅，通常都是外帶居多，或者站在攤子前面食用。大力推薦老闆娘親手做的淨腸粉，就是什麼都沒包的腸粉，光沾上醬汁實在太好吃了。還有最愛的粉果，即使放了半天，冷冷的吃粉皮仍有彈性，餡料依舊美味。光顧這裡的學生多，所以還有學生特餐。逛街累了嗎？來盤淨腸粉讓你忘記疲倦。

富記麵家 M7C4

傳統老字號
多年不變的好味道

🏠 香港灣仔灣仔道177-179號保和大廈地下6號舖
☎ 3689-9515　🕖 11:00～22:00（週一～五），11:00～18:00（週六），週日公休
🚶 地鐵灣仔站A3出口　💬 炸魚皮、黑白墨魚丸、牛盛薈河粉翼

粉麵是最常見的港式平民料理之一，街邊或鬧市裡，也時常看到「粉麵」二字的店家招牌。樸實又港風十足的店裝潢，富記麵家是許多香港朋友私下推薦的灣仔口袋美食。店內的招牌料理墨魚丸湯，真材實料、口感佳，湯汁也鮮甜；炸魚皮則香酥脆，咬得嘎嘎響。鄰桌點的墨魚丸水餃、牛肉丸河粉也很引人食欲，下次一定要再來試試！

強記飯店 M7B5

有口皆碑的
金牌密製燒鵝

🏠 香港灣仔天樂里9～17號地舖
☎ 2574-5991　🕖 07:00～00:00
🚶 地鐵銅鑼灣站B出口
💲 平價（每人約港幣50～100元）
💬 金牌密製燒鵝、排骨蒸飯、叉燒飯、
　　叉燒炒蛋

雖名為飯店，但並非大飯店，而是一家餐飲店。強記以叉燒肉類見長，肥瘦適中且不過甜，招牌燒鵝的外皮，香酥脆還帶著點油汁，是連一向怕油膩的我都能接受的油香。叉燒炒蛋可口又下飯。除了叉燒，店裡也有賣一般茶餐廳的小食和飲品，真可說是應有盡有。

開心吃

地址雖在灣仔地區，但因較靠近銅鑼灣，所以從銅鑼灣地鐵站走過來較適當。

利苑酒家 M7B5

入選2010、2011 米其林一星級餐廳

🏠 香港灣仔軒尼詩道338號北海中心1樓
☎ 2892-0333
🕐 11:30～15:00 / 17:30～22:00
💡 地鐵灣仔站A3出口
$ 高價（每人約港幣150～300元）
💬 飲茶點心

這是一家高級的連鎖港式餐廳，店內很像許多港劇中看到一家人聚會的高級場所。已連續多年獲選為「香港澳門米芝蓮（米其林）指南」的一星級餐廳（2009～2013），特別的是它有7家分店都榜上有名。雖然價格稍高，但比起在歐洲、日本，吃這顆星價格實在不高。除了各式精緻的飲茶點心外，燒乳豬、黃金蝦等，烹調恰到好處，連飲品甜杏仁白茶，都有一定的水準。比較適合4人以上前往。

祥正飯店 M7B5

路邊大牌檔 的頂級美味

🏠 香港灣仔寶靈頓道16號永德大廈地舖
☎ 2893-4797
🕐 18:00～02:00
💡 地鐵銅鑼灣站A出口
$ 中價（每人約港幣100～150元）
💬 鹽焗雞、豉椒炒蜆、蒜蓉粉絲蒸扇貝

在香港許多街邊，會看見在路旁一桌桌的用餐，這類大排檔更是不少食客必去光顧的地方。銅鑼灣南洋酒店的對面，有一家名氣極盛的路邊海鮮餐廳。如果是三五好友一起前往，更可吃到多種菜色。像適合下酒的鹽焗雞、豉椒炒蜆、蒜蓉粉絲蒸扇貝和辣酒螺等重口味菜餚，都很有水準。

清真惠記 M7B5

熟食街市大樓裡 的回教美食

🏠 香港灣仔寶靈頓道21號
　鵝頸街市鵝頸熟食中心1樓5號鋪
☎ 2574-1131
🕐 11:00～18:00
💡 地鐵銅鑼灣站A出口
$ 平價（每人約港幣50～100元）
💬 咖哩羊腩、燒鴨、蝦子柚皮

躲藏在銅鑼灣鵝頸熟食中心裡面的清真惠記，是許多道地老饕最愛光顧的餐廳之一。尤其其中最有名的咖哩羊腩和燒鴨，更是全店之最，看每張桌上都有這樣菜就知道火紅的程度了。因為這裡是回教餐廳所以沒有豬肉類，不過，香酥的燒鴨可一點都不輸叉燒肉。友人建議一定要試試香辣夠味的咖哩羊腩飯和特別的蝦子柚皮，絕對讓你不虛此行。

開心吃

清真惠記的旁邊有一家「海記燒臘飯店」，賣得東西和清真惠記幾乎相同，只不過多了叉燒豬肉類，同樣很有人氣，也值得一試。

銅鑼灣

香港最熱鬧、繁華的地區，購物天堂！

若說到香港島上最熱鬧的地方，「銅鑼灣」絕對是當之無愧。這裡聚集了許多香港最主要的商業、娛樂場所，像時代廣場、禮頓中心、利舞台廣場、利園二期和世貿中心、名店廊、SOGO百貨等，都是一時之選的購物商場。

銅鑼灣 路線1

好吃又好買路線：沿著時代廣場周邊繞⋯

時代廣場是遊客來銅鑼灣的第一目標，這個聚集了眾多品牌、食肆的大型購物中心的確可以滿足你一次購足吃足的渴望。但不要只逛完時代逛場就離開銅鑼灣了，它附近還有許多好吃又有特色的餐廳和店舖，千萬別錯過！

銅鑼灣站
羅素街
波斯富街
時代廣場
勿地臣街
禮頓道

時代廣場 M8B1

齊聚時尚、潮流精品
銅鑼灣地標性購物商

🏠 香港銅鑼灣勿地臣街1號
☎ 2118-8900 🕐 10:30～22:00
🚇 地鐵銅鑼灣站A出口
🚌 連卡佛Lane Crawford、MCM、食通天

說到銅鑼灣商圈最完整的購物商場，也就是包含了男女服飾精品、運動用品、美容健康、珠寶、生活用品、嬰幼兒產品、電器影音設備，以及電影院和美食餐廳、City'super超市，大概就只有時代廣場了。從地鐵站A出口直接往上，就能直通時代廣場內部。因交通便利、商品符合各年齡層的需求，逛街人潮不斷，尤其在跨年或節日，更有舉辦大型的慶祝活動。除了低樓層的國際頂級精品之外，年輕人喜愛的adidas、Aape、：CHOCOLATE、MLB、FRED PERRY和休閒運動品牌等；女性品牌MCM、VIVIENNE TAM、Club Monaco、ZARA等，

蒐羅精品的連卡佛Lane Crawford百貨；還有豐澤電器，都分佈在各個樓層，可以一次買齊一家大小的商品。此外，10樓食通天和各樓層，都有餐廳，購物後飲食更方便！

MCM

🏠 L3 320號舖　☎ 2610-2398
🕐 10:00～21:00
💬 LOGO後背包、皮夾、卡夾

韓國藝人的最愛和偶像同款

來自德國慕尼黑的品牌，後來被韓國公司收購，在韓國發揚光大，更帶動品牌在亞洲各地掀起一股時尚旋風，推出的商品也趨向年輕化。灰色的店內設計，更凸顯產品的色澤。店中有最新款的背包、皮件和飾品。此外，也陳列了新款的男女服飾、鞋類等商品。

LOG-ON

最流行的文具、飾品和小物這裡都有！

🏠 B1Fb1（A）號舖
☎ 2917-7241
🕐 10:30～22:00（週一～四、日）
　　10:30～23:00（週五、六）

LOG-ON在香港有很多家分店，大多在百貨公司或大型商場之內。主要販售各國最流行的文具、飾品、個人美妝護膚商品、潮流玩意、旅行必備商品、音響產品，以及雨傘、眼罩等生活用品。手機飾品、配件等也都買得到，是很好逛的商店。

VIVIENNE TAM

風格獨特的國際知名品牌

🏠 L4 428號舖　☎ 2265-8381
🕐 11:00～20:00　💬 服飾、配件

VIVIENNE TAM是由知名的華裔時尚設計師譚燕玉主導，品牌今年邁向30年。以融合中西文化的設計理念，創作出服飾、時尚單品等，並嘗試跨界合作。時代廣場專櫃的服飾偏向實穿性，不時有折口，可以輕鬆擁有國際設計師的好設計。

橡子共和國Donguri Republic

🏠 L9 925C號舖
☎ 9245-7928　🕐 12:00～21:00
💬 龍貓角色造型小碟子、黑膠唱片、帆布包

吉卜力正版商品大集合！！

店門口巨大的龍貓玩偶，馬上就把我吸引到店中。這是吉卜力的官方商店橡子共和國（Donguri Republic）。店內陳列滿滿的「龍貓」、「神隱少女」、「魔女宅急便」等各種角色造型的商品，有時還能碰到店內剛好陳列最新商品喔！

鵝頸橋打小人 M8B1

轉運、得平安
就靠婆婆打小人

⌂ 香港銅鑼灣尖拿道東和軒尼詩道接界的行車天橋底下
🕐 08:00～18:00
🚇 地鐵銅鑼灣站B、C出口

每年的三月五、六日是二十四節氣中的驚蟄，從古老流傳下來這一天在白虎面前打小人，就能有效制服小人，因此有了「打小人節」。驚蟄時打小人轉運，漸漸成了香港傳統的民俗活動。

現代人已不親自打小人，大多拿錢請專門打小人的婦女代勞。像位在銅鑼灣鵝頸橋下，就有許多位婆婆專門替人打小人。打小人並不是害人，有時也非特指某人，像生活上的不如意，也都可藉由打小人求平安、轉運。步驟很簡單，只要將小人的名字寫在小人紙上，婆婆就會一邊嘴中唸唸有詞，一邊以拖鞋打紙，直到紙被打爛，就象徵打跑小人了。仔細聽聽婆婆們唸些什麼：「打你個小人頭，打到你有氣無得透；打你隻小人手，打到你有都唔識偷」，很實在地說出了打小人者的心願。打小人價格港幣數十元不等。

開心玩

「驚蟄」是打小人的最佳時間，由於驚蟄之後，不論害蟲益蟲全部都會甦醒，意味著小人也開始活躍。因此，無論男女老幼，都會去打小人以祈求新年度各方面能順利，遠離小人。

有利腐乳王 M8B1

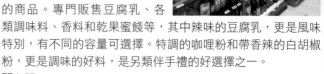
香港才吃得到的
特殊風味豆腐乳

⌂ 香港銅鑼灣軒尼詩道438-444號金鵝商業大廈地下2號舖
☎ 2891-0211 🕐 08:00～22:00
🚇 地鐵銅鑼灣站A出口
$ 平價（每人約港幣50元）
🥢 豆腐乳、辣油、咖哩粉、胡椒粉、蜜餞

有利腐乳王是一家小雜貨店，搬到軒尼詩道後，店面立刻變得寬敞明亮。一眼望進店內，可以看到所有販售的商品。專門販售豆腐乳、各類調味料、香料和乾果蜜餞等，其中辣味的豆腐乳，更是風味特別，有不同的容量可選擇。特調的咖哩粉和帶香辣的白胡椒粉，更是調味的好料，是另類伴手禮的好選擇之一。

開心玩

豆腐乳是用瓶裝，而且只是一般封口較容易流出，如果要帶回來，要謹慎包裝。因為含有汁液，不能手提上飛機。

利舞台廣場 M8B2

戲院變身高雅
法式建築商場

🏠 香港銅鑼灣波斯富街99號
☎ 2504-2781　⏰ 10:00～21:30
💡 地鐵銅鑼灣站A出口　💬 無印良品

有著挑高的大樓門面，法式建築風格讓人以為來到
歐洲高級商場。早期是歌舞劇、戲劇、演唱會、粵
劇表演場地的利舞台廣場，現在已改成純購物、飲
食商場、健身中心，集合了流行服飾、生活用品、
首飾配件等，像年輕人喜歡的ESPRIT、無印良品，
以及各家餐廳等。

何洪記 M8B2

銅鑼灣區的
超人氣飲食店

🏠 香港銅鑼灣軒尼詩道500號
　　希慎廣場12樓1204-1205
☎ 2577-6060
⏰ 11:00～23:30
💡 地鐵銅鑼灣站F2出口
💲 平價（每人約港幣50～80元）
💬 乾炒牛河、雲吞麵、豬膶粥

乾炒牛河

亮眼彩色閃光的大招牌，在夜晚格外耀眼、醒目，是銅鑼灣區的人氣飲食店。點菜時看見每
桌似乎都有乾炒牛河、雲吞麵，可見是必點菜色。茶餐廳多有乾炒牛河這道，這裡的牛河是
以豬油快炒，油香更盛。多種魚類熬煮的雲吞麵湯底，沒有人工加味的味精甜味，自然甘
甜，整碗都能吃光光。

時代豆業 M8B1

各種傳統糕餅
小店全都有

🏠 香港銅鑼灣堅拿道東1號地舖
☎ 2151-1332　⏰ 11:00～23:00
💡 地鐵銅鑼灣站B出口
💲 平價（每人約港幣50元以內）
💬 砵仔糕、眉豆糕、奶黃西米糕

現代化熱鬧的時代廣場附近，有一家傳統糕點小店
鋪，櫥窗擺滿了各式傳統糕餅，販售砵仔糕、桂花
糕、眉豆糕、馬豆糕、黃金糕，以及雞仔餅、花占餅
和南乳大餅等港式傳統小食。我每次到銅鑼灣，一定
會繞到這個小店買糕餅，甚至在冬天還帶回台灣吃。
最喜歡的是Q軟有彈性的黃糖砵仔糕、清香的桂花
糕。另外，也有賣糯米糍（類似麻薯糰），芒果糯米
糍、花生糯米糍都小巧可口。

銅鑼灣 路線1

好吃又好買路線：沿著時代廣場周邊繞

池記 M8B2

觀光客最愛的雲吞麵店

- 香港銅鑼灣波斯富街84號地下
- ☎ 2890-8616　🕐 11:00～23:30
- 💡 地鐵銅鑼灣站A出口
- $ 平價（每人約港幣50元以內）
- 💬 鮮蝦雲吞麵、牛腩撈麵、及第粥、薏米水

中式裝潢的池記，以粵式雲吞麵出名。湯底清甜，搭配港式特有的蛋麵和包了整尾蝦子的雲吞，色香味俱全。不習慣雲吞麵的鹹味湯，可滴入些許紅醋，麵湯另有一番滋味。愛吃乾麵的人，建議可以嘗試蝦籽撈麵，小小顆的蝦籽，毫無蝦腥味，反而有些許蝦的清鮮味，食用時倒入一點湯汁，絕對是香港才有的特別口味。滿滿薏米粒的薏米水，是最佳的養身飲品。

新記香辣車仔麵 M8B2

香辣重口味可自由搭配選料

- 香港銅鑼灣登龍街49號地舖B舖
- ☎ 2573-5438　🕐 12:15～23:00
- 💡 地鐵銅鑼灣站B出口
- $ 平價（每人約港幣45～70元）
- 💬 咖哩魚蛋、紅腸、雞中翼等配料

銅鑼灣時代廣場附近的登龍街，是一條聚集拉麵店、異國餐廳的美食小街，而新記車仔麵就位於登龍街上，專賣平民美食車仔麵。

店面不大，但客人頗多，車仔麵點菜方式，是在店家專用的菜單上，圈選自己想吃的米粉、公仔麵等麵條，搭配咖哩魚蛋、紅腸、魷魚和白蘿蔔等配料，再舀入咖哩、牛腩汁等湯汁，組合成一碗香辣的客製化料理。可以選餓三拼、四拼或五拼配料，不吃辣的人，可以選用清湯汁。

開心吃

可以不選麵條，直接拼配料，另外要注意的是這裡有最低消費。

渣甸坊 M8B2

平價女性飾品小攤買個夠

- 香港銅鑼灣渣甸坊　🕐 11:00～21:30
- 💡 地鐵銅鑼灣站F出口　💬 女性髮飾、上衣

在時代廣場附近有一條叫渣甸坊的小街道，裡面聚集了一個個露天小攤販，專門販售女性髮飾、上衣、配件、飾品、鞋襪、貼身衣物、流行小東西等。商品品質雖比不上百貨商場，但流行度高、顏色樣式選擇多，而且價格便宜，想撿便宜的人可以去逛逛。

甜姨姨 M8C1

銅鑼灣日式刨冰甜點
打卡名店

🏠 香港銅鑼灣耀華街11號地舖　☎ 5118-4324
🕐 14:00～23:30（週一～四、日），11:00～24:00（週五～六）
💡 地鐵銅鑼灣站A出口　$ 平價（每人約港幣50～80元）
🍧 勁足料喳咋、刨冰、黃到金、楊汁甘露冰

位於時代廣場附近的小街上，是香港藝人陳豪開的店，也是年
輕人間很有人氣的打卡冰品甜點店。冰品中有像大圓球形狀的
軟棉楊汁甘露冰、黃到金、黑極、爆漿等多種口味，顏色亮
麗，是店內自創冰品，份量足夠，兩個人吃也足夠。而港式糖
水，則有我第一次吃的勁足料喳咋（類似八寶粥）、香濃合桃
露等。不想吃冰的話，也有芒果班戟、特濃朱古力心太軟等可
以選擇。

芒果班戟

勁足料喳咋

蛋卷皇后 M8C1

🏠 香港銅鑼灣堅拿道西24-25A號地下D號舖
☎ 31715022　🕐 11:00～20:00　💡 地鐵銅鑼灣站A出口

堅持傳統製作
口味多款好選擇

$ 平～中價（每人約港幣50～150元）
🍴 鮮奶油雞蛋卷、家鄉鮮雞蛋卷

這家店是將老一輩的手藝傳承下來，第二代繼續開發製作，研
發出多種不同口味，例如鮮奶油、家鄉原味、鮮椰汁和兩款鳳
凰卷。蛋味香濃，入口酥鬆，令人著迷的傳統滋味。目前商品有
分1磅、2磅裝。因為蛋卷易碎，建議手提，不過鳳凰卷因為有加
入肉鬆，過台灣海關時可能會被沒收，得特別留意。

文輝墨魚丸大王 M8B2

🏠 香港銅鑼灣渣甸街22～24號
☎ 2890-1278
🕐 08:00～02:00

銅鑼灣區老店
招牌手打墨魚丸

💡 地鐵銅鑼灣站F出口
$ 平價（每人約港幣50元以內）
🍴 墨魚丸粉、紫菜四寶米、墨三鮮

位於鬧區裡
的老店，平
易近人的價
格和各類墨魚菜餚，吸引許多顧客上門。這家店的招牌墨魚
丸，最大的特色就是完全手工製作，有別於一般機器製丸子，
形狀較不規則但爽口有嚼勁，味道鮮甜，適合口味較清淡的
人。吃過幾次墨魚丸，改點墨三鮮或紫菜三鮮河，墨魚丸、墨
魚鬚、墨魚肉通通到齊，好個墨魚大餐，真過癮。

紫菜墨魚丸粉

利園一、二期 M8B2

和明星、名人一起享受購物樂

🏠 香港銅鑼灣希慎道33號、恩平道28號
☎ 2907-5227　🕐 10:30～21:30
💡 地鐵銅鑼灣站F出口　💬 國際品牌

利園一、二期商場，可以説是國際品牌雲集的高級購物商場，因此，若在此碰到一起逛街的明星也是稀鬆平常的事。只要叫得出名字如LV、Chanel 、Chrisitian Dior、Blumarine、Paul Smith、Y's Yoji Yamamoto 等名牌，都可一次逛足。而對面的利園二期，則多加入了較年輕的品牌，如agnes'b、Miu Miu、Jean Paul Gaultier等，以及嬰童品牌BAPE KIDS by *a bathing ape、Bonpoint、Bimbo Concept、Baby Dior，以及Babyverse等等。

Cova Ristorante & Caffe M8B2

🏠 利園商場一期1樓101-3和106-7店
🕐 08:00～23:00
💡 地鐵銅鑼灣站F出口

知名商場裡的義大利料理店

💲 高價
💬 義大利菜、甜點、起司蛋糕

Cova是一家頗負盛名的西餐廳，總店在米蘭，目前全香港有7家連鎖店，都是開在知名的購物商場裡。室內裝潢古典高雅，餐廳是以蛋糕及甜點為強項，無論起士蛋糕、提拉米蘇、麥皮蛋糕、栗子蛋糕都很有名。這裡是銅鑼灣購物區的高級休息地，也是許多香港明星及貴婦的最愛，用餐時可能你的旁邊桌就坐了明星喔，這裡的食物賣相和口味都是一流，相對的單價也屬一流之上。

人和荳品廠 M8B2

豆腐花、豆腐豆漿專門店

🏠 香港銅鑼灣渣甸街49號地舖
☎ 2808-4738　🕐 11:00～23:00
💡 地鐵銅鑼灣站F出口　💲 平價（每人約港幣50元以內）
💬 魚肉煎釀豆腐、薑汁豆腐花、椰汁凍豆腐花

專賣豆類製品的人和荳品廠是家傳統小店，店內的甜豆花、鹹豆腐和豆漿等，都是食客必點的食品。甜豆花軟嫩，甜度適中的糖水，讓人一碗嫌不夠。薑汁豆腐花、椰汁和杏汁凍豆腐花是我的最愛。另外的鹹點魚肉煎釀豆腐，是搭配麵食不錯的小菜。

南記粉麵 M8B3

🏠 香港銅鑼灣糖街15-23號銅鑼灣中心地下1-2號舖
☎ 2576-3721　🕐 07:30～22:00（週一～六），10:00～22:00（週日）
💡 地鐵銅鑼灣站E出口　💲 平價（每人約港幣50～80元）
🍜 蕃茄小窩米線、酸辣小窩米線

這家店的春捲和米線相當受顧客喜愛幾乎每桌都點。春捲是以魚肉製成，外表看起來很像炸過的肉條，吃起來份外有嚼勁。米線則不會軟爛，條條分明，軟硬適中。印象最深刻的，是這家店的菜大多很辣，大辣威力驚人，建議各人視自己承受力選定小辣或中辣，以免像我邊吃邊拭汗，吃得狼狽。此店價格平實，是銅鑼灣區少見的。

渝酸辣粉 M8C2

🏠 香港銅鑼灣耀華街4號
☎ 2838-8198　🕐 11:30～22:00
💡 地鐵銅鑼灣站A出口　💲 平價（每人約港幣60元）
🍜 酸辣粉、口水雞、桂花冰粉、麻麻地奶凍

如果你是個喜歡吃重口味的人，那絕不能錯過這一家口味「麻重於辣」的酸辣粉店。小店中大約10張桌子，從幾乎時時處於客滿的狀態來看，很受大眾喜愛。由於酸辣粉相當有名，建議如果兩個人前往，可以點一個酸辣粉套餐，再單點一碗酸辣粉即可，而酸辣粉可選擇辣度。此外，桂花冰粉、麻麻地奶凍也是很值得品嘗的甜點。

曲奇四重奏Cookies Quartet M8B1

🏠 香港銅鑼灣軒尼詩道432-436號人和悅大廈地下1號舖
☎ 2382-2827　🕐 11:00～21:00
💡 地鐵銅鑼灣站B出口
💲 中價（每人約港幣100～150元）
🍜 蝴蝶酥、杏仁曲奇、咖啡杏仁曲奇

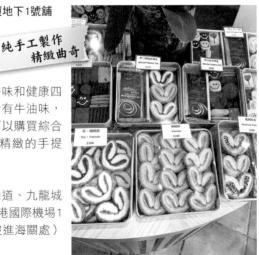

這家人氣餅乾專賣店，店名的由來是色香味和健康四俱全。店中曲奇都是手工製作，酥脆也含有牛油味，最有名的是蝴蝶酥、杏仁曲奇。建議你可以購買綜合款，內有各種組合。漂亮的白色鐵盒、精緻的手提袋，是送禮的不二選擇。

開心吃

另有多家分店，在尖沙咀加拿分道、河內道、九龍城獅子石道9A地下沙田新城市廣場，以及香港國際機場1號客運大樓7樓離港大堂7T039號舖（還沒進海關處）等地。

集時尚購物、美食於一區的人流一級戰區

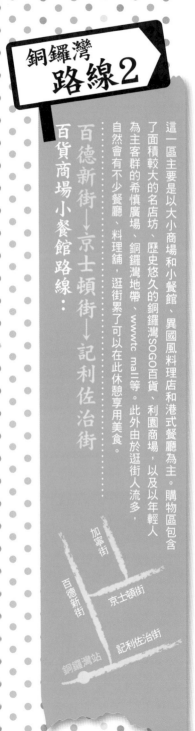

銅鑼灣
路線2

百德新街→京士頓街→記利佐治街
百貨商場小餐館路線…

這一區主要是以大小商場和小餐館、異國風料理店和港式餐廳為主。購物區包含了面積較大的名店坊、歷史悠久的銅鑼灣SOGO百貨、利園商場，以及以年輕人為主客群的希慎廣場、銅鑼灣地帶、wwwtc mall等。此外由於逛街人流多，自然會有不少餐廳、料理舖，逛街累了可以在此休憩享用美食。

名店坊Fashion Walk M8B2

🏠 香港銅鑼灣京士頓街、百德新街、加寧街一區
🕐 11:00～23:00　🚶 地鐵銅鑼灣站E出口
🍴 agnès b. RUE DU JOUR、牡蠣不如歸、GARIGUETTE

名店坊（Fashion Walk）位於銅鑼灣京士頓街、百德新街、加寧街這一區的品牌專門店，算是很大的購物區。這裡集中的店家包括時尚美妝、運動休閒、料理餐廳等，像Vivienne Westwood、Max Mara、D-Mop、Y-3、Tsumori Chisato、AIGLE等知名品牌，以及香薰品牌BLACK FADES（白可非道）、時尚機能服飾Sweaty Betty、法國時尚品牌agnès b. RUE DU JOUR和adidas Originals旗艦店等。此外，這裡也聚集不少餐廳、甜點和咖啡店，如德國餐廳帝樂、打卡甜點店GARIGUETTE、喜喜冰室、牡蠣不如歸、國際品牌咖啡店Vivienne Westwood Caf 等，是一好買好吃好逛的熱鬧地區。

adidas Originals旗艦店

大型概念店
貨物品項最齊全

🏠 Fashion Walk京士頓街6號地下及1樓B號舖
☎ 2504-2186　🕐 11:30～20:30
🚶 地鐵銅鑼灣站E出口
🍴 經典復古鞋款系列

adidas一直是許多人喜愛的品牌，位於銅鑼灣的這家adidas旗艦店，是香港第一家旗艦概念店，大片透明加上品牌特有的藍色標誌，搭配櫥窗陳列，給人一股清新、朝氣感。店內除了各系列商品一應俱全，還不定時跨界舉辦藝術展覽，將運動、時尚和藝術做了最佳的結合。一樓增加了訂製鞋區，二樓則陳列各系列服飾、鞋類和相關用品。

加寧街
百德新街
京士頓街
記利佐治街
銅鑼灣站

GARIGUETTE

來自日本的法式千層酥
香港首店

🏠 Fashion Walk百德新街42-48號地
　下D號舖
☎ 2989-1831
🕐 12:00～20:00
🚶 地鐵銅鑼灣站E出口
💲 高價（每人約港幣150～200元）
🍽 原味士多啤梨、牛油果燻三文
　魚、雙重芝士火腿

第一家店位於日本東京表參道，這是海外第一家店，以創意圓形鏤空拿破崙千層酥打響名號。酥脆的表皮，搭配各種內餡、配料，組合成不同甜鹹口味（目前推出8種甜味＋4種鹹味）。除了經典人氣款士多啤梨，其他像朱古力忌廉香蕉果仁、牛油果燻三文魚、雙重芝士火腿也都是暢銷口味。運氣好的話，偶爾還會碰到像櫻花開心果士多啤梨這類限量款喔！店內透明的玻璃，還可以看到點心師製作過程！

Vivienne Westwood Café

英國知名品牌開設的
復古英倫風咖啡館

🏠 Fashion Walk百德新街27-47號地下9-10 & 22-23及
　1樓F8號舖
☎ 2799-5011
🕐 11:00～21:00（週一～四、日），11:00～20:00（週五、六）
🚶 地鐵銅鑼灣站E出口　💲 中價（每人約港幣100～250元）
🍽 英式下午茶套餐、早餐、司康

喜愛Vivienne Westwood風的人，一定別錯過這家咖啡館。雖然說是咖啡館，但店內從早餐、下午茶到全天餐、精品咖啡、飲品、甜點和輕食，料理選擇相當多。店內英式復古設計風的擺設，深木色桌椅、格紋印花、土星圖案的盤具等，是好友們聚餐的好地方。每當假日前後，到此過節的人很多，氣氛熱鬧。

喜喜冰室

體驗港式
懷舊茶餐

🏠 Fashion Walk百德新街57號地下C&D號舖
☎ 2868-0363　🕐 08:00～21:45
🚶 地鐵銅鑼灣站E出口
💲 中價（每人約港幣50～100元）
🍽 雞批浮台、龍蝦餐蛋丁麵

熱鬧繁華的銅鑼灣，竟然有一家滿滿復古風情的冰室。店內的風扇、小方格拼貼磁磚、收銀機、老電視，滿滿懷舊氛圍，喜愛拍照的人別錯過。飲食方面，除了傳統茶餐廳的餐點、飲料，更有懷舊套餐、當日精選可供選擇，復古風設計的菜單很有意思。其中「雞批浮台（青豆湯中放入雞肉派）」、法藍西多士是必點，下午茶餐也不錯！

HOMELESS M8B2

趣味設計
生活用品選物店

- 🏠 香港銅鑼灣利園三期111號舖
  （停車場入口：開平道1號）
- ☎ 3620-3675　🕐 11:00～20:00
- 💡 地鐵銅鑼灣站F2出口
- 💬 燈具、趣味設計生活雜貨

一家集滿各地設計師作品的生活藝術選物店，真是讓人驚喜！店內陳列了各式饒富創意設計的趣味商品，從小品項的文具、手機配飾、燈具、公仔、個人小物、旅行用品，到大型的家具飾品、臥室用品等，幾乎包含大部分生活物品。店中除販售香港本地設計師的作品，另還有日本奈良美智、MoMA，以及其他來自世界各國的潮流家具。仔細拿起每樣東西，你會驚訝於他們的巧思，讓這些商品在實用價值外，還帶著趣味感，不妨挑選幾樣小東西當禮物送人，收禮者一定相當開心。另在126～128號舖，則有北歐生活家具店SPOTTED by HOMELESS 首間主題店面。

四寶食堂 M8B2

各式美食匯聚
中西料理都吃得到！

- 🏠 香港銅鑼灣謝斐道482號兆安廣場地下1-3號舖
- ☎ 2342-2323　🕐 07:00～00:00
- 💡 地鐵銅鑼灣站C出口　💲 平價（每人約港幣50～100元）
- 💬 蜜汁叉燒滑蛋飯、招牌沙爹牛肉公仔麵、朱古力雪山

現代設計的茶餐廳，用餐空間適中。從傳統港式的脆豬、多士，到年輕人熱愛的日式壽喜牛肉、吉列豬肉、西式炸薯條、漢堡、意粉醬和燒豬肋骨，還有必備的飲品、冰品等。這家店的料理洋洋灑灑，第一次來可能會難以下決定吃什麼。如果真的不知道點什麼，可以試試二人套餐、下午茶套餐等。若是剛好天氣很炎熱，品嚐雪山紅豆冰、朱古力雪山和酵滑鴛鴦等，頓時倍感清涼。

港澳義順牛奶公司 M8B2

來自澳門的
牛奶甜品大王

- 🏠 香港銅鑼灣駱克道506號地舖　☎ 2591-1837　🕐 12:00～23:00
- 💡 地鐵銅鑼灣站C出口　💲 平價（每人約港幣50元）
- 💬 雙皮燉奶、薑汁燉奶、冰花燉蛋

去過澳門大三巴的人，一定對議事堂前地的義順牛奶公司不陌生。在澳門總是人多到擠不進去，不妨到香港的分店品嘗。以新鮮牛奶製成的冷熱雙皮奶、加入薑汁的薑汁燉奶，以及燉蛋都是人氣甜品。口感滑嫩、甜度剛好的冰雙皮奶則是我每次來必吃的小點心，另有巧克力燉奶和咖啡燉奶等口味可選擇。

豬扒飽

雙皮燉奶

M8B2
崇光銅鑼灣店

🏠 香港銅鑼灣軒尼詩道555號
☎ 2833-8338
🕙 10:00～22:00
💡 地鐵銅鑼灣站D3出口
🛍 禮品名店廊

銅鑼灣人潮最多、最熱鬧的地區，大概就是崇光（SOGO）百貨銅鑼灣店前面的大馬路了，不論何時，總有蜂擁的人群經過。香港的SOGO崇光百貨和台灣的SOGO百貨逛街的人潮都很多，這裡除了國際級精品、副牌等，還有各類珠寶、配飾、運動商品、生活用品、超市和禮品名店廊、餐廳等，打折期間還會有「Daily Special」、「Only at SOGO」的超值商品，好買度絕對不亞於台北SOGO。

Ball & Chain

🏠 崇光銅鑼灣店2樓15號舖
☎ 2831-8553　🕙 10:00～22:00
💡 地鐵銅鑼灣站D3出口
🛍 精品、化妝品、美食等

來自日本的品牌，在香港也看到很多人使用。尼龍包身質料輕、大容量且價格實惠，是很適合在日常使用的環保包。再加上顏色鮮豔的刺繡圖案，像卡通人物、花草、動物等，選擇多樣很好買。

Cucci童裝

🏠 崇光銅鑼灣店7樓08號舖
☎ 2831-8433　🕙 10:00～22:00
💡 地鐵銅鑼灣站D3出口

陳列得可愛優雅的童裝專櫃，商品包含女童、男童的服飾，以及包袋等配飾。一般香港的精品價格都比台灣便宜，而且款式不盡相同，所以若剛好逛街到此，可以幫家中孩童購買。個頭嬌小的女生，也可以購買童裝最大尺寸或可愛的手提包、背包之類的商品。

恆香老餅家

🏠 崇光銅鑼灣店B2 48號舖
☎ 2831-8414　🕙 10:00～22:00
💡 地鐵銅鑼灣站D3出口
$ 平價（每人約港幣50～80元）
🛍 皮蛋酥、蜂巢蛋卷、老婆餅

具有百年歷史的中式傳統餅店，用料扎實，香港製作。招牌商品有皮蛋酥、蜂巢蛋卷、老婆餅和白蓮蓉月餅等。購買時，要注意保存期限，像皮蛋酥僅有72小時。市區中，在旺角、尖沙咀也有分店，但在百貨公司專櫃購買比較方便。

銅鑼灣
路線2

銅鑼灣潮流路線：

百德新街→京士頓街→記利佐治街

wwwtc mall世貿中心商場

以年輕有品味者為主的新面貌商場

⌂ 香港銅鑼灣告士打道280號
🕐 11:30～22:00，依品牌營業時間略有差異
💡 地鐵銅鑼灣站D1出口
💬 MONCLER、maje、Goodie Shop

同樣位在銅鑼灣一級商場區、崇光SOGO百貨後面的wwwtc mall世貿中心商場，在2009年才重新改建完成，是一有著14層樓的商場。除了一般休閒服飾，還有很受歡迎的MONCLER、maje、miu miu等國際精品、JIMMY CHOO等鞋類專櫃，小眾品牌挖寶店Goodie Shop「你好優物」、生活品牌選物店#CCCCCc等，儼然自成一個多元購物區。這裡還多了許多美食餐廳，像美食自助餐Mr. Steak Buffet a la minute、泰國料理阿閜泰、以經典巴斯克焦香芝士蛋糕知名的La Viña等，都分佈在同一商場中，方便逛街購物後的飲食。

FINE FOOD SHOP帝苑餅店

全手工製作吃過難忘

⌂ 世貿中心商場GF G-05號舖　🕐 12:00～20:00　💡 地鐵銅鑼灣站D1出口
💲 中價（每人約港幣100～250元）　💬 四味蝴蝶酥

香港知名的蝴蝶酥餅店有很多家，都各有特色，但私心最偏愛的是尖沙咀帝苑餅店的蝴蝶酥。不管是原味、巧克力、抹茶和芝麻口味，口感都酥脆可口，而且不甜不油膩，一口接著一口，更是名列最佳

伴手禮。如果沒法特別前往帝苑酒店大堂購買，可以在世貿中心店，以及IFC MALL的L1 / kiosk LA7，以及觀塘巧明街98號10樓買到。

開心吃

在帝苑酒店大堂直接購買，優點是可以有較多種包裝選擇，不一定要買大盒裝，也有小份量包裝袋的。此外，蝴蝶酥易碎，不可放在行李箱托運，只能手提。

THE ASH

多品牌帽子專賣店主打休閒、潮流、街頭風格

⌂ 世貿中心商場L4 05A號舖　☎ 2521-9321
🕐 11:00～21:00　💡 地鐵銅鑼灣站D1出口

成立超過20年的帽子專賣店，代理其他國家多個品牌商品，像香港與台灣合作的Hater Snapback、CapBeast等，帽子以休閒、潮流、街頭風格為主，品項包含棒球帽、漁夫帽，還有童裝帽。此外，店內同時販售bacarry、New Era等品牌機能性背包，以及休閒服飾與配件、飾品。

大快活 M8B3

菜單選擇多的連鎖快餐

🏠 香港銅鑼灣銅鑼灣道19-23號健康大廈地下1號舖及1樓
☎ 2856-4458　🕐 07:00～21:00
🍴 地鐵銅鑼灣站E出口　💲 平價（每人約港幣50～70元）
🍽 阿活咖哩系列、上海排骨菜飯

明亮橘色底上面一個如人形般的「大」字，是連鎖餐廳大快活醒目的看板。目前全香港各地約有一百多家的分店。位於糖街的這家店環境較寬廣，顧客用餐區域較大，能在鬧區中找到這樣的用餐區域真不容易。阿活咖哩系列、上海排骨菜飯、飲料、豬扒飯等，不需等太久，讓你在短時間內飽餐一頓。

榮記粉麵 M8B3

重溫50年代傳統車仔麵口味

🏠 香港銅鑼灣糖街27號A地舖
☎ 2808-2877　🕐 11:30～20:45　🍴 地鐵銅鑼灣站E出口
💲 平價（每人約港幣50～70元）　🍽 車仔麵

用餐時間總看到門口都排有人龍般的顧客，都是為了一嘗有名的車仔麵。店家以自家密製的滷汁滷出的配料，深受大家歡迎。像雞翅、豬大腸、豬血和白蘿蔔，都是人氣配料。吃車仔麵最有趣的地方，是能夠自己揀選喜歡的配料和麵類、米線或河粉，選擇性大。像較特別的魚皮餃、紅腸，都是平日少見的配料，想嘗新的人可試試。

開心吃

為什麼叫車仔麵呢？那是因為早年小攤販都是以木頭推車，盛裝一格格的配料，搭配麵類、米線或河粉等一起食用，配料可自選，現在多已於店面營業。

午砲 M8A2

正午12點的鳴砲儀式

🏠 香港銅鑼灣告士打道和維園道附近
🕐 12:00（約11點半以後就可以在附近晃晃）
🍴 地鐵銅鑼灣站D1出口至世界貿易中心穿越人行隧道前往

約1840年的殖民時代起，在每天中午12點都會鳴砲一聲。據說1840年時，英資怡和集團為了迎接公司船隻安全抵港，在海邊鳴砲以表達敬意，後來持續這個儀式。但在二次大戰期間中斷，直到1947年才又恢復鳴砲，成為固定的儀式，每天都吸引許多人現場觀看。在某些特殊節日，像除夕夜也會鳴砲。

開心玩

1. 因12點的鐘聲一響立刻鳴砲，所以一定要聚精會神，否則就錯過了。建議可在11點45分左右，就在附近等待。

2. 可選在附近的世界貿易中心餐廳吃中餐，選擇靠窗的座位，邊用餐邊欣賞午砲儀式。

百德新街→京士頓街→記利佐治街
百貨商場小餐館…

希慎廣場 M8B2

連結地鐵銅鑼灣站交通方便的綜合商場

🏠 香港銅鑼灣軒尼詩道500號
☎ 2886-7222
🕐 商舖：10:00～22:00（週一～四）
　　10:00～23:00（週五～六、國定假日）
　　餐廳：11:00～24:00
💡 地鐵銅鑼灣站F2出口
💬 apple store、the north face、期間限定店

位在銅鑼灣地鐵站旁的希慎廣場，是一處集合了時尚服飾、珠寶、餐廳與通訊大店的商場，吃買通通包，可以讓人從早到晚在此消磨一整天。除了服飾之外，其中還有誠品書店（8～10樓）的海外第一家分店、面積包含三個樓面的apple store、聚集各地美食的美食廣場，都是人潮洶湧。

由於顧客中有很多親子、青少年，商場內會不時開設主題期間限定店，例如潮流玩具店IDEAS的期間限定店，相信許多玩具控、孩童們看見店內陳列滿滿的迪士尼、皮克斯授權商品，以及曼威超級英雄公仔和玩偶，一定很開心！

the north face探索概念店

沉浸式購物體驗戶外生活潮流品牌

🏠 希慎廣場4樓 402～406號舖
☎ 2892-1113　🕐 11:00～21:00
💡 地鐵銅鑼灣站F2出口
💬 機能休閒服飾、戶外運動配件

店面寬敞、商品種類多，是許多喜愛露營、爬山、越野等戶外生活的人，購買專業裝備時的愛牌。這家概念店是香港第一個The North Face Lab露營主題系列休息空間，店內牆壁上畫著衛奕信徑、港島徑等長途遠行徑的路線圖，讓人彷彿置身戶外購物。店中有知名的The North Face x INVINCIBLE聯名系列 「TIME TRAVEL」、滑雪Cole Navin系列和城市探索Urban Exploration系列等。

Hollister

美式休閒服飾大店款式多好購物

🏠 希慎廣場2樓 218～
　　220、327～328號舖
☎ 2524-0937
🕐 10:00～22:00
💡 地鐵銅鑼灣站F2出口
💬 印花T恤、牛仔褲

這個很受年輕人喜愛的美式服飾，是Abercrombie & Fitch的副牌，兩者間有不少相同設計的商品，但因價格較便宜，比較容易入手。服飾偏休閒居多，時常有折扣，可以買到不少高CP值服飾與配件。

KKPLUS

保有成人好奇心的潮玩店

🏠 希慎廣場2樓207～209號舖　☎ 2702-3172

🕐 12:00～21:00（週一～四），11:00～22:00（週五～日、國定假日）

💡 地鐵銅鑼灣站F2出口　💬 BE@RBRICK積木熊、經典角色吊卡

店名KK，是kidult（大小孩）， 以及Kuriosity＋Play（好奇心＋玩耍）的意思。店中蒐集來自各地的潮玩品牌，包括多款BE@RBRICK積木熊、經典角色玩具吊卡、CARE BEARS、TOM JERRY等授權商品、設計師玩具等。另外，設計獨特的居家擺設、服飾配件等也吸引一眾潮玩粉絲。

LINE FRIENDS POP-UP STORE

人氣角色周邊商品每個都想買！

🏠 希慎廣場3樓207～209號舖

☎ 2302-0337　🕐 11:00～21:00

💬 卡通角色玩偶、文具

LINE FRIENDS STORE目前在台灣沒有官方商店，如果很喜歡LINE相關卡通獎色人物商品，來到香港，一定要來希慎廣場這家店舖逛逛。店面雖然不大，但陳列許多卡通角色，像饅頭人、熊大、中年大叔、兔兔、詹姆士、潔西卡和莎莉等的公仔、玩具、飾品和文具小物等。

Apple銅鑼灣

超大店面果粉的天堂！

🏠 希慎廣場G01-01、
101-3、201-3號舖

☎ 3979-3100

🕐 10:00～22:00

💡 地鐵銅鑼灣站F2出口

💬 IPHONE手機周邊商品

包含了3個樓面，從門口探頭看，還以外是大型公司行號，顧客多得不得了；從商場內看，一眼就看到3層樓的長長樓梯。除了正在洽辦電信業務的區域，店內的牆面陳列了許多電腦、IPHONE手機、IPAD等蘋果商品的周邊商品，一定能擄獲不少蘋果粉絲的心。

Smile Yogurt & Dessert Bar

🏠 希慎廣場5樓511B號舖

豐富配料五顏六色乳酪優格

☎ 2811-8321

🕐 13:00～22:00（週一～六）
　　12:30～22:00（週日）

💡 地鐵銅鑼灣站F2出口

$ 平價（每人約港幣50～70元）

💬 Wild Summer、Chocolate Lover

這家雪糕最大的特點便是顏色亮麗繽紛，以及酸酸的乳酪雪糕。店內販售已經搭配好的12款口味（Classic款和Premium款），但也可以自己選擇配料，像新鮮水果丁、餅乾、果凍和布丁等，加上蝴蝶酥餅乾，風味更具層次。

寬敞的購書、閱讀空間享受悠閒時光

誠品書店

🏠 希慎廣場8～10F

☎ 3419-6789　🕐 10:00～22:00

💡 地鐵銅鑼灣站F2出口

💬 各類書籍、雜誌、文具

這是台灣誠品書店在海外開設的第一家分店，共有3個樓面。擺設、販售的書籍、雜誌和台灣差不多，多了一些香港書籍。顧客人數多，很受當地人與觀光客的歡迎。是香港少數大型書店，愛書人可以在此消磨半天的時間。

百貨商場小餐館：
百德新街→京士頓街→記利佐治街

木糠甜品屋 M8B3

- 🏠 香港銅鑼灣希雲街20號地舖
- ☎ 2893-8311
- 🕐 14:00～01:00（週一～六）
  週日休息
- 💡 地鐵銅鑼灣站F1出口出口
- $ 平價（每人約港幣50元）
- 💬 糯米糍、木糠布甸

招牌木糠布甸
糯米糍大推薦

老式擺設的店內，竟然賣了各式木糠布甸、港式糖水、雪花冰、豆腐花、中西式甜品、各式口味的糯米糍等多樣甜品，令人稱奇。而且還有甜點特餐和套餐，這就很少見了。這家店有名的各式木糠布甸中，我最喜歡的是朱古力（巧克力）和原味的。還有傳統甜點糯米糍，餡多外皮軟，芒果、芝麻香蕉等口味都非常好吃，大推薦。

太興燒味餐廳 M8C2

現代化裝潢
的燒臘餐廳

- 🏠 香港銅鑼灣勿地臣街17-21號崇蘭大廈
  地下C號舖
- ☎ 2891-0010　🕐 07:00～21:30
- 💡 地鐵銅鑼灣站A出口
- $ 平價（每人約港幣50～100元）
- 💬 八寶飯、冰鎮原味奶茶、咖哩牛腩飯、
  瑞士汁牛肉炒河、老火湯

八寶飯

燒臘店很少有特別裝潢的，但太興燒味餐廳就是特殊的一例，連盛裝的餐盤器具，都特別挑選過。來到這裡除了要吃叉燒類，醬汁濃厚的咖哩牛腩飯、集合各種叉燒的八寶飯、炒得油亮的牛肉炒河，都是前幾名受歡迎的菜色。還有這家店特製的凍奶茶和老火湯，更不能錯過。前者是將整杯奶茶放在一碗冰塊中冰鎮，不怕冰塊稀釋掉奶茶的濃醇味。後者是港式特有的工夫湯，多種材料經長時間烹煮釋出精華，適合冬天食用，溫暖你的脾胃。

老火湯

瑞士汁牛肉炒河

冰鎮原味奶茶

銅鑼灣地帶 M8B2

🏠 香港銅鑼灣記利佐治街2-10號
☎ 2882-3432　⏰ 約11:30～21:00，依品牌營業時間略有差異
💡 地鐵銅鑼灣站E出口　🛍 CASETiFY、雙妹嘜

位於銅鑼灣鬧區之中，是一有3層高的商場，整棟商場呈長三角形。大門就是目前最紅的手機配件、電子產品品牌「CASETiFY」，顧客絡繹不絕。2、3樓幾乎一間間的小店面，大多販售美髮護膚品、美甲商品、公仔玩偶、餅乾點心、二手精品，以及扭蛋、娃娃機小舖等，每間店的營業時間略有不同。2樓201～206 & 266～267有一家義大利麵、漢堡餐廳「HE SHE EAT」，不少年輕學生在此用餐。

雙妹嘜

🏠 銅鑼灣地帶2樓283號舖
☎ 2504-1811　⏰ 12:00～22:00
💡 地鐵銅鑼灣站E出口
🛍 活花爽身粉、花露水爽身粉、四大王牌系列

以兩個女性（Two Girls）圖案為商標的雙妹嘜，是土生土長的香港在地品牌，已有一百多年的歷史，可說是美容保養界的百年老店。除了這家門市，海港城LCX以及太平山頂都有販售，其他如超市、化妝品超市等地都能看到，只不過商品數量少，建議大家還是去門市購買。三百多樣的商品中，銷售較佳、受到大家喜愛的有活花爽身粉、花露水爽身粉、四大王牌系列等商品，價格便宜又實用，自用外也適合送禮。

麗姐私房酥餅

🏠 銅鑼灣地帶1樓113號舖
☎ 2660-0262　⏰ 12:30～21:30
💡 地鐵銅鑼灣站E出口　💲 平中價（每人約港幣100～150元）
💬 腰果酥、朱古力碎片

是一間專賣手作餅乾的小店，除了什錦曲奇、朱古力碎片等西式餅乾，也有販售合桃一口酥、腰果一口酥和蝦米春捲等中式餅乾。此外，店中同時有賣乾果類、乾燥茶飲類，偏向健康食材商品。

港島其他好去處

天后、北角、柴灣、淺水灣、赤柱、海洋公園

　　銅鑼灣的下一站天后和北角有許多平價小吃及經濟型新酒店，吸引越來越多觀光客駐足。港島線最後一站柴灣，則有好幾家潮流服飾店，常有不少粉絲前來朝聖。而赤柱、淺水灣及海洋公園，都是市區以外，香港旅遊的好景點。

引起食欲 超下飯料

華姐清湯腩 M2C3

- 🏠 香港天后電氣道13A號地舖
- ☎ 2807-0181
- 🕐 11:00～23:00
- ✋ 地鐵天后站A1、A2出口
- $ 平價（每人約港幣50元）
- 🍽 清湯牛腩、清湯金錢肚、腩汁白蘿蔔

清湯牛腩

透明的大片玻璃內一桌桌的顧客，這是天后地區專賣牛腩名店的華姐清湯腩。叫了碗清湯牛腩，份量十足。大塊牛腩肉質鬆軟不塞牙，湯底則不油而清甜。食量大的人還可加入伊麵、河粉等。親切的老闆特別推薦店中的白蘿蔔，沾著牛肉汁的蘿蔔塊釋放出食材天然的滋味，的確好吃，價格也相當實惠。另也有抄手、麵類、魚丸等可供選擇。

清湯金錢肚河粉

炯記餐室 M7小圖b2

- 🏠 香港北角英皇道376-380號美麗閣地舖
- ☎ 2662-5088
- 🕐 10:30～21:15
- ✋ 地鐵北角站B1出口
- $ 平價（每人約港幣50～100元）
- 🍽 太子鵝油撈麵、手撕雞 3行

傳統茶餐廳，以皮脆、肉軟且油香四溢的燒臘，以及出前一丁、小食和各式飲品為主。其中招牌料理鵝油撈麵，一般茶餐廳比較少見，麵條香滑Q彈，搭配魚腐、青菜，簡單就能吃飽喝足。另外也有二人、四人套餐，省去點菜的困擾。

榮華餅家 M7小圖b1

- 🏠 香港北角英皇道257-273號南方大廈地下9號舖
- ☎ 2811-0545　🕐 09:30～19:30　✋ 地鐵炮台山站B出口
- $ 平價（每人約港幣50～150元）　🍽 月餅、合桃酥、老婆餅

以月餅、老婆餅等傳統中式糕餅聞名的榮華，1950年創店，算是老字號餅店。商品種類多，其他像熊貓曲奇、蛋卷、杏仁餅和合桃酥同樣受大家歡迎，是常見的伴手禮。

香港老字號 的中式餅舖

迷你合桃酥

鳳城酒家 **M7小圖a2**

🏠 香港北角渣華道62-68號高發大廈地舖及1樓

☎ 2578-4898

🕐 09:00 ～15:00／18:00 ～22:00

🚇 地鐵北角站A1出口

$ 平中價（每人約港幣100～150元）

💬 灌湯餃、鮮蝦腐皮卷、蝦餃皇

北角雖然距離鬧區有一點距離，但美食不少，
因此有不少本地人喜歡來這區用餐，鳳城酒家
北角店就是其中一家人氣老牌茶樓。雖然也有
中、晚餐的菜餚，但我喜歡吃這家店的早
茶，都是手工製作的傳統點心，和一般機
器製的不同。每次來這，滿滿顧客，十
分熱鬧，人多的話幾乎都要和別人併桌。
我最喜歡點鮮蝦腐皮卷、灌湯餃、蝦餃皇
等，用料扎實，也能感受到師傅的用心。

老舖早茶點心
在地推薦

蝦餃皇

灌湯餃

人氣排隊小食
現做現吃！

M7小圖b3

利強記北角雞蛋仔

🏠 香港北角英皇道492號地舖

☎ 2690-9726

🚇 地鐵北角站B1出口

$ 平價（每人約港幣50元以內）

💬 原味雞蛋仔

雞蛋仔是香港具代表性的傳統街邊小食，
吃起來來酥脆酥脆，有點椰子香氣，是很
適合邊走邊吃的小食。人潮始終絡繹不絕
的利強記，專售原味雞蛋仔和格子餅，但
大部分的人都會選擇吃雞蛋仔。現做趁熱
吃，你一定會愛上它！此外，要先準備好
小面額的鈔票，這家店的不收港幣1000
元和500元的鈔票喔！

潮樂園 **M7小圖a2**

🏠 香港北角和富道96號僑裕大廈地下4號舖

☎ 3568-5643 🕐 12:00～2230

🚇 地鐵北角站A1出口

$ 平～中價（每人約港幣100元）

💬 蠔仔粥、手打魚蛋

潮州香鹹料理，
滷水亦不可錯過

一定得吃鎮店蠔仔粥，蠔仔（牡蠣）多而鮮美，份
量足夠兩個人食用。這家店因份量多，建議數人一
起食用。其他菜色如墨魚丸、撈麵、清湯腩和各種滷
味和小食，都是這家店的拿手菜。非假日的下午茶時間（14:30～17:30）還送飲
料，非常划算。

德成號 M7小圖a2

🏠 香港北角渣華道64號地舖
☎ 2570-5529
🕘 09:30～19:00，週日休息（賣完就收）
💡 地鐵北角站A1出口
💲 中價（每人約港幣50～100元）
💬 家鄉雞蛋卷、鮮椰汁蛋卷

傳統口味蛋卷 最佳伴手禮！

這家店的蛋卷連香港美食專家蔡瀾也推薦過，第一次吃時，覺得有股特別的雞蛋香，相當酥脆且皮薄，而且甜度適中，吃多也不覺得膩口。我最喜歡鮮椰汁口味，輕爽的讓人一口接著一口。店裡蛋卷都是前一天製作、第二天拿來賣的，由於是手工製作、每天數量不多，有時去晚了會買不到，特地去之前可先電話詢問一下。

開心買

1. 到老店購買時，先選擇欲購買的口味再到櫃臺結帳，伙計會給你一張收據，再以收據向旁邊的店員領蛋卷，分工清楚，老店也力求現代化。
2. 因為蛋卷太鬆脆了，建議提著上飛機，千萬不可放在行李箱托運，不然只有蛋卷屑可吃了。另外，通常你可能很難找到北角的地圖，記得只要北角站A出口一上來就往左轉，接著一直直走，大概走了5～8分鐘，左手邊就可以看到德成號古樸的店面了。

Undercover HKG M2C4

🏠 香港柴灣嘉業街18號
☎ 2881-8002
🕘 13:00～20:00
💡 地鐵柴灣站＋計程車
💬 T恤入門款、男裝、提包

超人氣的 日本潮流品牌

由設計總監高橋盾創立，起源於東京原宿的潮流服飾品牌，但在歐洲、香港和台灣也有大批支持者。這家Undercover HKG是首家專門店，雖地處距市區較偏遠的柴灣，卻仍有慕名而來的粉絲。營業時間較晚，有興趣前來的讀者要看準時間，避免空跑。

開心買

柴灣嘉業街這一帶位於明報工業中心附近，除了上班的人以外，平日沒什麼人潮。可搭乘地鐵港島線至柴灣總站下車，因這裡大多是快速道路且不易行走，建議搭計程車前往店面。離開店面要回市區時，可於店門口或附近招計程車，坐到柴灣的前一站的杏花邨（因這樣繞回去距離杏花邨站較近），車資也約港幣30元，這樣比較省交通費。

淺水灣 **M2D3**

最美麗的海灘
最浪漫的餐廳

🏠 香港淺水灣海灘

💡 ・從銅鑼灣渣甸街出發，乘坐40號或40X號綠色小巴前往，在淺水灣海灘站下車。
・在地鐵中環站A出口或香港站B1出口附近的交易廣場巴士總站，搭乘6、6X或260號巴士，在淺水灣海灘站下車。 從尖沙咀區出發，可乘搭973號巴士，在淺水灣海灘站下車。

擁擠的香港，除了維多利亞港看得到海景，很難想像香港有海灘。不過，香港真的有海灘，就在淺水灣，它位在香港島的南端，有最美麗的海灘之稱，每年夏天都聚集了很多遊客，讓人暫時忘卻城市裡的喧囂嘈雜。

淺水灣沙灘後方的歐陸式建築，原名淺水灣酒店，現在屬於半島酒店旗下，是許多名人雅士常光顧的高尚場所。如果你看過張愛玲所寫的《傾城之戀》、《色戒》，其中男女主角范柳原和白流蘇、易先生和王佳芝的愛情故事，都在此發展，所以對這裡應不陌生。酒店拆掉重建後更名為「影灣園」，這裡露台餐廳（The Verandah）的下午茶氣氛很好，優雅的英式室內裝潢、垂掛的大吊扇和視野極佳的木窗、高貴的茶具點心盤組，最適合情侶談情說愛和姐妹淘們閒聊八卦。餐廳推出的是傳統的英式下午茶，對吃慣美式下午茶的人來說，可以趁機體驗一下紳士淑女的悠閒生活。離開時，更別忘了順便逛一下具特色商場喔！

開心玩

1. 淺水灣露台餐廳（The Verandah）是在淺水灣道109號，電話2292-2822。下午茶時間15:00～18:00（週三～六），15:30～18:00（週日），週一、二休息。這裡的下午茶套餐價格1個人約港幣348元，2個人約港幣648元，但需再加一成的服務費。
   打算搭乘小巴前往的人，別忘了上車時麻煩司機在抵達前提醒一下，搭乘這種小巴，你會發現在地人都是直接喊「落車」（下車），即使非站牌處也是一樣，所以當你看到站牌才猛然想起時，別忘了趕緊喊「落車」。

2. 除了下午茶時段，其他午餐、晚餐用餐時段，也吸引注重用餐氛圍和想要慶祝特殊節日的饕客。餐廳整體營業時段是12:00～22:00（週三～六），11:00～22:00（週日），週一、二休息。

161

赤柱是一在淺水灣的東邊、香港島最南端的小半島。曾經是香港最大的漁村，但現在這裡因聚集了許多各國料理餐廳、特色市集而出名，總能吸引許多來自世界各地的觀光客，一整天都非常熱鬧，是香港少數能感受到度假氣氛的景點。

從赤柱市場站下車，立刻就看到赤柱廣場，商品都以具特色的禮品、手工藝品居多，是購買小禮物的好選擇。

香港少數能感受到度假氣氛的景點

赤柱 M2D4

🏠 香港赤柱赤柱大街、赤柱新街附近
🕐 市場營業時間約09:30〜17:30
💡 從銅鑼灣渣甸街乘坐40號或40X號專線小巴士前往、在中環交易廣場搭乘6、6X或260號巴士，都在赤柱市場站下車。

進入赤柱大街、赤柱新街附近的市集，有多家異國料理餐廳，門口的露天座位，是歐美遊客的最愛！旁邊一條條的小巷子裡，兩旁一家家販售傳統中國服飾、絲巾、兒童服飾、異國風配飾、首飾或藝術品等，人來人往，有如逛夜市般。

赤柱廣場旁有一間天后廟，建於1767年，已有超過250年的歷史，是很值得參看的歷史古蹟，參拜的人很多。參拜時間約09:00〜16:00。

美利樓

沿著海岸邊建立、3層樓高的殖民地建築美利樓，原是1846年建在中環的英軍將官住所，1982年因興建中銀大廈而拆掉，香港政府為了保存這棟古建築，在赤柱重建。拆卸時的3000多件花崗岩都編上號碼，現已成為赤柱的旅遊標誌。美利樓內有數家異國料理餐廳和香港海事博物館。

海洋公園 M2C3

不斷推陳出新的
香港老牌遊樂園

🏠 香港香港仔黃竹坑道180號

☎ 3923-2323

🕐 10:00～20:00（依季節有所差異）

💲 成人門票港幣498元，3～11歲孩童港幣249元；海洋快證（港幣280元）可使用7次指定設施的特快通行服務

✋ ・城巴629號巴士每日由港鐵金鐘站B出口外（力寶大樓前）開出，直達海洋公園正門，每天9:00～16:00，約每10分鐘一班。
・地鐵南島線，於海洋公園站下車。

海洋公園陪伴許多香港人度過快樂的時光，一張門票可暢遊一整天。整個海洋公園可分為適合親子共遊的「海濱樂園」和「高峰樂園」兩大部分。一進入大門，夢幻水都就在面前。還可搭乘可飽覽維多利亞港景色和翠綠山景、很刺激的登山纜車進入山上。喜歡刺激遊戲的人，可直接前往「高峰樂園」區的「橫衝直撞」、「超速旋風」、「摩天巨輪」、「狂野龍捲風」和「動感快車」等讓你心跳加速的熱門遊樂設施；「壹捌靈實驗室」、「海洋列車」、日式庭園風格神秘領域的「妖怪の森」也很特別。而全家同遊的人，「海濱樂園」區的「昇空奇遇」、「幻彩旋轉馬」，還有「本地河溪生態館」、「水母萬花筒」、「熊貓樂園」和「海洋奇觀」等，都是親子共遊的最佳遊戲。當然來到海洋主題的樂園，海洋天地中的海豚、海獅餵食秀更是別錯過了。

開心買

海洋公園沒有紙本的導覽圖，建議先下載「Ocean Park Hong Kong」APP，優點是可以預約設施，得到一組QR code

後，在按照預定時間前往即可，可以省下許多排隊時間，玩到最多的設施。

離島 有別於繁華鬧區的天然美景

　　香港是由許多大、小島組成，而最主要有三個較大的島嶼，分別是大嶼山、南丫島和長洲，其中大嶼山和南丫島也時常有觀光客前往旅遊。大嶼山是當中最大的島，約香港島的兩倍大，島上最有名的，是寶蓮禪寺的天壇大佛和心經簡林。另外，有東方威尼斯之稱的大澳漁村，也是不錯的景點。

飽覽山光水色
啟迪身心之旅

昂坪360 **M2C1**

- 🏠 香港大嶼山東涌達東路11號
- ☎ 3666-0606
- ⊙ 10:00～18:00（每年都有保養維修日期，請見官網公布）
- 🚶 地鐵東涌線至東涌站B出口後，步行3分鐘就可達東涌纜車站。
- $ 「昂坪360身心啟迪之旅套票」，包括昂坪纜車來回車票、昂坪市集的「與佛同行」和「靈猴影院」門票

成人	3～11歲兒童	65歲以上長者
昂平纜車車票來回（雙程皆標準車廂）		
港幣270元	港幣135元	港幣155元
昂平纜車車票來回（雙程皆水晶車廂）		
港幣350元	港幣215元	港幣235元
昂平纜車車票來回（一程水晶，一程標準車廂）		
港幣310元	港幣175元	港幣195元
昂平纜車車票來回（一程全景，一程標準車廂）		
港幣395元	港幣260元	港幣280元
昂平纜車車票單程（標準車廂）		
港幣195元	港幣95元	港幣105元
昂平纜車車票單程（水晶車廂）		
港幣235元	港幣135元	港幣145元

建於2006年9月18日的昂坪360位於香港
大嶼山上，有世界上最大的吊車系統，
連接東涌和昂坪之間的交通。目前昂坪
360裡面規劃了「昂坪纜車」、「昂坪市
集」、「與佛同行」、「靈猴影院」等主
題區域。

昂坪纜車是前往昂坪最快速、便利的交通
工具，也是到昂坪遊玩一定要嘗試的交通
工具。從東涌到昂坪全長5.7公里，在纜車
中，乘客可以360度俯瞰香港國際機場、天壇大佛等，美麗景色讓人直呼過癮。
每台纜車可搭17個人，假日人潮較多時，要有排隊的心理準備喔！目前除了一
般車廂外，還推出了水晶車廂，透明車底設計，讓無際的海和翠綠的高山完全
在你的腳下。若你膽子夠大，不妨試試這種纜車。

精心設計的昂坪市集，就像一座熱鬧的小城。除了「與佛同行」、「靈猴影
院」兩大觀光特色景點外，更提供了許多中西美食和購物區。美食區如地道
棧、滿記甜品、Euro go go等，購物區則有昂坪360禮品店、與禮有緣、筷之藝
和木屋等。

一聽到「與佛同行」，就令人感覺到莊嚴肅穆，它是市集中的熱門景點，進入
大門後，工作人員會發給每一個人一副耳機，然後進入多媒體營造出的空間，
了解釋迦牟尼得道的一生。而「靈猴影院」主題區故事的來源是佛陀的「本生
經」，播放的是三隻猴子得道的故事，由電腦營造出栩栩如生的動畫，加上特
殊效果，給人震撼的視覺效果。

開心玩
昂坪360詳細的購票資訊和折扣等，可上官方網站查詢。

寶蓮禪寺 **M2C1**

參拜世界最大
戶外佛坐像

🏠 大嶼山昂坪昂坪路　☎ 2985-5248

🕐 09:00～18:00（寶蓮禪寺），10:00～17:30（天壇大佛），11:30～16:30（齋廚）

💡 1. 搭乘地鐵東涌線到東涌站，再轉乘東涌纜車。

　　2. 搭乘地鐵東涌線到東涌站，再轉乘23號巴士至總站昂坪下車。

　　3. 從中環港外線碼頭乘船到梅窩，再轉巴士到昂坪。

建於1924年的寶蓮寺位於大嶼山的昂坪，是香港四大禪院之首，也是全港的佛教中心，更是遊客必到的景點之一。這裡有一座必須爬上268階梯才能抵達的天壇大佛，也是全世界最大的戶外青銅佛坐像。每年總有不少的觀光客從世界各地前來參拜，就連本地人也常來參拜，過年時的天壇大佛更是人山人海。寶蓮禪寺齋堂旁有賣小食，甜點、豆腐花很受歡迎，齋菜也相當有名，菜色多、口味好，可在參觀寺廟時，順便買好齋券，若想安靜吃頓齋飯，只得避開人多的用餐時間。

另外，從寶蓮禪寺往茶屋方向走約

10分鐘，每天的日出到日落，都能看見許多在戶外的木刻佛經群，叫作心經簡林，在這裡，彷彿置身經書的世界中。遠遠看像簡林，一根根排列在一起，令人有股莊嚴肅穆的感覺。

開心玩

如欲食用齋菜，可在寺內購買套票，每人約港幣150元。建議在前往昂坪360觀光的同時，可到寶蓮禪寺來趟宗教之旅。

寶蓮寺甜點

大澳漁村 **M2C1**

東方威尼斯之稱
的香港小漁村

🏠 大嶼山大澳

💡 1. 於中環6號碼頭（港鐵香港站E1出口，穿過國際金融中心商場），搭乘渡輪直達梅窩，再轉搭1號巴士前往大澳。

　　2. 從寶蓮禪寺，也可直接搭從昂坪到大澳的巴士。

　　3. 於東涌市中心搭乘11號巴士前往。

大澳是個小漁港，位於大嶼山的西北方，近年來漸有許多外國觀光客來此遊玩。這裡最有名的就是海鮮乾貨、蝦醬、蝦膏、茶果和棚屋。大澳的居民多靠海為生，店家製作的蠔乾、鹹魚和蝦醬等都非常到地，尤其蝦醬雖然味道重，但拿來炒菜最適合了。另一種好吃的茶果，是將糯米蒸熟後來包東西的甜點，甜而不膩，也很便宜，可以一次吃好幾個小茶果。至於「棚屋」，它是建在水上，先用堅固的木柱做地基，再在上面建房子，許多大澳人都是住在這種特別的屋子，可以好好參觀一下。

南丫島 **M2D3**

遠離城市的
大自然度假之旅

⌂ 南丫島

✋ 於中環4號碼頭（港鐵香港站E1出口，穿過國際金融中心商場），搭乘渡輪前往南丫島榕樹灣或索罟灣，約花30分鐘時間。

$ 船票港幣32.5元（週一～六）/（港幣23.1元（週日和國定假日）

港星周潤發的出生地南丫島，是香港的第三大島，位於香港島西南方，據說是香港最早有人居住的島嶼，有著純樸漁村和天然風景。島內禁止任何四輪車進入，假日吸引了許多的歐美人士和香港年輕人前來遊玩。榕樹灣和索罟灣是南丫島兩個入口，其中以榕樹灣較熱鬧，當地居民多居住在這裡。

這裡最值得推薦的就是海鮮，新鮮的海產加上便宜的價格，每到週末假日總有不少饕客來此享用海鮮大餐。這裡也適合走路健行，最受歡迎的路線是榕樹灣到索罟灣這條線，徒步約2小時的時間。

開心玩

1. 位在榕樹灣洪勝爺海灘的建興亞婆豆腐花，一碗滿滿的豆花加上薑汁糖水，有種純樸的美味，旁邊放有一個盒子裡裝有黃砂糖，加入豆腐花裡，別有一番好滋味。
2. 若想吃海鮮，因多是時價，最好事先問清楚價錢。

長洲 **M2D2**

週末假日
最受歡迎的休閒區

⌂ 長洲

✋ 於中環5號碼頭（地鐵香港站E1出口，穿過國際金融中心商場），搭乘渡輪前往長州，需花35～60分鐘的時間。

外表像個啞鈴的長洲島，位在香港島的西南方。島上有一棟長洲綜合大樓，裡面聚集了2百多個的飲食、購物攤位，是飲食、購物的好地方。島上最為人知的，是在每年農曆4月或5月舉辦的傳統節慶太平清醮，就是當地人稱的包山節。這個時候活動的最高潮，就是搶包山活動，每年這時都吸引了不少香港人和觀光客前來。

開心玩

香港電影《麥兜》中曾出現搶包山的情節，什麼是搶包山？搶包山是民俗慶典太平清醮中的活動，通常會將印上「壽」字的蓮蓉包堆成一座高山，然後在活動的最後一晚，舉辦搶包子的活動。據說搶得越多，並且是位在越高位置的包子，就能獲得越大的福氣，所以每年都吸引許多人搶奪。現在已成為長洲最大的民俗慶典，來此的當地人和觀光客日漸增多。

M2C2

香港迪士尼樂園

集夢想、歡樂
的遊樂世界

🏠 香港大嶼山迪士尼樂園

☎ 183-830

🕙 10:00～20:30（依季節有所差異）
一日門票（成人門票港幣639元起，3～11
歲孩童港幣475元起，65歲以上長者港幣
100元）。

💡 地鐵中環站搭乘東涌
線，至欣澳站，再轉搭
迪士尼線至迪士尼站，
約40分鐘車程。

2005年9月開園的香港迪士尼樂園，是全
世界第5個，也是距離台灣最近的迪士尼樂
園。全區包括「美國小鎮大街」、「幻想
世界」、「探險世界」和「明日世界」4個
主題園區，以及「香港迪士尼樂園酒店」
和「迪士尼好萊塢酒店」2大優質飯店。

幻想世界中，有黑暗中搭乘小船探訪不同神奇國度的「小小世界」、欣賞如華麗頒獎典禮般的「米奇金獎音樂劇」、乘船和小熊維尼一起進入探險之旅的「小熊維尼歷險之旅」和「瘋帽子旋轉杯」、「灰姑娘旋轉木馬」等。美國小鎮大街則有黑巫婆的煙火表演「魔咒焚城」、鬼怪靈魂不時神出鬼沒的「大街詭異酒店」和猶如置身夢想童話世界的「星夢奇緣」等。探險世界則有「森林河流之旅」和如鬼屋般的「森林魔塚」等。重頭戲明日世界有可體驗變成黑暗妖魔的「整鬼化妝間」、一路尖叫

到底的「驚心動魄太空山」、「馳車天地」和翱翔天際的「太空飛碟」等。

在每天下午3點半起，陸續有受歡迎的歡樂迪士尼遊行，晚上8點開始（冬天是7點半），還有華麗的煙火表演，所有喜歡的迪士尼卡通人物，都會出面在眼前。遊樂設施以外，來迪士尼樂園絕對不能錯過各個禮品店，店中以迪士尼人物設計的T恤、帽子、馬克杯、文具，其中包裝精美的糖果，絕對是送禮自己吃兩相宜。看到這麼多有趣的遊戲和愛不釋手的精緻禮品，你是不是打算開始計畫香港迪士尼之旅呢？

開心玩

除了在官方網站買票，也可以當天在樂園開放前30分鐘～樂園關閉之間，在樂園正門入口售票處，或賓客服務中心購買門票。另外，如果是住在迪士尼探索家度假酒店、迪士尼好萊塢酒店，或香港迪士尼樂園酒店的話，可以到酒店前堂購買。

1. 如果在迪士尼樂園來不及買小禮物也別失望，在香港國際機場裡，通過海關查檢（收回港簽的那一關）後往裡面走，立刻可以看到迪士尼專賣店，雖然物品沒有樂園裡多，但五花八門的禮物夠你挑選的了。

2. 若住在迪士尼樂園裡的酒店，可從機場站搭乘機場快線到青衣站，轉搭地鐵東涌線至欣澳站，再轉迪士尼線至迪士尼樂園，約30分鐘車程。

美人魚原子筆

澳門

購物、美食、博奕、度假村
一天玩透透～

　　融合了東、西方文化、藝術和建築的澳門，一直以來吸引許多觀光客來此度假。巴洛克風格的教堂、地中海色調的南歐建築、純樸的中國式廟宇！東方面貌加上歐洲情調，使這個小城充滿了東西合壁的獨特浪漫風味。

玩

澳門吃買玩

　　如果你是從香港旅遊行程中抽出一天時間來澳門，即使澳門大眾運輸工具很方便，但因各個景點都有一段距離，如何在最短的時間內達成遊覽名勝景點、吃美食和購買小禮物的目標，那你一定要做好行前功課，才能輕鬆遊玩。大三巴、議事亭前地、旅遊塔等是素負盛名的景點，威尼斯人、新濠天地、漁人碼頭則是這些年來新開發的景點，美食好店更不缺，都很值得一遊！

議事亭前地 **M9b2**

澳門四大廣場之一
歐洲氛圍！

🏠 澳門新馬路

🚍 澳巴10、10A、11、12、18、19、21A、22、25，新巴2、3、3A、4、5、6、7、8、8A、9、9A、16、26A、28B、33

　　在新馬路站最熱鬧的一區下車後，馬上映入眼前的就是議事亭前地的largo do senado廣場，地面全部用碎石子鋪成波浪形的圖案，一路延伸到大三巴牌坊，波浪形地磚是拍照的好景。議事亭前地俗稱噴水池，坐在廣場中的噴水池旁往四周看看，周圍的建物，一半以上都是19世紀末至今的百年歐式建築，如民政總署大樓、仁慈堂等，彷彿置身在歐洲。

開心玩

可在旁邊的澳門旅遊局旅遊諮詢處拿些澳門旅遊的資料、地圖、巴士路線指南等。

玫瑰聖母堂 **M9b1**

🏠 澳門新馬路議事亭前地旁

👆 澳巴 10、10A、11、12、18、19、
21A、22、25，新巴2、3、3A、4、
5、6、7、8、8A、9、9A、16、26A、
28B、33

又叫玫瑰堂，它有著淺黃色外牆、綠色門窗、白色浮雕，外觀相當搶眼，這是由比葡萄牙人更早來亞洲傳教的西班牙傳教士於1587年所建的，教堂外觀共分3層，每層樓的裝飾浮雕都不同。

大砲台 **M9a1**

🏠 參照議事亭前地的路標，步行約10分鐘

☎ （853）2856-9808

👆 澳巴10、10A、11、12、18、19、21A、
22、25，新巴2、3、3A、4、5、6、7、
8、8A、9、9A、16、26A、28B

還沒走到大三巴牌坊會先看到大砲台，這裡原是個祭天台，是17世紀時耶穌會的信徒建造的，擁有22管大砲，還曾經擊退過來襲的荷蘭人。1966年這裡開放給人參觀後，成了大家休閒的好去處，砲台上有塊綠地，旁邊放著古砲喜歡在此看風景，天氣好時還可以看見南海，目前還在此設置氣象觀測站。

大三巴牌坊 **M9a1**

🏠 參照議事亭前地的路標，步行約10分鐘

👆 澳巴 10、10A、11、12、18、19、21A、
22、25，新巴2、3、3A、4、5、6、7、
8、8A、9、9A、16、26A、28B、33

是聖保祿教堂的遺址，澳門八景之一。原為聖保祿教堂，1602年由耶穌會會士興建，總共花了35年才建造完成。然而1835年的一場大火幾乎燒燬了整個教堂，只剩下這面石牆，就是現在的大三巴牌坊，牌坊上的雕塑訴說著天主教在亞洲傳教的故事。在欣賞完牌坊上的雕塑後，可進到牌坊後參觀已修復好的地下墓穴，墓穴裡安放著殉教徒的遺骨，夜裡可以登上大三巴旁的樓梯一探美景。

開心玩

1. 「三巴」一名，來自於葡萄牙文「聖保祿」（S.Paulo）的中文譯音，加上「大」字，代表最大的教堂。

2. 大三巴牌坊上的浮雕，每層都有特殊的意義，像由上往下數的第三層，有一聖母瑪麗亞像，雕像兩旁則有牡丹和菊花兩種花朵圍繞，前者代表了中國，後者則為日本。

澳門漁人碼頭 M9A2

澳門第一個
主題公園

- 🏠 澳門新口岸友誼大馬路及孫逸仙大馬路
- ☎ （853）8299-3300
- 🕐 24小時
- 🚌 澳巴10、10A、11、18, 19、21A、33，新巴2、3、3A、4、5、6、7、8A、26A
- 💲 澳巴10、10A、10B，新巴1A、3、3A、8、12、28B、28BX、28C、32

這是第一個仿照歐美國家的購物中心和主題公園。它結合了各國美食、禮品和名牌購物、聲光娛樂等，讓你在一個地方就能輕鬆玩樂，待一整天。最特別的是看到多國有名的建築，像唐城、可容納1600人的羅馬劇場、有遊樂設施的火山、娛樂場的巴比倫宮殿、凱薩塔，還有羅馬館、威尼斯館、阿姆斯特丹館等，彷彿體驗了一趟世界之旅。這裡除了有各國料理外。還有懷舊一條街和中國藝術館可參觀。

開心玩

這裡距離港澳碼頭不遠，可步行來此。漁人碼頭裡面有遊園車，藍色的要收費，約澳門幣15元；黃色的是穿梭在唐城和巴比倫娛樂場的接駁車，不需付費，可多加利用。

澳門博物館 M9a1

澳門
最大級博物館

- 🏠 澳門博物館前地112號
- ☎ （853）2835-7911
- 🕐 10:00～18:00（最晚入館17:30），週一休息
- 🚌 澳巴10、10A、11、18, 19、21A、33，新巴2、3、3A、4、5、6、7、8A、26A
- 💲 成人澳門幣15元，學生證持有人澳門幣8元，12歲以上兒童、65歲以上長者免費。

澳門博物館是位於大砲台上面、大三巴牌坊旁邊，一共有3層，是1998年4月時對外開放參觀。一樓是收藏關於澳門早期的文物，2樓是關於澳門民間藝術與傳統的呈現，3樓則為當代澳門的特色文物，豐富的中西文化典藏，可以讓參觀者對澳門的今昔多一分了解。

澳門旅遊塔 M9B1

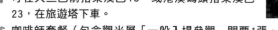
在最高點
飽覽澳門美景

- 澳門觀光塔前地
- （853）8988-8612
- 10:00～19:00（週一～五）
  10:00～20:00（週六、日）
- 可在大三巴前搭乘澳巴18，或港澳碼頭搭乘澳巴23，在旅遊塔下車。
- 咖啡師套餐（包含觀光層「一般入場參觀」門票1張、咖啡1杯和葡撻1份）成人：澳門幣198元，小童（3～11歲）、長者（65歲或以上）：澳門幣128元。其他套餐門票請見官網。

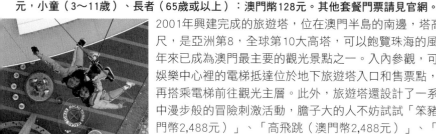

2001年興建完成的旅遊塔，位在澳門半島的南邊，塔高338公尺，是亞洲第8，全球第10大高塔，可以飽覽珠海的風景，近年來已成為澳門最主要的觀光景點之一。入內參觀，可以利用娛樂中心裡的電梯抵達位於地下旅遊塔入口和售票點，買票後再搭乘電梯前往觀光主層。此外，旅遊塔還設計了一系列像空中漫步般的冒險刺激活動，膽子大的人不妨試試「笨豬跳（澳門幣2,488元）」、「高飛跳（澳門幣2,488元）」、「空中漫步X版（澳門幣588元）」和「百步登天（澳門幣2,488元）」

等遊樂設施，通常第二跳比較便宜。詳細價格可看官方網站訊息。

開心玩

旅遊塔觀景台以上有一個小酒廊與一個旋轉餐廳，是賞夜景的好地方，旋轉餐廳需預定。
在58樓的觀光主層看風景，因為是在有空調的室內環境，類似一般的展望台；61樓的是屬戶外，感覺較刺激，膽小者要考慮一下。

媽閣廟 M9B1

澳門祭祀媽祖
最早的寺廟

- 澳門媽閣廟前地
- (853)2857-2365
- 08:00～18:00
- 如果從議事亭前地前去，可在新馬路上搭乘澳巴10、10A、11、18、21、21A路巴士，或者搭乘新巴2、5號路線，都在媽閣總站下車。

原名媽祖閣，俗稱天后廟，建於1488年，距今已有500多年歷史，是澳門地區最古老的中國寺廟，也列入世界文化遺產。它位於澳門東南方，是從前葡萄牙水手登陸的地方。相傳天后又名娘媽，時常保佑出海的漁民平安歸來，魚民們為了感念她而建寺祭拜，每年農曆春節和3月23日娘媽誕辰時是媽閣廟香火最鼎盛的時候，這時來參觀的人，要有人擠人的心理準備。

開心玩

據說媽閣和澳門的英文名稱「Macau」名稱來源有關，話說當時葡萄牙航海家來到澳門時，進入媽閣廟，因為將當地人說的媽閣聽成了馬交，所以才稱為Macau，可見媽閣廟在澳門歷史上的重要性。

黃枝記雲吞麵 M9b2

半個世紀歷史
的老麵店

- 澳門議事亭前地17號
- ☎ （853）2833-1313
- ⏰ 09:30～21:30
- 澳巴 10、10A、11、12、18、19、21A、
  22、25，新巴2、3、3A、4、5、6、7、8、
  8A、9、9A、16、26A、28B
- 💬 鮮蝦雲吞麵、撈麵

門上懸著黑色招牌，印上大大金黃色的黃枝記店
名，感覺是家優雅的餐廳，每次來尤其用餐時間，
都是門口大排長龍。這是家已有50年歷史的老舖，每次來因
為客人多都坐不到1樓的位置，只有到2樓與人併桌的份。有名的是鮮蝦雲吞麵
和撈麵，這裡用的麵都是用全蛋做成的細麵，和我們一般吃的麵不同。先煎過再
煮的乾撈麵味道特別，還贈送一碗清湯。

營業百年
以上的老店

義順牛奶公司 M9b2

- 澳門新馬路381號
- ☎ （853）2858-3384
- ⏰ 11:00～21:00
- 澳巴 10、10A、11、12、
  18、19、21A、22、25，
  新巴2、3、3A、4、5、
  6、7、8、8A、9、9A、
  16、26A、28B
- 💬 薑汁燉奶、雙皮燉奶

雖然香港也有分店，但來到
澳門還是要先試一下！位於
議事亭前地，很容易就能找
到的義順牛奶公司，最有名
的甜點莫過於雙皮燉奶了，
其他像薑汁燉奶、鮮奶糊等
甜點也不錯，值得注意的
是，幾乎每個客人還會多點
一道豬扒飽，酥酥脆脆口感
還不錯。

禮記士多 M9a1

- 澳門賣草地街13號（前往大三巴牌坊的路上）
- ⏰ 11:00～23:00
- 澳巴 10、10A、11、12、18、19、21A、22、
  25，新巴2、3、3A、4、5、6、7、8、8A、
  9、9A、16、26A、28B
- 💬 涼瓜汁、西柚汁、水梨汁、芒果奶等

炎熱時來澳門，絕對要來一杯！這家店從1994
年開業到現在，時間雖不算太長，但每天排隊
買新鮮果汁的人龍可是頗長，但為了喝一杯甜
度夠、新鮮味美的大杯鮮果汁排再久都值得。
西柚汁、水梨汁、芒果奶等都很好喝，現在還
有賣零食、海味等。

料多實在
的新鮮果汁

大三巴肉乾街 M9a1

🏠 澳門大三巴街（前往大三巴牌坊的路上）

🕐 11:00～21:00

💡 澳巴10、10A、11、12、18、19、21A、22、25，新巴2、3、3A、4、5、6、7、8、8A、9、9A、16、26A、28B

💬 牛肉乾、豬肉乾等

最大方的試吃 吃飽飽逛澳門

在澳門大三巴牌坊附近的這條大三巴街，開了很多家肉乾專門店，全部現場炭燒，香味四溢，不少遊客均聞香而來購買。店家大方的給遊客試吃，從街頭吃到街尾幾乎都飽了。不過因台灣不可帶肉食回國，建議讀者們在當地嚐嚐過癮即可。

澳門鉅記手信 M9a1

🏠 澳門大三巴街13-A號泉偉樓地下B座及13-B號泉偉樓地下

☎ （853）3896-5898

🕐 10:00～20:00

💡 澳巴10、10A、11、12、18、19、21A、22、25，新巴2、3、3A、4、5、6、7、8、8A、9、9A、16、26A、28B

💬 脆花生糖、花生軟糖、哥里夫紐結糖等

澳門伴手禮 提袋率最高食品店

澳門鉅記手信在澳門有許多家分店，最熱鬧的是位在大三巴街（靠近大三巴牌坊）的店，幾乎整條小街都是挑選伴手禮的觀光客，又有免費試吃，包你能買到送禮的點心。商品很多，分成大小尺寸包裝，還有許多禮盒組，包裝很精美，買起來較方便。

大利來記咖啡室

澳門聞名豬扒包
M9C2

🏠 澳門氹仔告利雅斯利華街35號

☎ （853）2882-7150

🕐 08:00～18:00

💡 澳巴11、15、22、28A、30、33、34，於氹仔中葡小學站下車

💬 豬扒包

大利來記豬扒包在澳門聞名50幾年，秘訣是炸豬扒及焗硬豬包都是用柴爐，所以豬扒、豬包特別香口，據說每天可賣500多個，假日更多達800個，每天下午約2點出爐，但早在下午一開始，門前就有人排隊了，大約1小時就賣完了，要吃得趁早。

開心吃

大利來記豬扒包，在氹仔羅結地巷9B地下、氹仔舊城區木鐸街42號地下，以及新馬路大三巴街鳳凰大廈1樓23號舖都有分店。

鉅記花生脆糖

鉅記鳥結糖

買

咀香園餅家 M9b1

🏠 澳門大三巴街28號恆輝大廈（第一、二座）

☎ （853）2836-2122

🕐 10:00～19:00

🖐 澳巴10、10A、11、12、18、19、21A、
22、25，新巴2、3、3A、4、5、6、7、
8、8A、9、9A、16、26A、28B

💬 老人牌沙丁魚、雞蛋卷、杏
仁餅

老字號的蛋卷餅店
購禮最佳場所

新馬路上的這家店因位在
大馬路邊，生意特別好，
店內總是人擠人，每個人
手中都選購相當多的
零食點心。咀香園
餅家為澳門最老字
號的蛋卷餅店，澳門的蛋卷跟台灣不
一樣，是把蛋卷皮折成四方形，像個小袋子，裡面包了肉
鬆，外面撒些海苔裝飾，就是鳳凰蛋卷。另有老人牌沙丁魚罐
頭，也是有名伴手禮。

小禮品 M9a1

價格便宜選擇多

🏠 前往大三巴牌坊路上的小店舖

🕐 約10:00～20:00

🖐 澳巴10、10A、11、12、18、19、21A、22、
25，新巴2、3、3A、4、5、6、7、8、
8A、9、9A、16、26A、28B

💬 明信片、風景磁鐵、杯子

如果你覺得停留的時間較
短暫，無法到各處逛街買
東西，不妨在大三巴牌坊
附近的藝品店或傢俬店
（就是賣木盒、傳統藝
品，小家具）買些小東西，
像大三巴牌坊模型、顏色異
常亮麗且大小尺寸兼具的葡
國雞玩偶，都是既可愛又富
有當地特色的東西，就算買
多了也不覺得重。

正品、過季商品大集合

體育用品店 M9a1

🏠 議事亭前地通往大三巴牌坊
的數條小斜坡道路

🕐 約11:00～21:00

🖐 澳巴10、10A、11、12、
18、19、21A、22、25，
新巴2、3、3A、4、5、6、
7、8、8A、9、9A、16、
26A、28B

💬 運動鞋

從議事亭前地通往大三巴牌
坊的數條小斜坡道路上，奇
異的開滿了很多家折扣較低
的體育用品店，各種鞋類樣
式齊全，只有衣服、褲子的
尺寸容易斷碼，不過，還是
值得挑選。

新濠天地 **M9C2**

澳門最新的
綜合度假區

🏠 澳門澳門路氹連貫公路
☎ （853）8868-6688
🕐 11:00～21:00
🚌 澳門港澳碼頭一樓出口，過地下道至大馬路
　　對面，搭乘免費接駁車

位在澳門威尼斯人度假村酒店的對面，是一集合酒店、娛樂、購物和美食的綜合度假區。這裡有20家餐廳酒吧、流行名牌、數家酒店，其中包括了受年輕人喜愛的Hard Rock酒店。圓形的天幕劇院內上演聲光科技影片，是來到這裡的人不可錯過的。

大型的商場內絕對少不了美食和購物。這裡除了單家的餐廳，還有集合各類平民美食的

「饕食天地」，可以品嘗到澳門、香港和歐美風的美食，價格實惠。而購物商場，大家常聽到的國際一流品牌、珠寶名店、年輕人常逛的服飾用品，花一天的時間都逛不完。建議大家不妨逛逛在Hard Rock酒店一樓的Rock Shop，裡面的搖滾商品都是台灣買不到的。

開心玩

你可以將澳門威尼斯人度假村酒店和新濠天地行程放在一起，逛完其中一家再步行到對面即可，省了交通費。

集酒店、商場、博奕娛樂 歐式風格超有度假風

澳門威尼斯人 度假村酒店 M9C1

🏠 澳門氹仔金光大道™望德聖母灣大馬路
☎ （853）2882-8888
🕐 11:00～21:00
💡 澳門港澳碼頭一樓出口，過地下道至大馬路對面，搭乘免費接駁車（紫色的巴士）

2007年8月28日才開幕的澳門威尼斯人度假村酒店，完整重現義大利水都威尼斯的巨型建築，它是亞洲單棟大樓最多客房的飯店，擁有最大型賭場、最完整的娛樂天地，以及大型購物中心的多元度假勝地。這裡最特別的是仿義大利威尼斯風光的威尼斯廣場、大運河、各式美食的琳琅美食廣場，以及集合國際名牌的購物區，可以說飲食、娛樂、購物通通包。晴空萬里的威尼斯廣場中，可以看到聖馬可廣場、鐘樓和人工運河等名勝。其中最受大家歡迎的，莫過於搭乘義大利正宗貢多拉船（Gondola Ride），傾聽義大利船夫悅耳悠揚的歌聲，在浪漫的氣氛中暢遊運河。

廣場上四處還可見到街頭表演或假人塑像，相當熱鬧。美食廣場就像我們百貨公司的美食街般，販售各式平民美食，在此可以便宜地吃到澳門和香港美食。

另外，還有亞洲最大型豪華的賭博娛樂場，分成帝王殿、金麟殿、鳳凰殿和赤龍殿，各種博奕遊戲都有，彷彿置身美國拉斯維加斯豪華賭場。更別忘了有名的太陽劇團表演、足球戶動員地「體驗曼聯」和兒童天地，全家人都在此充實度過假期。

開心玩

1. 賭場規定兒童不得進入，父母記得前來時需將小朋友安置於他處。

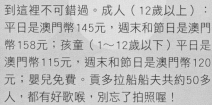

2. 搭乘貢多拉船遊大運河，來到這裡不可錯過。成人（12歲以上）：平日是澳門幣145元，週末和節日是澳門幣158元；孩童（1～12歲以下）平日是澳門幣115元，週末和節日是澳門幣120元；嬰兒免費。貢多拉船船夫共約50多人，都有好歌喉，別忘了拍照喔！

3. 除了世界級名牌店外，另有些特色小店不買太可惜了，像「貢多拉禮品專賣店」、「Boutique V」，專門販售與貢多拉船相關的禮品，像船伕的條文T恤、貢多拉猴子、馬克杯等，製作精美，最適合買來作伴手禮送人。

認識澳門

1. 地理

澳門特別行政區是由澳門半島、路環、冰仔和路冰城四個部分組成的。其中澳門半島的北端和大陸連接，和香港間若以搭乘噴射飛船、新世界第一渡輪來看，航程約1個多小時，距離香港很近，所以很多香港人週末會到澳門度假。而前往香港旅遊的人，也可以抽出一天時間來往澳門香港，相當方便。

2. 歷史

澳門曾為葡萄牙殖民地，1999年回歸中國，成為澳門特別行政區。

3. 語言

葡萄牙語、廣東話、英語和國語在這裡都可以通用。

4. 氣候

每年的1～2月最冷，氣溫可至10℃以下，屬乾冷氣候。3～4月容易下毛毛雨，到處都很潮濕。5～10月天氣炎熱潮濕，還可能出現暴雷或暴雨。

一年中最適合旅遊的時候，就屬10～12月了。

5. 時差

澳門和香港、台灣一樣都沒有時差，時間相同。

6. 電壓

和香港一樣都是220V（伏特）／50Hz（週波）。

7. 電話

以手機直接撥打回台灣，與香港相同，只要先撥001（可依個人習慣撥其他如002、006號碼）+國碼886+個人電話號碼。不過當你一入境澳門時，手機的簡訊就會嗶嗶響，打開簡訊一瞧，你所屬的電信業者會告訴你如何利用手機撥電話回國。在當地打電話回台灣，則撥00886＋區號＋電話號碼。

8. 貨幣

澳門的官方通用幣是澳門幣，但對偶爾來玩一天的觀光客來說，也可以使用港幣，價值一樣，也就是港幣1元＝澳門幣1元。

簽證和通關

關於澳門簽證方面，持6個月以上有效期限中華民國護照，或以台胞證入境澳門，可免簽證停留30天。由香港至澳門也不需簽證，但從澳門回香港，就需一次港簽（台胞證可），所以至少要有兩次港簽才能港澳兩地遊。另外，旅客進出澳門，除例行檢查外，通常不需辦理報關手續。

澳門旅遊資訊

香港到澳門的主要方法

從香港前往澳門的交通有好幾種，其中最主要的有三種，一是搭船，以噴射飛航和金光飛航為主，但須依所到目的地選擇搭乘。另外要注意，搭船前往僅能在上環搭乘，尖沙咀中國客運碼頭目前無法搭乘。第二是搭金巴，另一則是搭乘空中快線直升機，所需費用較高。

1. 搭船前往

香港→澳門港澳碼頭（噴射飛航）
搭乘地點是上環信德中心3樓港澳碼頭，抵達澳門外港碼頭，約1小時可到達，24小時都有船。最新資訊可參考官網https://www.turbojet.com.hk/tc/，目前票價如右：

	香港→澳門		澳門→香港	
	豪華	普通	豪華	普通
平日（日航）	港幣約365元	港幣約175元	港幣約365元	港幣約175元
週末和假日（日航）	港幣約395元	港幣約190元	港幣約395元	港幣約190元
平日、週末和假日（夜航）	港幣約415元	港幣約220元	港幣約415元	港幣約220元

香港→澳門氹仔（金光飛航）
搭乘地點是上環信德中心3樓港澳碼頭，抵達澳門氹仔客運碼頭（07:30～22:30，澳門回港則09:00～23:59），最新資訊可參考官網https://hk.cotaiwaterjet.com/，目前票價如右：

	上環港澳→澳門氹仔		澳門氹仔→上環港澳	
	標準	頭等	標準	頭等
平日	港幣約175元	港幣約310元	港幣約175元	港幣約310元
週末及假日	港幣約190元	港幣約329元	港幣約190元	港幣約329元
夜航	港幣約220元	港幣約360元	港幣約220元	港幣約360元

2. 搭澳門金巴前往

金巴經香港港珠澳大橋連接，開設了「港澳線」，24小時營業。香港乘車地是赤鱲角的「港珠澳大橋香港口岸」，一般可以搭乘各路線的機場巴士前往口岸。澳門乘車地是「港珠澳大橋澳門口岸」。目前票價如右：

	香港→澳門		澳門→港澳	
	正價	優惠	正價	優惠
日間	港幣約65元	港幣約33元	港幣約65元	港幣約33元
夜間	港幣約70元	港幣約35元	港幣約70元	港幣約35元

※日間為06:00～23:59；夜間為24:00～翌日05:59。正價是成人票價，優惠是孩童與長者票價，3歲或身高未滿95公分不佔座位的孩童則免費。

3. 搭乘空中快線直升機前往

由空中快線直升機有限公司經營，只要約15分鐘就可以到達。香港直升機場櫃台在上環港澳碼頭的3樓西橋內，目前航班時間是10:30、12:30、17:00；澳門直升機場櫃台在澳門外港碼頭2樓，目前航班飛行時間是10:00、12:00、17:30。票價約港幣4300元，繁忙日再加收港幣約200元。航班時間可能因不同原因調整，以及其他登機、行李等資訊可參考官方網站http://www.skyshuttlehk.com。

市區內的大眾交通工具

澳門的市內交通主要是以巴士和計程車，或者某些景點商場可搭乘免費的接駁車前往，可省下交通費。巴士可用卡和投現金，計程車則使用現金。

小型巴士，也就是一身鮮黃的新福利巴士和橘紅色的澳門巴士兩家，整日行駛在市區的大街小巷中。票價上，在澳門市區乘坐公共汽車每位澳門幣6元。

車上不設零錢找換，要自備零錢。

開心玩

建議你在出澳門機場或港澳碼頭，於出口巴士站牌旁的票亭（或者進入市區後，在各大超級市場、便利店和澳門通客戶服務中心）購買一張普通版的新福利澳門通卡，售價是澳門幣130元，當中包括100元儲值額和30元卡費。可以直接在巴士上寫有「澳門通」的卡機感應即可，但要記得只能坐新福利系統的車，若要搭乘澳門巴士（澳巴），只能當場投現了。

1. 巴士

在澳門旅遊，搭乘巴士相當方便且經濟，各車站均有以中、葡文說明的路線牌。巴士從早上6點到晚上12點都有行駛，班次也算密集。目前的巴士系統有大型和

2. 計程車

計程車有黑色和黃色，起程價為21元澳門幣，以後每220公尺加收2元，停車候客收費每分鐘1元，如有大件行李，每件則是加收3元。若到離島地區，還需加費用。

開心的澳門一日遊2種行程建議

喜歡購物、吃美食、買土產和拍紀念照的人

漁人碼頭→威尼斯人度假村酒店→新濠天地→大三巴

由於在澳門的時間短短不到一天，所以早點搭船到澳門，可替自己爭取到更多觀光的時間。建議到上環信德中心搭乘08：00的噴射飛航，約9：00就可以到澳門。可先走路到附近的漁人碼頭參觀，那裡是24小時服務，所以不用擔心太早沒有開門。

首先，從下船的碼頭步行至漁人碼頭，它是澳門首個主題式大型娛樂景點，包含了各式各樣的美食、購物及娛樂的地方。因為地方廣大，建議到處拍拍照然後逛個2小時，就可走回港澳碼頭。碼頭大門口對面有許多購物商場的免費接泊巴士，可搭藍色車身威尼斯人度假村酒店巴士前往該處，那裡除了有大運河購物中心及美食外，還可享受彷彿置身在歐洲的貢多拉河。這兒的美景讓你的相機捨不得關機。走出威尼斯人度假村酒店，旁邊就是新濠天地，集合購物商場、美食區和賭場，建議這兩個地方逛個3～4小時即可。接下來可搭車前往澳門最有異國特色的地方——大三巴，走在這裡令人感覺充滿了異國的風情。這裡除了有澳門最知名的地標大三巴牌坊，也有令人試吃到不亦樂乎的手信街（土產街），可在這盡情試吃後順便採買些送人或自己吃的土產，像澳門鉅記手信、咀香園餅家等等，買完這些土產後就可以搭乘巴士回到港澳碼頭搭船回到香港，結束時間雖短卻玩得開心的澳門一日行程。

喜歡戶外刺激、博奕休閒活動的人

媽閣廟→澳門旅遊塔→新濠天地→威尼斯人度假村酒店

約9：00抵達澳門港澳碼頭之後，走出大門往右走，就可以看到許多公車站牌。可先搭車前往媽閣廟（天后廟）參觀，建議停留30分鐘即可。接下來可前往澳門旅遊塔，搭乘電梯上58樓及61樓欣賞全澳門的美景，建議停留1小時。如果想要參加笨豬跳、高飛跳等活動，建議先上官方網站查詢是否需先預約（http://www.macautower.com.mo/），才不會敗興而歸。最後可再搭乘新濠天地免費接泊車到新濠天地，以及旁邊的威尼斯人度假村酒店試試賭氣，或是看場太陽劇團的秀，建議停留4～5小時。最後可搭乘威尼斯人的免費接泊車到港澳碼頭搭船回到香港，結束這有趣豐富的澳門一日行程。

關於香港 About Hong Kong
的零零總總

好吃、好玩又好買的香港，一直名列台灣人最喜歡且最常前往旅遊的地區之一。要為你香港的初體驗，抑或第2次、第n次香港之旅做個完整的計畫嗎？前往香港之前，一定要先了解關於旅遊方面的資訊！

認識香港
簡單了解香港的地理歷史、語言、氣候等，為香港行程做準備。

■ 地理
香港位在中國大陸的東南方，總面積1,103平方公里，主要是由香港、九龍、新界和其他約260多個島嶼組成，島嶼中以大嶼山、南丫島和長洲的面積最大，也是除了香港、九龍和新界外觀光客最常前往的旅遊景點。

■ 歷史
無論從現在人民的食衣住行育樂、建築、藝術等方面來看，香港是個融合了中西文化的地方，這可以從清朝鴉片戰爭說起，中國的戰敗導致香港在南京條約中割讓給英國，然後是九龍，最後則是新界，展開為期百年的殖民地歲月，不過也因此使香港搖身變成歐美人士眼中東方最燦爛的一顆明珠。
1997年英國歸還香港，香港回到祖國懷抱，成為中國的特別行政區之一，施行「一國兩制」的政治制度，在經濟、社會上享有高度的自治。

■ 語言
除了廣東話和英語之外，這幾年來大部分的香港人即使說不好，也都聽得懂普通話了，所以說國語也可以通！

■ 氣候
香港和台灣相同，都屬於溫暖潮濕的亞熱帶氣候，對台灣人來說是再熟悉不過，像7～9月也是颱風季節。如果你還是不放心天氣，在前往旅遊之前，可至香港天文台網站查看最新的氣候，做好旅遊行前的準備。
通常每年3～5月中旬易下雨和起霧，5月下旬～9月中天氣較熱且多雨，7～9月要注意颱風。9月下旬～12月上旬氣候舒適，最適合去旅遊。12月中旬～2月則容易下小雨、寒冷。

■ 時差
香港和台灣沒有時差，時間相同。

184

◼ 電壓

香港的電壓和台灣不同，是220V/50Hz，而且插頭是3根針（三叉插頭），形狀也較不同，所以在香港若想使用台灣的電器，可以先去買個插頭轉換器或萬用轉換插頭。一般在電器行、機場或當地飯店可以買到，不過價格較貴，可以到香港的五金行、便宜商品店或電器行購買，價格很划算。也可以詢問飯店是否有提供。

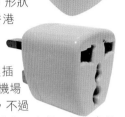

◼ 電話

1. **香港打回台灣**：在香港以手機直接撥打台灣，只要先撥001（可依個人習慣撥其他如002、006號碼），再撥國碼886，再加上個人電話號碼即可，例如：001+886+910-888-888。不過現在多家業者有推出節費方案，像每次進入香港，在機場就可能收到電信公司的簡訊，告訴你如何撥比較便宜，建議可嘗試。

   若打一般公用電話或飯店電話，001和國碼相同，只需再加上區碼和個人家中電話即可，例如：001+886+2+2888-8888。

2. **台灣打到香港**：香港的國碼是852，沒有區碼，再加上香港當地電話，打到香港例如：002（現在還有其他家，可依個人喜好選擇）+852+0300-8888。

◼ 貨幣

目前香港發行鈔票的銀行有渣打、匯豐和中國銀行三家，鈔票面額區分為港幣1,000元、500元、100元、50元、20元和10元。硬幣則有港幣10元、5元、2元、1元、5角、2角、1角等。

10元港幣

20元港幣

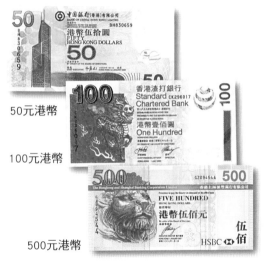

50元港幣

100元港幣

500元港幣

◼ 樓層介紹

不知你逛商場時，有沒有常被樓層介紹上的指示弄得頭昏腦脹？由於香港曾為殖民地，樓層標示多是英國式的，如果你先搞懂，就不會發生跑錯樓的狀況了。

香港式	台灣式
地庫 (underground floor)	地下樓 像我們的B1或B2
地下、GF (ground floor)	地面層 像我們的1樓
1樓、1F (first floor)	2樓
2樓、2F (second floor)	3樓

簽證和行程選擇

前進香港前，除了持6個月以上有效期限的護照外，必須辦理進入香港的簽證，目前香港的簽證分為電子簽證、網上快證和香港簽證，其中香港簽證辦裡的工作天數較長，讀者需注意。

■ 辦理港簽
辦理地點、時間、費用
1.電子簽證
香港放寬台灣民眾赴港入境簽證手續，從2012年9月1日起，台灣民眾已經可以上網免費申請香港簽證，只要填好資料，完成申請後馬上就可以用印表機自行列印出簽證，全程不到10分鐘，實在非常方便，是目前前往香港旅遊使用最多的簽證。那麼該如何辦理呢？

第一步：先符合「在台灣出生，或在台灣以外地區出生但曾以台灣居民身份來港；及並無持有由台灣當局以外機關簽發的任何旅行證件「台灣居民來往大陸通行證（俗稱「台胞證」）、由香港特別行政區（香港特區）入境事務處簽發的入境許可證及網上快證除外」。

第二步：準備登記台灣居民預辦入境登記。先鍵入「香港政府一站通」網址https://www.immd.gov.hk/hkt/services/visas/pre-arrival_registration_for_taiwan_residents.html，再一步步依照指示輸入登記詳情即可。記得填寫前，先將護照和身份證放在身旁，以利快速填寫個人資料。若不會填寫，也可參照以下網址https://webapp.es2.immd.gov.hk/applies2-client/t-par-reg/zh-HK/service-demo/steps-index，裡面有登記教學示範。

第三步：假若登記成功，將完成的「台灣居民預辦入境登記通知書」檔案，以A4白紙列印出來，好好保存，去香港時一定要帶去。

另外，預辦入境登記的有效期是2個月，但如符合一般入境規定，登記人可獲准以訪客身分進入香港2次，每次逗留最多30天。登記人須持台灣居民預辦入境登記通知書和有效期不少於6個月的回台旅行證件至港。

2. 香港簽證
就是快證、電子簽證開放前一般人辦的香港入境許可證，當然現在也仍然保留。若台灣華籍居民想辦的話，得準備回台證件（護照，須有效期間6個月以上）影本、2吋半身照1張、身分證影本、護照影本和舊港簽，透過代辦旅行社代為申請，申請需花7～10個工作天，收費則依各旅行社不一。

這種港簽分為「單次入境」（有效期為90天）、「1年多次」和「3年多次」，不論單次或多次入境，每次則以逗留14天為限。

經常訪港旅客e-道

時常進入香港的人可以申請「經常訪港旅客e-道」，出入境檢查更快捷。所有符合資格的經常訪港旅客（參見https://www.immd.gov.hk/hkt/services/echannel_visitors.html），可以前往抵港大堂的登記處（行李領取處兩側邊），直接向香港入境事務處提出申請，申請者可即時獲知登記結果。

■ 行程選擇規劃
第一次去香港很多人會跟旅行團一起出發，旅行團會帶旅客到各個值得一遊的觀光景點，導遊也會解說當地的人文歷史風俗，而若第二次還想在到香港旅遊，建議你不要再跟團了，自

己規劃一個3~4天的行程，想吃什麼就吃什麼，想幾點起床幾點買東西都自己決定，這時3有以下種選擇：

1. 團體自由行：

又稱為機酒自由行，即自行選擇適合的航班和酒店，有固定的航班、出發日期，旅客可就現有的出發日期及航班選擇自己可以配合的行程。費用通常較平價，因為旅行社是以團體票定的機位，所以一旦付款了是不能更改行程的，也不能退費。網路上許多旅行社都有銷售團體自由行的行程，如易遊網、燦星、可樂旅遊等。

2.航空公司自由行：

這是航空公司在不同的時間推出來的旅遊行程，在此期間出發該航空公司的大部分航班都可以挑選，搭配航空公司推薦的旅館組成的自由行行程。

費用較團體自由行高，因為時間可以自由選擇，目前華航、長榮、國泰等航空公司都有自己推出的航空自由行行程，你可依自己的喜好和需要，向航空公司搭配的旅行社選購行程。

3.自己訂機票和酒店：

分開訂機票和酒店大部分是比直接訂機+酒便宜個千元以上，但必須花費比較多時間研究，所以説時間就是金錢（省了費用花了時間）。

訂機票主要有兩種方法，一個是透過旅行社代訂，另外一個是自己在網路上訂票；以上説的網路旅行社都有代訂服務，有時航空公司自己的網站也會有促銷機票。

而常見的訂房網如Agoda、HotelClub、ABC訂房等網站都有繁體中文了，使用上還算簡單，也可以直接上「背包客棧」網站，裡面有機票和旅館的比較系統。然而自己訂房最好還是小心留存記錄，以免不小心聯繫錯誤，到時到旅館沒有訂到房就麻煩了。

香港交通一次通

■ 進入市區的主要方法

當你一抵達香港，驚嚇於香港國際機場的「大」之餘，最快面臨到的問題，就是如何進入市區。最常見的進入市區交通是機場快線、機場巴士和計程車，當然，你可以依票價、所需時間選擇進入市區的交通工具。

1. 機場快線

（機場站←→青衣站←→九龍站←→香港站）

這是最簡單、快速的進入市區的方法了！從早上05:5~00:48都有行駛，每12分鐘就有一班車。

票種	成人 (含65歲或以上) 單日和 即日來回	成人 (含65歲或以上) 來回票	兒童 (3~11歲) 單日和 即日來回
機場站 ←→ 青衣站	港幣 70元	港幣 120元	港幣 35元
機場站 ←→ 九龍站	港幣 105元	港幣 185元	港幣 52.5元
機場站 ←→ 香港站	港幣 115	港幣 205元	港幣 57.5元

● 來回票是指1個月內原站往返機場。
● 第二程的「即日來回」免費，是指當天往返機場免費。
● 2人、3人或4人一起購買可打折。
● 乘客可在香港站使用市區預辦登機。

2.機場巴士

是以酒店、飯店為接載點，有分為「A」線機場巴士，有數條路線，分別由城市巴士（簡稱城巴）、龍運巴士（簡稱龍巴），以及新大嶼山巴士（嶼巴）經營，可依欲抵達的飯店附近選擇路線。出抵達樓層的大門後稍往右轉，就可以看到機場巴士的總站。此外，還有「N」線的通宵巴士。機場巴士的路線如下：

- A11【機場（地面運輸中心）→北角碼頭，單趟約港幣41.9元】
  途經上環、中環、金鐘、灣仔、銅鑼灣、炮台山、北角

- A21【機場（地面運輸中心）→紅磡站，單趟約港幣34.6元】
  途經旺角、油麻地、佐敦、尖沙咀、紅磡

- A22【機場（地面運輸中心）→藍田站，單趟約港幣40.8元】
  途經觀塘、九龍灣、九龍城、土瓜灣、紅磡、佐敦，以及港珠澳大橋香港口岸

- A29【機場→將軍澳（寶琳），單趟約港幣44元】
  途經觀塘、九龍灣、鑽石山、黃大仙、青嶼幹線、港珠澳大橋香港口岸

- A31【機場（地面運輸中心）→荃灣（如心廣場），單趟約港幣19.8元】
  途經港鐵荃灣站、悅來酒店、長安邨，取道青衣北岸公路、青嶼幹線往返香港國際機場、港珠澳大橋香港口岸

- A33X【機場（地面運輸中心）→屯門（富泰），單趟約港幣15.7元】
  途經景屯門站、屯門市中心、豐景園、屯門赤鱲角隧道、港珠澳大橋香港口岸和航天城

- A35【梅窩碼頭→大橋香港口岸，單趟港幣17.1元（週一～六），港幣28.8元（週日、國定假日）】
  途經塘福、東涌道、東涌市中心、國泰城、機場客運大樓、航天城。

- A36【機場（地面運輸中心）→錦上路站，單趟約港幣19.8元】
  途經元朗市、紅橋、屯門赤鱲角隧道公路、港珠澳大橋香港口岸

- A41【機場（地面運輸中心）→碩門邨，單趟約港幣23.4元】
  途經沙田市中心、大圍、青沙公路、青嶼幹線、港珠澳大橋香港口岸

- N11【機場（地面運輸中心）→中環（港澳碼頭），單趟約港幣32.1元】
  途經佐敦、銅鑼灣、灣仔、金鐘、中環、上環

- N21【機場（地面運輸中心）→尖沙咀（天星碼頭），單趟約港幣23.8元】
  途經旺角、油麻地、佐敦、尖沙咀

※「N」字開頭為夜間巴士，依不同情況可能調整，建議要搭乘夜間巴士，請先上城巴官網查詢，更詳細的路線，也可以參照城巴、龍巴和嶼巴的官網。
※N11行駛時間是01:50～04:50；N21行駛時間是00:20～04:40。

萬事通的客務中心

當你經過所有隨身行李的檢查出境之後，在出境大廳中間，會看到一個寫著「市區列車車票」的櫃台。這個櫃台可以幫助你完成許多事項，可以買機場快線票券、購買八達通票和加值八達通卡。離境時，還可以在這裡退還八達通卡取回押金。不過，如果你太晚抵達香港，可能只開放一個服務台。

3. 計程車

搭乘計程車，香港稱「的士」，可以抵達任可你想去的地點或飯店。出抵達樓層的大門後稍往左轉，就可以看到計程車停靠站。香港計程車依地區有不同的顏色，像前往九龍、香港島的市區計程車是紅色，往新界的是綠車，往大嶼山的則是藍色。車資方面，加入必須經過的隧道、橋樑費用，到尖沙咀需港幣270元，到灣仔約港幣340元，到中環約港幣335元，到銅鑼灣約港幣340元。此外，若需打開後車廂加放行李，每件行李加收港幣5元。

■ 市區內的大眾交通工具

香港市區裡的交通工具多又完善，除了一般遊客最常使用的地鐵、巴士；叮叮車和渡輪也是一定要嘗試的。

1. 地鐵

這是在香港旅遊時最簡單的交通工具了，目前地鐵的路線，分別為港島線（深藍色，堅尼地城－柴灣）、荃灣線（紅色，中環－尖沙咀－荃灣）、觀塘線（綠色，油麻地－調景嶺）、東涌線（橘色，中環－東涌），以及將軍澳線（紫色，北角－寶琳）、迪士尼線（粉紅色，欣澳－迪士尼）、南港島線（青綠色，金鐘－海怡半島）、東鐵線（天藍色，金鐘－落馬洲）和屯馬線（棕色，烏溪沙－屯門）。

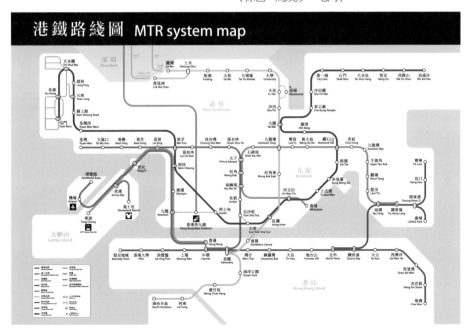

港鐵路綫圖 MTR system map

搭地鐵一定要使用八達通卡

95299003

八達通卡類似我們的悠遊卡，在香港任何交通工具（地鐵、東鐵、巴士、渡輪、叮叮車、纜車和機場快線）都適用，搭乘地鐵、港鐵還有折扣。在7-11、惠康超市、麥當勞、大家樂和許多商舖也都可以使用，省去了找零的麻煩。

可在抵達香港時在機場櫃台購買八達通，如果班機抵達時間太晚，櫃台已經關門，那就必須到地鐵站櫃台購買了。一般八達通幣值150元，其中100元可以使用，50元是押金，卡內金額若使用的差不多了，可以至地鐵的儲值機或7-11儲值，如果購買卡後3個月內退還卡片需扣除7元手續費，可取回50元押金和卡內剩餘的金額。

八達通的加值方法是：

卡片插入
票卡口

放入
要加值的
港幣紙鈔

確認螢幕
頁面資訊

八達通使用方法：

進站時，把
卡片貼近感
應口。

2. 巴士&小巴

目前主要由2家公司經營，分為專門行駛於九龍地區的九龍巴士、行駛於香港地區的新世界第一巴士。一般路上也都設有巴士停靠站，站牌上有標明該號巴士的行駛路線，和台灣的巴士很像。這裡的巴士是下車時付車資，因為車上不找零，所以最好自備零錢或使用八達通卡。

另外還有小巴，分綠色車頂和紅色車頂兩種，綠頂小巴有固定的停靠站。紅頂小巴則沒有固定的停靠站，想下車時得向司機喊「落車」或「要落」。

※巴士怎麼坐？其實這不難，都是從前門上車、後門下車，車頭的地方標有終點站名和路線號碼。

592巴士到海怡半島　　40小巴到赤柱、淺水灣

3. 叮叮車

叮叮車

就是「路上電車」，特別的雙層電車，票價成人每程港幣3元，3～12歲兒童港幣1.5元，65歲以上長者港幣1.3元。叮叮車只行駛於香港島，停靠站在馬路的中間，與路人一同行駛於路上，是很奇特的景象。目前有東行線、西行線、往跑馬地等路線。

搭乘叮叮車的最佳觀景座位，是上層的最前面，坐在這個位子可以清楚看到市區的景色非常過癮。

車頭的地方標有路線號碼和終點站名，由後門上車、前門下車，下車時再投幣或刷八達通卡。

4. 渡輪

天星小輪：1898年開始就開始營運的天星小輪，是香港歷史悠久及著名的渡海小輪公司，是行駛於維多利亞港上，連接香港島和九龍的便捷過海工具。近年還被《國家地理》旅遊雜誌列為「人生50個必到景點」之一。搭乘地鐵過海雖然比較便捷，但搭乘天星小輪，不僅能欣賞無敵海上風光，費用又省（中環到尖沙咀地鐵要

8.5元），是很有特色的交通工具。目前共有4條路線，分別是尖沙咀－中環、尖沙咀－灣仔、紅磡－中環、紅磡－灣仔。其中尖沙咀－中環段最多人搭乘，成人票價港幣5～6.5元，時間只需8分鐘。

※其實香港和九龍及離島之間還有其他渡輪，如中環碼頭到坪洲、長洲、南丫島和大嶼山等離島，以及當地人比較常搭乘的由北角碼頭到紅磡和九龍城的渡輪。

5. 計程車

除了大嶼山（藍色）和新界（綠色）外，香港島和九龍的計程車都是紅色的，數量非常多。計程車招呼站多設在飯店、商場門口，以及地鐵站周圍，不過也可以在路上攔車搭乘。一般在香港島和九龍計程車起跳價是港幣27元（開始的2公里），之後每0.2公里或等候1分鐘加價港幣1.9元，如果還須過海、過橋或過隧道，還須加錢，行李箱置放行李也須加錢。

6. 鐵路

東鐵線是九廣鐵路的延伸，從紅磡起站，經過九龍西、新界，到達廣東深圳和香港交界的羅湖及落馬洲。經羅湖橋過海關可到深圳，也可連接大陸廣深鐵路直達廣州。

※另有由紅磡到屯門的西鐵線和及馬鞍山地區的馬鐵線兩條新鐵路，是給本地人通勤的列車。

住在香港

酒店及精品旅館介紹 Hong Kong Hotel

尖沙咀

麗思卡爾頓 M2C3
The Ritz-Carlton Hong Kong
★★★★★

🏠 香港西九龍柯士甸道西1號　☎ 2263-2263

2011年3月29日開幕，是目前全球最高的酒店，位於九龍環球貿易廣場102～118層，可提供飽覽維港及城市景致的房間。需搭乘直達電梯到達103層的海景酒店大廳check in。

香港W酒店 M2C3
W Hotels Hongkong
★★★★★

🏠 九龍西九龍柯士甸道1號　☎ 3717-2222

在2008年，世界知名的W飯店選擇在香港九龍站的上方蓋了最豪華的飯店，是亞洲繼首爾、馬爾地夫後的第三間飯店。飯店下層連接圓方商場，名牌商品、各式餐廳、高級超市應有盡有。

半島酒店 M2C3
The Peninsula Hotel
★★★★★

🏠 九龍尖沙咀梳士巴利道22號　☎ 2920-2888

舊翼「主樓」已有近百年歷史，古典貴族氣息濃厚，曾多次入選「世界十大最佳酒店」，新樓則十分現代化，且部分客房除設施豪華外，

更享有無敵海景，觀景窗戶夠大，是許多觀光客到香港旅遊最想住的飯店之一。酒店購物區齊聚數家國際品牌專門店，值得一逛。

香港洲際酒店 M3D3
Inter Continental Hotel
★★★★★

🏠 九龍尖沙咀梳士巴利道18號
☎ 2721-1211

位於尖沙咀南端，飯店面維港而建，幾乎所有客房都能充分的看到夜景。最適合情侶、夫妻的浪漫飯店。

YMCA九龍基督教青年會酒店
Ymca-Salisbury Hotel M3C2
★★★

🏠 九龍尖沙咀梳士巴利道41號　☎ 2268-7000

位在半島酒店附近，讓你以較少的住宿金額，也能觀賞到同等的港邊美景。但因訂房者較多，所以必須早點訂房。

前水警總部酒店 M3C2
Hullett House Hotel
★★★★★

🏠 九龍尖沙咀廣東道2號　☎ 2268-7994

建於1881年、優雅的英式殖民風格建築，前身是水警總部，2010年4月以古蹟酒店Hullett House的面貌重現風華，每間房間均

以香港不同的港灣命名，全都有私人露台，套房設計相當精緻，表現出香港不同時期的文化風情。每房每晚定價約2萬元台幣，應該是目前香港最頂級的飯店。

馬可孛羅香港酒店 M3C1
Marco Polo Hongkong Hotel
★★★★

🏠 九龍尖沙咀廣東道3號海港城　☎ 2113-0088

位在海港城旁，附近靠近地鐵站、碼頭，不僅交通方便，鄰近新港中心、中港城、1881等商場，逛街購物超方便。大餐廳、小食堂穿梭大街小巷中，是極佳的住宿選擇區。海港城有3家酒店，都是屬於馬可孛羅集團最靠近天星碼頭的為馬可孛羅香港，中間是港威，最靠近中港碼頭的是太子。

朗廷酒店 M3C2
Langham Hotel

★★★★

🏠 九龍尖沙咀北京道8號

☎ 2375-1133

位於北京道上，歐洲宮廷式的飯店裝潢，是鬧區中難得一見的優雅飯店。靠近尖沙咀熱鬧購物區海港城和DFS購物中心，購物相當方便。

皇家太平洋酒店 M3B1
The Royal Pacific Hotel & Towers
★★★★

🏠 九龍尖沙咀廣東道33號

☎ 2736-1188

為一連鎖飯店，位於尖沙咀熱鬧的廣東道，飲食購物、交通方面都很便利，旅遊居住的好選擇。

喜來登酒店 M3B2
Sheraton Hotel
★★★★★

🏠 九龍尖沙咀彌敦道20號

☎ 2369-1111

位於彌敦道上，靠近半島酒店，居住在此，可以飽覽維港風景，飯店所設的精品街區也很值得推薦。日本觀光客尤其喜歡住在這。

九龍酒店 M3C2
Kowloon Hotel
★★★★

🏠 九龍尖沙咀彌敦道19～21號　☎ 2929-2888

位在半島酒店正後方，與半島為同一集團。交通、購物超便利，房間有點小但卻精緻。

尖沙咀凱悅酒店 M3B3
Hyatt Regency HK Hotel Tsim Sha Tsui
★★★★

🏠 九龍尖沙咀河內道18號　☎ 2311-1234

原就是國際級飯店的凱悅酒店，地理位置佳，現在旁邊又開了一家大型的藝術商場K11，集藝術、購物、餐廳飲食於一地，交通、生活機能極佳，

適合第一次去香港自助旅行的人。

金域假日酒店 M3C2
Holiday Inn Golden Mile Hotel
★★★★

🏠 九龍尖沙咀彌敦道50號　☎ 2369-3111

離地鐵站超近，在觀光景點重慶大廈附近。因為是在地鐵站的上方，最適合第一次來香港自助旅行、懶得走太多路回飯店的人。

尖沙咀

華國酒店 M3B3
Hotel Benito
★★

🏠 九龍尖沙咀金馬倫道7-7B ☎ 3653-0388
位於尖沙咀熱鬧地區，客房雖不大，但交通、飲食和購物都很方便。

麗景酒店 M3B3
Hotel Panorama Hong Kong
★★★★

🏠 九龍尖沙咀赫德道8A號 ☎ 3550-0388
與中環蘭桂坊酒店、銅鑼灣雅逸酒店都屬於隆堡國際酒店集團旗下酒店，旅館高層海景房可欣賞到維多利亞港的景色，擁有時尚的外觀，特別的是飯店內有空中酒吧。40樓的空中花園也可休憩觀景。

九龍香格里拉酒店 M3B4
Kowloon Shangri-La Hotel
★★★★★

🏠 九龍尖沙咀麼地道64號
☎ 2721-2111
2010年局部有重新裝修，最受旅客稱讚的是客房內的挑高夠寬廣、觀景窗戶夠大，同時位於尖沙咀的精華地區。

帝苑酒店 M3B4
The Royal Garden Hotel
★★★★

🏠 九龍尖沙咀麼地道69號 ☎ 2721-5215
位於尖沙咀中心，前往地鐵站、火車站都只要幾分鐘，附近有許多餐廳、商場。酒店最特別的是有一全長25米的露天游泳池，每間房間的設計也都很精緻。飯店的餅店糕點頗有名。

百樂酒店 M3B3
Park Hotel
★★★

🏠 九龍尖沙咀漆咸道南61號 ☎ 2731-2100
這兩年重新翻修，樓下是商場，飯店附近有機場快線接駁巴士、地鐵站，可省下不少交通費，加上住宿價格中等、房間不算小，是網友稱讚CP值不錯的酒店。

The Mira M3B2
★★★★

🏠 九龍尖沙咀彌敦道130號
☎ 2368-1111
原為美麗華酒店，後經重新設計而成現在外觀、客房極具設計感的時尚旅店。位於尖沙咀最熱鬧的柏麗購物大道附近，鄰近還有商場、異國料理餐廳。距地鐵站步行只要幾分鐘。

君怡酒店 M3A3
Kimberley Hotel
★★★

🏠 九龍尖沙咀金巴利道28號 ☎ 2723-3888
算是老字號飯店，位於尖沙咀熱鬧的諾士佛臺旁邊，適合愛熱鬧的人。離尖沙咀地鐵站約8分鐘。

龍堡國際賓館 M3A2
BP International House
★★★

🏠 九龍尖沙咀柯士甸道8號 ☎ 2376-1111
龍堡位在九龍公園和地鐵站出口的附近，交通方便。而且這裡距離機場快線九龍站不遠，無論搭免費接駁巴士或計程車，都不需花太多的時間和計程車資。

海景嘉福酒店 M3B4
Inter Continental Grand Stanford Hotel
★★★★★

🏠 九龍尖沙咀東部麼地道70號 ☎ 2721-5161
雖然位在尖沙咀上，但離地鐵站及彌敦道

熱鬧處步行要12分鐘以上，酒店有穿梭巴士往返尖沙咀地鐵站及天星碼頭，房間大而不貴。

富豪九龍酒店 M3B4
Regal Kowloon Hotel
★★★★

🏠 九龍尖沙咀東部麼地道71號 ☎ 2722-1818

這家飯店鄰近九廣鐵路、地鐵、尖沙咀天星碼頭和中國客運碼頭等，交通稱得上方便。尤其要前往羅湖、中國等地的人，住這裡比較方便。

尖沙咀皇悅酒店 M3A3
Kowloon Empire Hotel
★★★

🏠 九龍尖沙咀金巴利道62號 ☎ 2685-3000

離尖沙咀地鐵站約13分鐘，飯店有點小，位在君怡酒店和帝樂文娜公館附近。

九龍華美達酒店 M3A3
Ramada Hotel Kowloon
★★★

🏠 九龍尖沙咀漆咸道南73號 ☎ 2311-1100

位於尖沙咀東部商業中心，距離地鐵站約走15～20分鐘，鄰近科學館等景點。

海逸君綽酒店 M2C3
Harbour Grand Kowloon Hotel
★★★★

🏠 香港九龍紅磡黃埔花園德豐街20號
☎ 2621-3188

距尖沙咀心臟地區雖有一段距離，但位於維多利亞港邊，可欣賞到港邊美景。推薦給純粹想在飯店休閒度假、享受美食的人。

都會海逸酒店 M2C3
Harbour Plaza Metrpolis Hotel
★★★★

🏠 九龍紅磡都會道7號 ☎ 3160-6888

在尖沙咀東側，距離熱鬧市區有一段距離，最頂層樓可以居高往下欣賞維港的景色，飯店設有免費接駁前往尖沙咀

地鐵站的公車可供搭乘。靠近紅磡體育館，看演唱會首選。

九龍地區精品及小型酒店

香港馨樂庭亞士厘服務公寓 M2C3
Citadines Hongkong Ashley
🏠 九龍尖沙咀亞士厘路18號
☎ 2262-3062

地點極好的酒店式公寓，房間不大但相關配備都有，還有一個小型廚房，可煮東西和微波食物。有無限網路、免費室內電話，以及可以看到許多中外電影的智能型衛星電視，可惜隔音設備稍差。

晉逸酒店-寶勒 M2C3
Butterfly On Prat Hotel
🏠 九龍尖沙咀寶勒巷21號
☎ 3962-8913

價格較便宜的連鎖旅館，房裡有微波爐，客房的床型只有一張大床SGL 和 DOUBLE，沒有TWIN雙人床。距地鐵站大概要走15～20分鐘。

九龍帝樂文娜公館 M3A3
The LUXE MANOR

🏠 九龍尖沙咀金巴利道39號

☎ 3763-8888

位於熱鬧的諾士佛臺旁邊，有名的精品旅館，飯店風格特別，適合愛熱鬧的人。離尖沙咀地鐵站約8分鐘。價格較香港區的精品旅館來得便宜。

佐敦、油麻地

彌敦酒店 **M4C3**
Nathan Hotel

★★★

🏠 九龍佐敦彌敦道378號　☎ 2388-5141

16層樓高的彌敦酒店靠近佐敦地鐵站，交通方便，近年已重新裝潢，外觀更加氣派。

逸東酒店 **M4B2**
Easton Hotel

★★★

🏠 九龍佐敦彌敦道380號　☎ 2782-1818

位於彌敦酒店旁的逸東酒店，都在彌敦道上，對第一次來住的人很容易找得到。

九龍諾富特酒店 **M4C2**
Kowloon Novotel Hotel HK

★★★

🏠 九龍佐敦彌敦道348號　☎ 2782-1818

位在尖沙咀熱鬧地段，就是以前的大華酒店。是一15層樓高的建築物，附近還有玉器市場和廟街可逛。

CASA酒店 **M4A2**
CASA Hotel

★★★

🏠 九龍油麻地彌敦道487號　☎ 3758-7777

這家旅館房間極小，但地理位置極佳，位於油麻地地鐵站上方。服務人員親切、有免費的無限網路，是懶得走路回飯店的人的好選擇。

恆豐酒店 **M4D2**
Prudential Hotel

★★★

🏠 九龍佐敦彌敦道222號
☎ 2311-8222

位於佐敦地鐵站上，交通超便利。且有自己的購物商場，對愛逛街的人來說，最方便不過。

旺角、太子

朗豪酒店 **M5C1**
Langham Place Hotel

★★★★

🏠 九龍旺角上海街555號
☎ 3552-3388

是旺角區最大級、豪華的酒店。酒店下方是著名的購物區朗豪坊，附近旺角地區更是有得逛、有得吃，可以說是夜晚香港最熱鬧的地區。

九龍帝京酒店 **M5A3**
Royal Plaze Hotel

★★★★

🏠 九龍旺角太子道西193號　☎ 2928-8822

酒店蓋在旺角地鐵站上方，旁邊有大型的新世紀廣場可逛，如果要搭乘火車，這裡距離火車站也近，交通便利。

九龍維景酒店 **M5C3**
Metro Park Hotel Kowloon

★★★

🏠 九龍旺角窩打老道75號
☎ 2761-1711

位在窩打老道上的維景酒店雖不在鬧區正中，但走到新世紀廣場約15分鐘，還有酒店接駁車可抵達旺角或尖沙咀市區。

旺角維景酒店 **M5B1**
Metro Park Mongkok

★★★

🏠 九龍太子荔枝角道22號　☎ 2397-6683

以前的京港酒店改名，鄰近地鐵太子站和旺角東鐵站。是太子這一區住宿的好選擇。

中環

四季酒店 M6B4
HK Four Seasons Hotel
★★★★★

🏠 香港中環金融街8號 ☎ 3196-8888

位於中環商業中心的黃金地帶，是世界性極有名的連鎖飯店。2005年9月起開始接受住房。飯店除了可欣賞夜景外，更以優良的服務出名。

文華東方酒店 M8C5
Mandarin Oriental Hotel
★★★★★

🏠 香港中環干諾道中5號 ☎ 2522-0111

位於中環商業中心的黃金地帶。除了可遠眺維港外，便利的購物環境及不輸半島酒店的下午茶，更是令人驚喜的地方。

隆堡蘭桂坊酒店 M8D3
Hotel LKF
★★★★

🏠 香港中環雲咸街33號 ☎ 3518-9688

榮獲亞洲最佳精品酒店的蘭桂坊酒店，大多以歐美旅客居多，位於中環的九如坊，無論

去上環或中環的熱鬧餐廳、景點都很方便。入駐酒店的房客，可免費享用i-PAD。

晉逸好萊塢精品酒店 M6B1
Butterfly on Hollywood
★★★★

🏠 香港上環荷李活道263號 ☎ 2850-8899

地點其實在上環，位置靠近許多知名景點和餐廳，如西港城、文武廟、古董街和PMQ元創方等，方便旅遊。外觀現代、房間不太大。

中環地區精品及小型酒店

晉逸精品酒店-威靈頓店 M6C3
Butterfly On Wellington Hotel
★★★

🏠 香港中環威靈頓街122號 ☎ 3962-1688

飯店就位在中環半山扶梯旁的威靈頓和嘉咸街口，交通便捷、機能好，蓮香樓、蘭芳園都進在呎尺近，中國式裝潢極具華麗東方氛圍。

蘭桂坊酒店@九如坊
Lan Kwai Fong Hotel Kau U Fong
★★★★

🏠 香港中環九如坊3號 ☎ 2311-6280

和蘭桂坊酒店名字很像千萬別認錯了。這家精品旅店最大的特色是中國式古色古香的擺設，吸引許多熱愛中國文化的歐美旅客。鬧中取靜。

金鐘、灣仔

萬豪酒店 M7C2
JW Marriott Hotel

★★★★★

🏠 香港金鐘道88號 太古廣場　☎ 2739-1111

位於商業及購物中心——金鐘，鄰近購物中心——太古廣場。飯店內更有全天候游泳池，讓你紓解疲勞。

港島香格里拉酒店 M7C1
Island Shangri-La Hotel

★★★★★

🏠 香港中區法院道太古廣場　☎ 2877-3838

榮獲2003年亞太最佳商務飯店之一。位於金鐘地鐵站附近，鄰近購物中心太古廣場，購物相當方便。

君悅酒店 M7B3
Grand Hyatt

★★★★★

🏠 香港灣仔港灣道1號　☎ 2588-1234

位於香港會議展覽中心內，是商務人士的好選擇，裡面高達6成的房間可俯瞰維多利亞港海景。

萬麗海景酒店 M7B3
Renaissance

★★★★

🏠 香港灣仔港灣道1號　☎ 2802-8888

位於商業、購物、娛樂中心的灣仔，交通便利。飯店鄰近香港會議展覽中心 。

灣仔維景酒店 M7B3
Metro Park Wan Chai Hotel

★★★

🏠 香港灣仔軒尼詩道41-49號　☎ 2861-1166

為一連鎖企業飯店，位於香港最有名的酒吧街內，可品嘗到不少異國風味美食。

六國酒店 M7B3
Luk Kwok Hotel

★★★

🏠 香港灣仔告士打道72號　☎ 2866-2166

特殊外觀的六國酒店，靠近香港會議展覽中心，適合前來此區洽公住宿的旅客，飯店有接駁車。

銅鑼灣

南洋酒店 M8C1
South Pacific Hotel

★★★

🏠 香港銅鑼灣摩理臣山道23號　☎ 2572-3838

圓柱外觀的南洋酒店位在銅鑼灣中，即使迷路了也可以找得到路。它鄰近各大百貨商場，住宿價格不貴，服務親切。

怡東酒店 M8A2
Excelisor Hotel

★★★★

🏠 香港銅鑼灣告士打道 281號　☎ 2894-8888

距銅鑼灣商場區只需走約10分鐘，這裡還可以看到知名景點午砲的儀式，住在這，在客房內就可以直接看到。

智選假日酒店 M8C1
Express by Holiday Inn Hotel

★★★

🏠 香港銅鑼灣雲東街33號　☎ 3558-6688

距銅鑼灣地底站A出口只要步行約6分鐘，可以說是最接近銅鑼灣鬧區的飯店了，交通四通八達。

珀麗酒店 M8B3
Rosedale on the Park Hotel

★★★★★

🏠 香港銅鑼灣信德街8號　☎ 2127-8888

飯店靠近維多利亞公園，可欣賞到翠綠的美景。飯店有提供接駁巴士至港島區著名的景點。

銅鑼灣

柏寧酒店 M8A3
Park Lane Hotel
★★★★

🏠 香港銅鑼灣告士打道310號　☎ 2293-8888

位於熱鬧的銅鑼灣地區，鄰近sogo百貨，附近除了有許多大型購物中心、專門店外，還有許多道地的香港美食餐廳。如果到香港的目的就是買跟吃，這裡是不錯的選擇。

銅鑼灣皇冠假日酒店 M8C2
Crowne Plaza Hotel HK Causeway Bay
★★★★

🏠 香港銅鑼灣禮頓道8號　☎ 3980-3980

皇冠假日酒店坐落在銅鑼灣與跑馬地馬場交匯處，房間比起一般香港酒店面積稍大，建議可選擇望向跑馬場的景觀房；27樓的空中花園可供房客休憩聊天、觀景。

北角

海逸君綽酒店 M2C3
Harbour Grand Hotel Hong Kong
★★★★

🏠 香港北角油街23號　☎ 2121-2688

四星級的高級酒店，因不是位在熱鬧的一級戰區，住宿價格較為便宜。不過飯店距北角地鐵站不遠，想享受飯店服務的人可以試試。

城市花園酒店 M2C3
City Garden Hotel
★★★

🏠 香港北角城市花園道九號　☎ 2887-2888

　距銅鑼灣地鐵站僅2站的距離，飯店有提供接駁巴士至銅鑼灣時代廣場等購物區，購物後也不需大包小包搭地鐵提回飯店。

麗東酒店 M2C3
Hong Kong Newton Hotel
★★★

🏠 香港北角電氣道218號　☎ 2807- 2333

位在北角的熱鬧商業區，搭地鐵前往鄰近的銅鑼灣、中環等站也很方便，住宿價格便宜許多。

北角海逸酒店 M2C3
Harbour Plaza North Point Hotel
★★★★

🏠 香港北角英皇道665號　☎ 2187-8888

四星級的高級酒店，位在近期開始急速發展的北角商業區，交通便利。

港島宜必思世紀軒酒店 M2C3
Ibis North Point
★★

🏠 港島北角渣華道138號　☎ 2588-1111

位於北角的商業區中，客房雖然不大的宜必思酒店，但因距離地鐵站僅1分鐘，對旅客來說佔盡交通之便。

數碼港艾美酒店 M2C3
Le Meridien Hotel
★★★★★

🏠 香港南區數碼港道100號　☎ 2980-7788

2004年開幕，以「藝術和科技」為概念設計每一間客房，是一優質時尚旅店。客房佈置充滿時代感，客房內設有非吸菸房，以及適合殘障人士使用的房間。

天后

銅鑼灣維景酒店 M2C3
Causebay Bay Metro Park Hotel
★★★

🏨 香港銅鑼灣道148號 ☎ 2600-1000
是一連鎖飯店，外觀為玻璃建築。靠近銅鑼灣商業中心和購物地區，旁邊則是維多利亞公園。

銅鑼灣海景酒店 M2C3
L' Hotel Causeway Bay Harbour View
★★★★

🏨 香港天后英皇道18號 ☎ 3553-2898
位於天后地鐵站出口對面，是一連鎖企業高級酒店，外觀為40層高的現代建築大樓。

港島地區精品及小型酒店

芬名酒店 M7B4
The Fleming Hotel

🏨 香港灣仔菲林明道41號 ☎ 3607-2288
位在灣仔的芬名酒店，是一帶有現代設計感的精品旅館。距離灣仔地鐵站出口只要5分鐘可到，相當方便。

莎瑪酒店式公寓 M8B1
SHAMA

🏨 香港銅鑼灣羅素街8號7樓 ☎ 2202-5555
莎瑪銅鑼灣分店就在時代廣場旁，地點極佳，樓上有個天台花園可供旅客休憩，內部空間坪數大且每間房都備有齊全的烹飪設備，沐浴用品是寶格麗的喔！

M6D4
迷你酒店中環
Mini Hotel Central

🏨 中環雪廠街38號
☎ 2537 4941

酒店位處斜坡路段上，下面就是皇后大道，地點極佳，房間極小，1樓的LOBBY則極大。適合個人旅行且行李輕便的人。

名樂居 By The Park M7C4
Mingle Place Hotel

🏨 香港灣仔灣仔道143號
☎ 2838-1109

名樂居在香港地區擁有5家酒店，分別在上環、中環和灣仔，地點都不錯、房間都不大。灣仔名樂居是香港60年代的「唐樓」改裝，類似台灣的老公寓，沒電梯，住客得爬樓梯，較適合背包

客。內部設計以懷舊風為主，歷史相片、復刻藝術品、樓梯間的花飾壁畫，以及以麻將梅蘭竹菊做成的門牌，相當具有特色。極多選擇的中外影片，也讓人看到眼發昏。

香港逸蘭銅鑼灣酒店 **M8B3**

🏠 香港銅鑼灣禮頓道133號

☎ 3477-6888

是一家位於銅鑼灣鬧區的精品旅館，一樓大廳的歐式優雅庭院設計讓人放鬆心情，門禁森嚴，旅客手持的住房卡片僅能抵達所住的樓層，多了一層安全保障。

J Plus Boutique Hotel **M8B3**

🏠 香港銅鑼灣伊榮街1-5號

☎ 3196-9000

坐落於銅鑼灣的鬧區之中，有著隱密的大門，很有私密空間。飯店內部採名家設計，小小的一個客房內宛若一個家的擺設，讓人能充分放鬆。飯店提供的免費點心亦相當美味。

來一場

文藝潮來襲
打造文化藝術重鎮

藝術文化漫遊

西九文化區

在維多利亞港旁邊的西九文化區，是這幾年最紅的區域，不僅聚集香港居民，更有不少來自各國的遊客前來。隨著以粵劇為主角的戲曲中心、當代視覺博物館M+，以及香港故宮文化博物館的逐一開幕，這一區已儼然形成香港文化藝術重鎮。此外，開放空間的藝術公園、自由空間、藝術展亭和海濱長廊等，讓這裡成為最棒的生活藝術休閒區。

香港故宮文化博物館

中國貴重藝術寶物
的文藝之旅

🏠 香港九龍博物館道8號

☎ 2200-0217

🕐 10:00～18:00（週一、三、四、日），10:00～20:00（週五、六），週二休館（國定假日除外）

💡 東涌綫、機場快線九龍站C1、D1出口（上到1樓，跟著標示前往，約走10～15分鐘）

$	成人	優惠
標準（展廳1～7）	港幣60元	港幣30元
特別（展廳1～7、8）	港幣150元	港幣75元
特別（展廳1～7、9）	港幣150元	港幣75元
全館通行	港幣240元	港幣120元

※優惠是指7～11歲孩童、全日制學生、60歲或以上長者、殘疾人士（與一名同行照料者）

7層樓高，2022年7月開展，方形大鼎的建築外觀，內部則是參考了北京故宮的建築。米與朱紅的搭配，典雅貴氣。正大門的朱紅色，是許多參觀者打卡的熱門點。

內部一共有9個展覽廳，展廳1～5主要以介紹宮廷文化、歷史和故宮的珍藏為主，像開展的「紫禁萬象」、「紫禁一日」和「凝土為器」等主題。展廳6～7是專題展廳，展示香港的中國藝術收藏、受贈藏品和多媒體藝術等。展廳8～9主要舉辦像故宮典藏古代藝術品、和馬相關的藝術品等大型展覽。每個展覽廳的展期不同，詳細資訊建議至官網確認。

另外，這裡設有各式餐廳，像港式點心和料理餐廳璟瓏軒、宮廷創意菜餚「下江南」和可麗餅餐廳Crepes & Bakes等等，都能讓你在逛完展覽後飽食一餐。而禮品店「ART EXPRESS by商務印書館」也能讓你買到畫冊、明信片、包袋等藝術禮品。

M+

全球首間
視覺文化博物館

🏠 香港九龍博物館道38號　☎ 2200-0217

🕙 10:00～18:00（週二～四、週六），10:00～22:00
　（週五），週一休館

💡 東涌綫、機場快線九龍站C1、D1出口（上到1樓，跟
　著標示前往，約走10～15分鐘）

💲

	成人	優惠
標準門票	港幣120元	港幣60元
特別展覽	港幣140元	港幣70元
放映節目	港幣85元	港幣68元

※多媒體中心、大台階（持票活動除外）、大樓B1層和天台花園免費。
※標準門票的優惠是指7～11歲孩童、全日制學生、60歲或以上長者、殘疾人士（與一名同行照料者）。
※放映節目中，17歲或以下港幣25元。

2021年11月開幕的M+，是以20世紀後的亞洲視覺文化藝術為主題的美術館。展品包括來自香港、亞洲和世界各地的雕刻、繪畫、建築、多媒體和影像等，相當廣泛。

不同於傳統博物館、美術館的平面藝術品和展覽方式，M+想以全新的角度讓參觀者可以參與互動。展品除了一般的視覺藝術，還加入了模型、建築繪圖、工業設計、電子遊戲等，相當多元。館內「M+藏品系列」和「M+希克藏品」已經超過8000多件。

另外，M+館內有「M+本店」和「M+小舖」兩個禮品店。M+本店以販售國際知名藝術家，像奈良美智、草間彌生、村上隆、札哈・哈蒂（Zaha Hadid）、文森・布羅凱爾（Vincent Broquaire）和香港設計師等的產品。M+小舖則主要販售童書繪本、各式設計款兒童文具、復古設計商品，以及香港伴手禮等藝術商品，像大家喜愛的黑白牌奶茶杯、特色冰箱吸鐵等這裡都買得到。

※可參照M3A1

戲曲中心

親身體驗粵劇
傳統戲曲的魅力

🏠 香港九龍尖沙咀柯士甸道88號
☎ 2200-0217 ⏰ 10:00～22:30
💡 地鐵柯士甸站E出口
💲 門票依節目有所不同，請見官網資訊（門票早鳥票
　 八折）

2019年1月啟用的戲曲中心，位於尖沙咀廣東道與柯士甸道西交界。節目包含粵劇和中國傳統戲曲、音樂演奏表演等，有經典的戲碼，也有戲曲

新秀的表演。除了香港本地表演者之外，也有知名的中國戲劇團體來此公演，讓劇迷享受好劇、聽好曲。中心內的表演場地有大劇場、茶館劇場，分別可以容納1000人和200人。在茶館劇場看節目，有些還能一邊品嘗好茶、點心，一邊觀劇，如同身處舊時茶館看戲般，是很特殊的體驗。

此外，沒有看戲曲也沒關係，戲曲中心內公開區域有展示戲曲服飾、頭套等，能親身欣賞到華麗精緻的手工戲服，是千載難逢的好機會。

跟著展覽品
走入金庸的武俠世界

香港文化博物館金庸館 M2B3

⌂ 香港新界沙田文林路1號　☎ 2180-8188

🕐 10:00～18:00（週一、三、四、五），10:00～18:00（週六、日、國定假日），10:00～17:00（聖誕前夕、除夕），週二（國定假日除外）、初一、初二休館

💡 地鐵車公廟站A出口

$ 常設展覽門票免費

對於喜愛看武俠小説、武俠連續劇和電影的人來説，金庸小説幾乎本本如數家珍，在香港時常會有金庸的相關展覽。這一間位於沙田的香港文化博物館，裡面設有常設展覽「金庸館」，展出相關作品300多組。

金庸小説多年來授權拍攝過電視劇、電影，以及出版漫畫、推出手遊，影響到許產業和許多人。這裡的展品則蒐集了早年的小説、單行本、漫畫，還有電視劇劇照、主題曲、唱片與海報，以及金庸珍貴的照片，不僅可以藉由這些展品重溫舊日時光，更能一看金庸的早年生活。

開心玩

展場有人數限制，所以假日參觀者太多時，會有人流管制。

不能不吃的

A b o u t   d e s s e r t 甜品糖水

許多人喜歡在飯後食用甜食，在香港則稱作「糖水」，走一趟香港，你會發現滿街到處都是這種傳統港式糖水店。專賣豆腐花、涼粉、糖不甩等，以下都是些常見的糖水，在街邊的小店或連鎖糖水店可以吃到。

涼粉

涼粉吃起來很像我們的仙草，但加入不同材料就成了不同口味的涼粉，多為四方塊。像晶晶甜品、杏甜品等都有賣好吃的涼粉，滿記甜品的芒果涼粉則是最愛。

果凍

香港的果凍叫作啫喱，是利用果膠粉、洋菜粉和各類果汁液製成的，通常街邊小店買得到，口味豐富，有的甚至還會加入蛋花，很特別。

楊枝甘露

也有人叫它楊枝金露，是芒果塊、葡萄柚果粒和西米露組成的飲品，發記甜品、滿記甜品和聰。C Dessert的都很好吃。連超商賣的鴻福堂牌芒果乳酪甘露、鴻星牌的楊枝甘露都美味無比。

水果豆腐

多是各類水果加上杏仁豆腐，幾乎是各家糖水店必備的單品。口味清淡，又吃得到當季的水果，很受女性顧客的歡迎。

芝麻糊和核桃糊

說到傳統中式甜品，絕不能忘了帶有濃郁香氣的糊類。像一碗芝麻糊和核桃糊，是冬天飯後最能暖胃的甜品。傳統老店石磨坊的糊類甜品、太子的海記合桃坊甜品都是這類甜品的佼佼者。

自製研發甜品

許多店家發揮創意，利用各式水果、珍珠、西米露、煉乳等，研發而成美味的創意冰品，佐敦的松記糖水就是這類很受歡迎的店。

豆腐花

就是我們一般說的豆花，香港最有名的豆花甜品，有糖朝的木桶豆腐花，是單純搭配甜水食用，其他則有搭配各式水果等。

紫米露

將煮得軟爛熟透的紫米（黑糯米）加入煉乳、水果，是很常見的港式甜品，冷熱皆宜，吃完很有飽足感。發記甜品的鮮芒果紫米露、滿記甜品的芒果白雪黑糯米值得推薦。

燉奶

以鮮奶和雞蛋製成、吃起來如同奶酪般滑順，最常見的口味是鮮奶和巧克力。販售燉奶聞名的店有澳洲牛奶公司、義順牛奶公司和石磨坊等店。

水果甜品

這是以水果製成的甜品，像滿記甜品的榴槤忘返、木瓜燉雪耳、士多啤梨西米露等都是。

湯丸

湯圓在香港叫湯丸，裡面通常包有芝麻、桂花等餡料，多以熱食，是冬天暖身的甜品之一。另一種湯丸直接沾著花生粉食用的，叫作糖不甩。

不能不吃的甜品糖水

About dessert

西米露

就是西米露、西米，粒粒透明口感佳，是甜點的最佳配角。港式糖水中常見的是芋頭風味西米露，自創甜點中，則多會搭配水果、冰淇淋和涼粉等。

冰花燉蛋

除了糖水店，有些老字號的茶樓早茶也有這道傳統點心，它是以牛奶和蛋為原料，經過燉熟後放涼冷藏。大多使用雞蛋，而改用鵪鶉蛋製作的話，就叫燉春蛋。

木蓮凍

做法類似台灣傳統的洗愛玉籽，將木蓮籽洗出透明無色果凍般的汁液，入口即化，冷食、熱食都可以。冷食通常搭配芋圓、涼粉、水果等，旺角杏甜品的木蓮凍系列甜點非常好吃！熱食則是搭配核桃露等。

喳咋

就是雜雜、雜糧的意思，是很傳統的港式糖水，類似我們的八寶粥。將各種豆類食材，像綠豆、紅豆、紅腰豆和眉豆拿去煲煮出來的點心，有些還會加入芋頭等，吃了很飽。

蕃薯糖水

將蕃薯切大塊，和薑一起放入糖水中燉煮，是早期的港式甜點，風味純樸。寒冷冬天喝吃一碗，馬上驅寒。我自己比較偏愛軟硬適中、不糊掉的蕃薯。

椰味燉鮮奶

以整顆椰子外殼為容器，椰肉也可以食用。糖水店常見的椰子燉鮮奶，當中會加入桃膠、燕窩等養生食材，因此價格較高。推薦倫敦大酒樓的限量招牌點心「椰皇燕窩燉鮮奶」！

班戟

就是鬆餅、薄煎餅（Pancake）的港式音譯。除了搭配巧克力、莓類醬汁等，也有做成芒果、草莓風味班戟皮，再包入打發鮮奶油、水果餡料的，很受大眾歡迎。

陳皮綠豆沙

通常還會加入海帶一起熬煮，是香港的傳統糖水，也是藥膳的一種。煮得香濃滑的綠豆沙因為加了陳皮，不那麼甜膩，反而風味完美結合，令人意想不到的好吃。

芒果風味點心

我發現香港不管是糖水甜點、冰品、飲料店，都很喜歡用芒果製作，像經典的楊枝甘露、芒果豆腐花、芒果椰汁西米露、芒果布丁和芒果窩夫等，都以芒果為主角。呂宋芒、愛文芒都是常使用的芒果品種。

香港茶餐廳
About HongKong Cuisine, Drinks
必點美食

香港各類餐飲店多，但其中很大部分是「茶餐廳」。茶餐廳的營業時間很長，通常早、中、晚三餐都有營業做生意，甚至還有開24小時的。這麼長的營業時間，究竟都賣些什麼？奶茶、咖啡等飲品搭配三文治（三明治）、奶油多士（奶油吐司）、蛋塔、菠蘿油包等，以及粥、麵、飯、湯、麵包、三明治，三餐加宵夜都能在這解決，是最平民化的餐飲店。

叉燒撈麵

撈麵其實就是「拌麵」，以瀝乾的熟麵條搭配叉燒肉、牛腩或蝦仁雲吞等主材料，再加入醬汁、調味料拌勻，搭配蔬菜。

乾炒牛河

將滑嫩的牛肉切成片或細條，加入河粉以大火快炒煮熟，再加入蠔油和其他調味料，屬於重口味的菜色。

皮蛋瘦肉粥

又叫「皮蛋瘦」、「有味粥」，是很常見的港式粥品，港式的粥底較為綿密、不見顆粒，食用時可搭配油條。

豬扒飽

豬仔包的另一種受歡迎的吃法，尤其在澳門特別有名！在烤好的麵包中夾入炸豬排（豬扒），茶餐廳中也點得到。

火腿通粉

火腿細絲搭配義大利通心粉，是很多茶餐廳的早餐飲食，這道菜最有名的是位於佐敦的澳洲牛奶公司。

四寶飯.三寶飯

港式燒臘是許多人的最愛，如果不喜歡單吃一種主菜，可點這種同時加入了叉燒肉、燒鴨、燒鵝或鹹蛋的綜合叉燒飯，通常會附湯汁或飲料。另也有更豐富的八寶飯。

乾炒豬扒公仔麵

香港最早出品泡麵的公司，以公仔為食品標誌，使得公仔麵成為泡麵的代名詞。公仔麵可搭配不同食材乾炒，像豬扒、海鮮料等。

魚蛋粉

魚蛋粉又叫作「魚蛋河」，是以潮州魚丸搭配河粉，再加入鮮美的高湯中煮熟。有的茶餐廳會加入油豆腐、魚板和紫菜等料。

鮮蝦雲吞撈丁

丁指的是香港特有的泡麵「出前一丁」，許多人將出前一丁當作食材，發展出各式料理。而撈丁則是煮熟瀝乾水份的出前一丁泡麵，為蘭芳園茶餐廳首創。

茶餐廳的飲食分為「早餐」、「午餐」、「快餐」、「常餐」和「下午茶餐」這幾種。早餐約在上午11點以前，午餐約在上午11點到下午2點，快餐大多只在中午，常餐多為全天供應，下午茶餐則約下午2點到5點。另說到座位，茶餐廳內的桌子大多是2人、4人方桌或6人、8人圓桌，椅子都有靠背，少見圓凳椅。去茶餐廳吃飯還有一個很大的特色，台灣人也許不太習慣，就是在忙碌時刻還需和其他不認識客人同桌吃飯，通常服務生會指引安排座位，這種「搭檯（併桌）」是司空見慣的事。以下是茶餐廳中常見的飲食！

香港茶餐廳
About HongKong Cuisine, Drinks
必點美食

咖啡

茶餐廳常見飲料，通常冰咖啡的價錢會比熱咖啡來得貴，港式咖啡奶精味不重。

菠蘿油包

菠蘿是香港話中的「鳳梨」，菠蘿包是因其經過烘烤後麵包表面呈現一顆顆脆皮狀而有此名。通常麵包烤好後橫向切開，夾入一片厚牛油（奶油），就成了菠蘿油包。

利賓納

香港獨創的飲品。利賓納（Ribena）就是黑加侖汁。檸檬利賓納在利賓納中加入新鮮檸檬片，又叫「檸賓」。茶餐廳裡的檸檬利賓納中會附有1支吸管和長叉匙，在喝之前，可先用長叉匙將檸檬用力擠壓出汁液再喝。

鴛鴦

香港獨創的飲料，七成的咖啡加上三成的港式奶茶（紅茶和鮮奶油）調合而成，冷飲、熱飲皆可。

奶油豬仔包

橢圓形，香港道地的短小法國麵包，只因外型和豬仔的臉有點像，而有「豬仔包」的暱稱，也有人叫它「奶油豬」、「奶油脆豬」。奶油豬仔包是在烤好的麵包中塗抹牛油，是很常見的吃法。

三文治

就是三明治，也是茶餐廳中看得到的。它是將一般吐司去邊，再烤過（烘底）夾入餡料。特別推薦「牛治」（牛肉三明治），裡面夾的是碎牛肉、餐肉，第一口也許不習慣，但你馬上就會愛上。其他還有蛋治（蛋三明治）、腿蛋治（火腿雞蛋三明治）、蛋牛治（雞蛋碎肉三明治）等等。

菜蜜

西洋菜蜜的簡稱，以西洋菜（watercress）煮水後再加入蜂蜜調製而成，也可加入檸檬汁，就成了檸檬菜蜜，是港澳地區的特色飲品。

鹹檸檬七喜

在七喜汽水中加入醃漬的鹹檸檬，兩者中和後的飲料有股獨特的風味。

檸檬可樂

可樂加上檸檬片，酸酸的檸檬汁和可樂的搭配，是香港茶餐廳獨特的飲法，讀者不妨試試。

凍檸檬茶

就是冷凍紅茶，通常會加入新鮮檸檬片，可先以長叉匙擠壓出檬汁後再混和一起喝。相較於熱飲，香港的冷凍飲品一般都會貴約港幣2元。

香滑奶茶

香港的奶茶茶味較重，推薦翠華茶餐廳的熱奶茶、蘭芳園的絲襪奶茶和太興燒味餐廳的凍奶茶，口味香醇滑，可搭配奶油豬仔包或三文治一起吃，可愛的杯子也極有特色。另外各家店都有凍奶茶可喝。

蛋撻

就是蛋塔，茶餐廳的蛋塔有酥皮塔底和餅乾塔底兩種，都是茶餐廳的招牌茶點。特別推薦檀島咖啡餅家的酥皮蛋塔，酥皮底香脆酥！

谷咕

在茶餐廳特有的飲料，cocoa巧克力粉飲料的意思，但因巧克力粉帶有些許苦味，所以會加入少許糖或奶，喝起來有點像阿華田。

這些飲茶點心
About DimSum
超好吃

滿街都是茶樓、海鮮酒家，去香港，怎能不飲茶？飲茶是香港特有的飲食文化，一壺茶搭配幾盤點心，像餃子類、燒賣類、腸粉類、油炸點心類等，家族聚會或帶了一份報紙邊飲茶，飲茶早就成了日常生活的一部分。雖然香港菜餚種類繁多，但一定要去試試正宗的港式飲茶。

叉燒包

以肥瘦混合的叉燒肉加入蠔油等調味料製成餡料，再以包子皮包裹。蒸熟後包子的皮會稍微綻開，看得到紅橘色的餡料。因叉燒包體積較大，建議不要第一道菜就吃，否則一下就飽了。

叉燒酥

內餡很像叉燒包，有著多層酥脆的外皮。常見的叉燒酥有三角形、長條形和半圓餃子。而這裡圖示的是米其林餐廳「添好運」的叉燒酥。

牛肉丸

以牛絞肉製成的丸子，但若光吃牛絞肉很容易膩，有些店家會加入提味的陳皮，旺角添好運的陳皮牛肉球值得推薦。

飲茶小講座

幾點飲茶最好？

一般來說，除非是像旺角添好運這種比較晚開門、只賣飲茶點心的店，否則通常都是分成早上7點左右的早茶，以及近中午11點半開始到下午3點的午茶時段，很少有再晚的時段了。

飲茶時該點什麼茶？

一開始服務生都會先詢問你要點什麼茶。像普洱茶味重，但能有效分解食物的油份；茉莉花茶香氣濃郁；壽眉則有股淡淡的清香；烏龍茶茶味甘甜，在台灣很常喝；龍井則味道平穩，可隨自己的喜好來點茶。當一壺茶喝完，可將茶壺蓋底朝上放（仍放在茶壺上），代表請人添茶。

珍珠雞

糯米飯中包有肉類、香菇等餡料，再用荷葉包好蒸熟，蒸好的綿密的糯米飯帶有陣陣荷葉香。另一種糯米雞因體積過大，才有改良版的珍珠雞，份量剛剛好。

菠菜肉餃

有的店家是以菠菜和豬絞肉混合成餡料，有些則是用菠菜餃子皮包成。吃膩全絞肉的餡料，換點加入菜的菜肉餡料吧！

魚翅餃

以蝦絞肉和豬絞肉混合成餡料，再放上一些魚翅，屬於高價味的點心。現在有的茶樓以粉絲和素魚翅代替。

豆豉排骨

切成小塊的排骨加入豆豉、麻油等調味料，蒸熟後排骨柔嫩且滲入醬汁，非常美味，有些店家會加入辣椒。

蝦餃

蝦餃是飲茶餃子點心類最受歡迎的一種，幾乎每一桌都有點。蝦餃中幾乎都是包著整隻蝦仁，吃起來很過癮。

入座後為什麼送來一個大碗和熱水？

這時送來的熱水並不是飲用茶水，是讓你洗餐具的。

第一步 先將茶壺的熱水倒入器具中
第二步 以熱水洗一下器具。
第三步 是將洗完器具的水再倒回大碗中，服務人員就會收走。接著點心會陸續上桌。

這些飲茶點心
About DimSum 超好吃

糯米包

蓮香樓的招牌點心之一，將肉類餡料等包入大糯米丸子中，蒸熟後食用。

蝦仁、蟹黃燒賣

燒賣、蝦餃和腸粉，絕對稱得上是飲茶點心三大主角，其中燒賣更是大眾歡迎。在很薄的麵皮中包入絞肉餡料，上面放些蝦仁、青豆。可以搭配薑絲、醋、醬油一起吃。

潮州粉果

透明水晶的外皮中包著切碎的豬肉、花生、荸薺等餡料，是很受歡迎的小點心。

淨腸粉

雖然大多時候我們會點蝦仁腸粉、牛肉腸粉等，但真心推薦什麼料都沒有包的淨腸粉。口感QQ彈彈，只要搭配店家特調的簡單醬汁、麻醬就非常好吃！另外，簡單加些蔥花的「蔥花蝦米腸粉」也超級美味！

灌湯餃

在香港聽說灌湯餃又有人叫它自私餃，是因為通常每份大多只有1個，加上無法分食，所以一群人前往時很少人點，建議是一人一份，不過老舖六安居是一份兩個。以高湯浸著湯餃，內餡包含了火腿絲、雞肉、鮮蝦、瘦肉和菇類等。

蘿蔔糕

以蘿蔔絲和米作為糕底，加入切碎的豬肉、香菇或臘腸等餡料。茶樓中有蒸的蘿蔔糕和煎的蘿蔔糕。

奶皇包

光滑的黃色小包子，內包裹著濃滑的奶黃餡，是飲茶中常見的甜食。一般超市也賣冷凍的，但味道不若茶樓的即蒸即食。

馬拉糕

茶樓中常出現的甜蒸糕，糕中有一顆顆的小洞，蓬鬆、柔軟有彈性。有些店家還會加入牛奶、黑糖等，讓馬拉糕更香。

金錢肚

就是用牛的蜂巢胃、蜂窩肚，由於表面的蜂窩狀紋路很像一枚一枚銅錢，所以有「金錢肚」的名稱。經過醬汁醃過後再蒸熟，使其入味，軟硬適中，尤其前往傳統酒樓，是必點點心之一。

雞扎、鴨腳扎

這也是像蓮香樓、倫敦大酒樓、六安居（之前的蓮香居）等傳統酒樓才吃得到的點心。大多是以豆腐皮捲住四種肉：各一塊雞肉、魚肚、瘦肉和豬肚製成，工序較繁複。此外，也有當中加入淮山的「淮山滑雞扎」，以及放入鴨腳的鴨腳扎，都非常特別，在上環的六安居可以吃到。

鹹水餃

也是很常見的炸類點心。外皮炸得酥脆且白白胖胖，餃中包入肉末、蝦米和菜脯等多種餡料末，吃得香酥又滿足。

牛肉、蝦仁腸粉

在以米漿製成的外皮內包入餡料，蒸熟後可搭配醬汁一起吃，常見的餡料有蝦仁、牛肉和叉燒，另也有豬膶（豬肝）為餡料的。什麼餡料都沒有包的是淨腸粉。

冰花蛋球

傳統茶樓才會有的老點心，又叫「沙翁」。外皮酥脆，散發濃郁雞蛋香，裹著白糖的冰花蛋球，食用時，服務生還會幫你用剪刀剪開。六安居的冰花蛋球不油膩，口感也香酥脆。

茶香奶味濃的

About Milk Tea

港式奶茶

就像咖啡對於美國人，奶茶是香港人生活中不可少的飲品，不管是茶餐廳、飲料店的現做奶茶，總之生活中處處充滿奶茶。下面介紹幾種在香港旅遊時，在超市或便利商店、小賣店就能買到的罐裝、瓶裝或盒裝奶茶，不僅可以現場喝，也可以帶回台灣，港式奶茶控不要錯過了！

維他港式奶茶

☀ 惠康、百佳等超市＆便利商店
＆city'super、PARKET PLACE
超市可買到

從小喝到大的奶茶品牌，有塑膠瓶裝、鋁箔包裝的，比較不甜。除了原味之外，也有加入綠色設計的「特濃茶味」。

太興奶茶

☀ 惠康、百佳等超市＆city'super、
PARKET PLACE超市可買到

茶味和奶味都比較淡，適合晚上喝茶會睡不著的人品嘗。超市還有賣太興奶茶雪糕，推薦給喜歡吃冰淇淋的人試試。

鴻福堂X檀島港式奶茶

☀ 惠康、百佳等超市＆鴻福堂門市可買到

這是鴻福堂和知名茶餐廳檀島咖啡餅家聯名的奶茶，瓶身設計很有港式復古茶餐廳的氛圍。甜味適中，茶和奶的比例平衡。另外還有推出深藍瓶身的「金裝鴛鴦」口味，也很好喝。

華嫂冰室奶茶

☀ 華嫂茶餐廳可買到

華嫂冰室的港式料理很受歡迎，也推出了自家的奶茶，瓶身上印有明顯的暗綠色招牌LOGO。正宗茶餐廳奶茶，茶香有層次感，奶味香醇。

黑白經典奶茶

💡 惠康、百佳等超市＆便利商店＆city'super、PARKET PLACE超市可買到

罐裝經典的黑白淡奶圖案設計，很醒目。奶的比例大於茶，奶味香醇濃厚，茶味比較清淡，非常順口。

捷榮港式奶茶

💡 惠康、百佳等超市＆city'super、PARKET PLACE超市可買到

盒裝的三合一即溶沖泡包，很方便就能泡好一杯港式奶茶。奶味和茶味平衡，但比罐裝、瓶裝的都來得淡。有時喝港式奶茶是一種氛圍，彷彿自己還在香港旅程中。

金茶王港式奶茶

💡 惠康、百佳等超市＆city'super、PARKET PLACE超市可買到

可愛復古風的罐裝，很顯眼！一次喝得完的量，很剛好。奶味較濃郁、茶香較清淡，是喜歡厚重奶味的人的最愛！

山浪奶茶

💡 city'super、PARKET PLACE超市可買到

彈珠汽水玻璃罐的包裝很吸引人，有兩種口味，一種是茶香具有層次，還回甘，味道較香醇濃厚的「醇厚平衡」款；另一種是絲滑柔順，口感較細滑順口的「順滑輕盈」款，可依個人選擇。

金二少手工香濃絲襪奶茶

💡 city'super、PARKET PLACE超市可買到

扁平有厚度的瓶身，奶茶色較接茶餐廳的奶茶。茶味濃郁不苦澀，奶味香醇，口感絲滑。另也有推出風味較清淡的「手工港式絲襪奶茶」，以及瓶裝奶茶。

金裝倍醇奶茶

💡 惠康、百佳等超市＆city'super、PARKET PLACE超市可買到

盒裝的三合一即溶沖泡包，很方便就能泡好一杯港式奶茶。奶味和茶味比盒裝捷榮港式奶茶來得重，是在家能最快速享用一杯港式奶茶的方法。

看懂這些香港字
點菜不再失敗了

雖然大部分的服務人員聽得懂國語，但許多菜單上面仍是港式文字，尤其在茶餐廳、茶水攤、飲茶酒樓、粥品店等，讓人有看沒有懂。以下是比較常見到的港式名稱，大家上館子前可以先參考一下。

甜品、飲料類

士多啤梨：草莓（strawberry）

大菜糕：就是石花菜凍，較一般的果凍硬，早年的庶民甜品。傳統口味有蛋花、椰子汁，流行口味則有柳橙、蘋果等。

木糠：餅乾屑，常見的有木糠布甸。

布甸：布丁（pudding），像西米布甸就是。

朱古力：巧克力（chocolate）

西多士：法式吐司，蘭芳園的西多士塗上厚厚一層奶油，香香甜甜，很適合台灣人的口味喔。只有「多士」二字，是吐司。

西多士

西冷：西冷紅茶的西冷（ceylon）是指錫蘭紅茶；西冷牛扒的西冷（sirloin）是沙朗牛排。

利賓納

利賓納：ribena，黑加侖（黑醋栗）汁。

忌廉：鮮奶油（cream），咖啡加忌廉就是指咖啡中加入鮮奶油。

沙翁：一種很傳統的香港甜點，將麵糰炸熟後沾裹白砂糖食用，很像台灣的傳統甜甜圈，不過沒有中間的圓洞。因麵糰的做法有點類似法國菜中的sabayon，所以取名沙翁。

沙翁

豆腐花：豆花，糖朝的「原木桶豆腐花」就相當好吃。

豆腐花

咸檸7：鹹檸檬加七喜的飲料。

飛沙走奶：去冰塊和牛奶。

凍檸賓：冰的檸檬加利賓納飲品。

哈咕：在茶餐廳特有的飲料，cocoa巧克力粉飲料的意思，但因巧克力粉帶有些許苦味，所以會加入少許糖或奶，喝起來有點像阿華田。

口者哩：果凍（jelly）

梳乎里：舒芙蕾（souffle），法式甜點。

咸檸7

凍檸賓

哈咕

梳乎里

特濃咖啡：濃縮咖啡（espresso coffee）

班戟：可麗餅（pancakes）、鬆餅，有加入鮮奶油。發記甜品和滿記甜品的水果口味班戟可試試。

班戟

涼粉：類似仙草凍，通常加入糖水吃甜的。

雪巴：雪糕（sobet），多以水果、水和糖製成，不同於冰淇淋的口感，吃起來較清爽且不膩。甜蜜蜜甜品專門店的雪巴值得推薦。

雪巴

雲呢拿：指香草口味（vanilla）

黑加侖子：黑醋栗（black currant），黑加侖汁就是香港才有的利賓納飲品。

楊枝甘露：也有人叫它楊枝金露，是芒果塊、葡萄柚果粒和西米露組成的飲品，發記甜品、滿記甜品和大良八記的都很好吃。

楊枝甘露

糖不甩：湯圓、元宵搭配糖漿或花生，可吃滿記甜品。

鴛鴦：香港特有的飲料，咖啡加上港式奶茶（紅茶和鮮奶油）調成，也分冷飲、熱飲。

鴛鴦

撻：是點心中的塔（tart），常見的有檸檬塔、蛋塔。

菜蜜：就是西洋菜蜜，將西洋菜放入水中煮後加入蜂蜜製成。

蛋塔

菜蜜

看懂這些香港字點菜不再失敗了

點心、菜餚類

三文治：三明治（sandwich），西式早餐的最佳選擇。

公仔麵：即時麵、泡麵，香港泡麵以出前一丁最為人知。

公仔麵

牛什：牛雜，包含牛腱、牛筋、牛肚等，多以滷的方式烹調，在餐廳常見牛雜麵。

牛油：動物性奶油（butter）。

打邊爐：眾人一起吃火鍋，很像我們的圍爐火鍋。

免治牛肉：是從英文的minced beef而來，是指牛絞肉或剁碎的牛肉。

吉列豬扒：吉列是指炸，豬扒就是我們說的豬排。

沙律：沙拉（salad）。

咖央：咖央（kaya）是馬來西以當地的醬汁，椰子和雞蛋製成，吃起來甜甜的，可塗抹在吐司上食用。

咖央

甫魚：大地魚，一般用來熬煮粥底或炒飯，常見的有甫魚麵、甫魚炒飯。

奄列：西式的蛋包飯（omelet）。

奄列

炒牛河：炒牛肉河粉，加入不同配料就有海鮮河粉、蝦仁河粉。

狀元及第粥：白粥中加入豬心、豬肝、粉腸等豬內臟（下水）同煮，將下水改以「及第」的名字加以美化，所以有此名稱。此外，也叫「三元及第粥」、「及第粥」。

油炸鬼：是我們一般的油條。

炸兩：腸粉裹油條

烏冬：烏龍麵。

粉果：以澄粉和水做成透明粉皮，再包入蝦仁、絞肉等餡料，外皮嚼起來有彈性。最有名的就是潮洲粉果囉！

通菜：油菜。

淨腸粉：指單一、什麼都沒有包的意思，像「淨湯丸配薑水」就是薑汁搭配沒有包內餡的湯圓

淨腸粉

魚片頭：就是魚板，像尖沙咀的雞記有一道炸魚片頭，其實就是炸魚板，可以吃到鮮魚膠質。

烘底：烤過的意思，像「蛋牛治烘底」就是烤過的吐司夾牛肉蛋。

烘底

意粉：義大利麵（spaghetti）。

通粉：義大利通心粉（macroni），筆管狀或彎彎、有洞的通心粉。

通粉

窩蛋飯：「窩」有柔滑、多汁和黏稠的意思，窩蛋是蛋未熟，直接放在飯上面，日式的雞肉蓋飯就是窩蛋飯的一種，而香港最有名的則是「窩蛋牛肉飯」。

艇仔：最早是因為在河面上的小艇（艇仔）販售的粥，所以叫艇仔，而艇仔粥最為有名。鮮美的粥底加入切成小碎的瘦肉、魚肉、油條、蔥花、豬皮、魷魚等料。

艇仔粥

撈丁：撈麵，帶有些許湯汁的乾麵。

豬手：豬腳，有嚼勁，香Q且肥瘦適中的最好吃，如映月樓。

豬仔包：麵包呈橢圓形，其實沒有任何豬肉和內餡。因為外型與豬仔有點相似，故得其名。

豬仔包

豬膶：豬肝，尤其是粥品中常見到的的配料。

餐肉：罐頭裝的午餐肉。

雞中翼：雞翅膀。

雞中翼

雞批：就是chicken pie雞肉派。

餸：菜或菜餚的意思，常見到的有「加5元送餸」，是指家5元就送菜的意思。

鵝脾：指鵝腿，「雞脾」、「鴨脾」就是雞腿和鴨腿，常見以燒臘方式烹調。

鵝脾

餅乾＆巧克力＆糖果

帝苑餅店
店家介紹見P.152

・四味蝴蝶酥
最知名的蝴蝶酥品牌！集合了原味、芝麻、巧可力和抹茶四種口味的蝴蝶酥，買一盒，全都吃得到。

曲奇童話
店家介紹見P.41

・黃金時光餅乾酥脆，結合了朱古力（巧克力）、鹽之花、杏仁山核桃，以及朱古力杏仁等口味。

曲奇四重奏
店家介紹見P.147

・蝴蝶酥
外層餅乾酥脆，還有明亮色澤的甜味薄糖衣，搭配黑咖啡、紅茶更提升口味。

・經典曲奇禮盒
招牌商品之一，裡面有多種口味和造型的餅乾，是送給親朋好友最佳的禮物。

帶我回家吧

香港伴手

來香港旅遊除了逛街購物、大啖美味可口的食物，或者可愛的裝飾級商場的餅乾糕點自然美味，可惜實惠的小伴手禮，讓你送得無負擔

文華餅店
店家介紹見P.104

・玫瑰草莓果醬
清新的玫瑰花香，酸甜的草莓果醬，搭配餅乾、蛋糕和麵包，立刻提升風味，會讓人一買再買！

DALLOYAU
店家介紹見P.27

・9顆馬卡龍
有300多年歷史的法國甜點店，點心好吃沒話說，各種口味的馬卡龍也是經得起歲月的美味。

丹麥藍罐曲奇
一般超市都有販售

・朱古力
香滑濃醇的巧克力豆與酥脆餅乾的結合！有禮盒裝、輕便裝，在惠康、百佳或進口超市就能買到。

・加侖子
酸甜加侖子（黑醋栗）與酥脆餅乾的結合！有禮盒裝、輕便裝，在惠康、百佳或進口超市就能買到。

GLORY BAKERY

店家介紹見P.68

‧港式茶餐廳
純手工創意
曲奇禮盒，
內有阿華田杏
仁、檸檬茶、
咖啡朱古力和
好立克夏果等
口味，甜度較
低，盒子優雅
大方。

珍妮曲奇聰明小熊餅乾

店家介紹見P.38

‧夏威夷果仁可可脆片
巧克力餅乾酥脆，當
中鋪滿夏威夷果仁，
簡直是無敵搭配，一
吃就停不了口。

‧四味曲奇
手工曲奇王小熊
餅乾的經典商品，
口感酥鬆，裡面有四
種口味的餅乾。

豐大推薦

About Gift

、瘋狂遊樂園，更不能忘了帶些
來，送給親朋好友和同事們。高
有也昂貴，這裡告訴你一些價格
友收得開心！

Pierre Hermé Paris

店家介紹見P.102

‧12顆馬卡龍組
來自法國的甜點名店，招牌
商品是馬卡龍和巧克力。
馬卡龍除了經典口味，也
有限量口味可選擇。

Sugarfina

店家介紹見P.27

‧玫瑰香檳小熊軟糖
來自美國，明星商品
是大人口味的軟糖，
其中玫瑰香檳小熊軟糖
（Rosé All Day Bears）
是招牌商品。

‧海鹽焦糖黑朱古力
除了各種口味的軟
糖，海鹽焦糖黑朱古
力（Dark Chocolate
Sea Salt Caramels）
也是很暢銷的商品！

零食物語

許多地鐵中有店鋪

‧香港駅雞蛋仔餅
將香港特色小時雞蛋仔
做成迷你餅乾囉！扁扁
的一片雞蛋仔，一口吃很滿足。送禮輕巧方便。

‧Calbee避風塘
香辣味薯條
香港限量口味的
薯條。就像炒避
風塘料理那樣，
這款薯條是令人
上癮的香辣味。

糕點&蜜餞

檸檬王 `上環永吉街18號有售`

·甘草檸檬
厚實的檸檬果肉裹著甘草粉，甘甜回甘，配茶最佳！

·話梅肉
切成一小塊一小塊，甘甘甜甜，方便攜帶，隨時可吃。

啟發涼果 `店家介紹見P.90`

·化核話梅條
微脆的口感、酸甜的滋味，生津止渴，很適合當作茶點。

·化核陳皮梅
去籽陳皮梅，酸中帶甜，傳統涼果，兒時的味道。

·檸檬片
加入熱茶或熱水中泡一下，馬上就有清香不苦的檸檬茶可以喝。

香港立頓Lipton `指定惠康、百佳有售`

·Lipton X珍懿坊·港式茶餐廳奶茶味蛋卷
復刻港式奶茶風味的蛋卷，口感酥翠，奶油十足。在Big C、指定惠康、百佳超市有售。

元朗恆香老餅家 `店家介紹見P.151`

·皮蛋酥
皮蛋酥中混著蓮蓉、杏仁、皮蛋、雞蛋，第一口吃時覺得很怪，再吃幾口就愛上了。要注意保存期限較短。

榮華餅家 `店家介紹見P.158`

·合桃酥
盒裝很體面，口感酥脆，甜度適中，不會太甜。迷你小顆分開包裝，有利於保存。

鄧海滿記 `店家介紹見P.90`

·陳皮檸檬
涼果老店的招牌，濃郁的酸甜蜜汁與醃漬檸檬果肉結合，一口一口停不下來。

齒來香 西營盤第三街100-106號有售

·短蛋卷與合桃酥

短蛋卷充滿椰香奶油味卻不膩口，口感酥脆且尺寸剛剛好，加熱烤過也好吃。合桃酥甜味適中，口感酥鬆且香氣濃郁。

·椰汁蛋卷
長條蛋卷，充滿椰香奶油味卻不膩口，口感酥脆。鐵盒裝適合送禮。

泰昌餅家
店家介紹見P.123

·港式蜂巢蛋卷
屬於傳統蛋卷，口感鬆脆且扎實，類似小時候吃的喜年來蛋卷，奶蛋香氣濃郁。

德成號
店家介紹見P.160

·鮮椰汁家鄉雞蛋卷
純手工製作的蛋卷。口感酥鬆脆，淡淡的椰香和濃郁蛋香結合，是接受度高的風味。

醬料&其他食品

李錦記
一般超市都有販售

·特級蠔油醬
有牙膏狀、乳液罐狀等包裝，輕便好拿，不易破損。

·瑞士汁
香甜、不鹹的醬油，多用在燉煮雞翅、肉類等。拿，不易破損。

余均益 西環西營盤第三街66號有售

·辣椒醬
香港最具代表性的辣椒醬，不會很辣，可依個人喜好蘸食。除了西營盤總店，在MARKET PLACE、惠康超市（很難買到，但西營盤的惠康超市常看到）能買到。西營盤總店有禮盒裝。

有利腐乳王
店家介紹見P.142

·豆腐乳
不同於一般台式豆腐乳，相當特殊的辣味和微微的酒香，令人記憶深刻的滋味。

·調味料
散發食材天然香氣的胡椒粉、咖哩粉等，搭配台式料理很適合。沒有太多添加物，買回來要趕快用完。

Or Tea?
店家介紹見P.205

·插畫茶包
香港本土品牌，專售茶包，已行銷至美國歐美國家。獨特的罐身插畫圖案，加上特色茶禮盒，很受歡迎。可以購買有20種口味的彩虹禮盒。

生活雜貨&禮品小物

雙妹嘜　店家介紹見P.43、P.157

·爽身粉

品牌明星產品。產品外

都印有2

個懷舊女

性 的 樣

貌，在充

斥外國品

牌的香港

辨識度相

當高。

·活花護髮油

可讓頭髮滑順好梳理，髮梢乾
燥時可以使用，有薰衣草、玫
瑰花香味，送禮很貼心。

黑白牌　店家介紹見P.110、P.205

·奶茶杯

許多老牌的茶餐廳很喜歡用這個
印有奶牛的杯子，很能代表香
港。杯子和底盤都很有厚度，質
感不錯，自用送禮都很棒！

駱駝牌　店家介紹見P.50、P.61

·保溫瓶

香港本地品牌，在
香港買最便宜。保
溫瓶很實用，送禮
自用皆可！除了單
色系的，其他還有
喜慶、花朵圖案等
限量款。

住好啲G.O.D.　店家介紹見P.99

·筆記本

知名的香港原創品牌。以滿滿信箱圖案做成很多商品，像
筆記本、抱枕、圍裙和服飾等，另也有以麻將等傳統元素
設計的酒牌標記等等。

景德行　店家介紹見P.61

·公雞碗杯

在周星馳電影中出現過的雞
碗，相信粉絲們不會陌生。這
種印有公雞的食器，潮樓餐廳
也有使用，很有傳
統復古特色。

特色鑰匙圈

店家介紹見P.158

·壓克力鑰匙圈
熱門景區、遊
客商品專
賣店幾乎
都有賣，
可以選比
較有香港
特色、文
字的商品購買，
比較特別。

模型車

店家介紹見P.110

·富豪雪糕車
也許你沒辦法碰到
出沒於熱鬧街區的
「富豪雪糕車
本車」，那你
一定要擁有這
台雪糕車模型。

·巴士
香港巴士、雙
層巴士是很庶
民的交通工具，巴
士模型很有特色，
有不同比例的，是許多
模型車迷必蒐集的車款。

黃道益＆馬世良堂

萬寧、藥房有售

·活絡油
可以活絡筋骨、舒緩簡單
的腰痠背痛、肌肉痠痛的黃
道益活絡油，幾乎
每個香港家庭都
有一瓶呢！只是
坊間偽品很
多，購買時
要注意。可
在萬寧、屈
臣氏、龍城
等藥行和香
港國際機場
購買。

LeSportsac x Nissin

店家介紹見P.13

·收納小袋
包袋品牌LeSportsac
和日清食品聯名的
商品，有一系列款式
的商品。這種拉鍊小袋很萬
用，是送同學、朋友伴手禮
的好選擇。

特色吸鐵

店家介紹見P.38

·冰箱吸鐵
小小一塊冰箱吸鐵，絕對是
最佳伴手禮。可以購買具香
港特色，像地鐵站名、經典
港式料理和景點的吸鐵，一
看就知道是哪個地方。熱門
景區、遊客商品專賣店幾乎
都有賣。尖沙咀的
「錦繡唐朝」則
可以讓你一次買
個夠。

無比滴

萬寧、超市和藥房有售

·止痕止癢藥水
專治蚊蟲咬傷的藥水，可以直接
塗抹在被蚊蟲叮咬處，但若是皮
膚過敏，需謹慎使用。可在萬
寧、屈臣氏和龍城等藥行購買。

糖果＆餅乾

·樂天巧克力罐

罐裝巧克力、骰子巧克力有不同可可含量，以及是否有包餡料的可以選擇，選擇多，方便攜帶。

·大白兔奶糖

雖然這是上海的品牌，但許多香港人從小吃到大，在超市就能買到，有時還有特殊包裝版。

·甘大滋

香港當地食品公司製作，香脆硬的餅乾條，肚子餓或看電視時的好朋友。

·嘉頓薄餅咖哩、香蔥口味

經典品牌餅乾。口味上有咖哩、香蔥（原味）和芝麻，我則喜歡吃風味濃郁的咖哩、香蔥味。

·京都念慈菴枇杷潤喉糖

風味溫和的喉糖，除了傳統口味，香港還買得到蘋果桂圓、烏梅和金桔檸檬等口味。

·合味道杯麵

除了常吃的海鮮口味，可以選購香港才有的黑胡椒蟹味、XO醬海鮮味等，但注意不要買到有豬肉的。

來惠康、百佳

除了較大的伴手禮，也可以買些零食分送憶愉快的香港之旅。以下這些小食在惠康

·卡樂B熱浪薯片

經典不敗的香港薯片代表！香辣好吃，還火紅到出了日本版，在日本販售。

·卡樂B巴辣雞腿包味薯片

重口味薯片，類似肯德基卡拉雞腿堡的風味。

·利賓納維他命C軟糖

酸酸甜甜的風味，吃糖果還能攝取維他命C喔！不過千萬不要吃過量！

232

飲品&其他

·黑白全脂煉奶

罐身1隻黑白乳牛十分醒目！全脂的加糖煉乳，風味濃郁，可以淋在烤吐司，或參考YouTube，搜尋「黑白®教煮」學會更多使用方法。

·黑白全脂淡奶

是許多香港茶餐廳製作港式奶茶絕不可缺的材料。除了罐裝，也有販售如一顆顆奶球小杯裝。可參考YouTube，搜尋「黑白®教煮」學會更多使用方法。

·大牌檔3合1鴛鴦

在地老品牌推出的港式鴛鴦3合1即溶包，只要混合，簡單就能沖泡1杯好喝的鴛鴦。

·大牌檔3合1奶茶

港式奶茶3合1即溶包，雖然不若在香港茶餐廳吃的茶味濃厚奶味香醇，但能想喝就喝，完勝其他奶茶。

·蘆薈楊枝甘露

在酸甜風味的楊枝甘露中，加入了一小塊一小塊的蘆薈丁，咀嚼更有層次感，夏天喝很涼爽。

·花膠冰糖雪耳

將花膠冰糖雪耳燉煮至滑順，甜度低，容易入口，值得推薦的養生飲料。

超市搜一搜

朋友們，更可以自己慢慢享用，邊吃邊回（？）也可以找一找喔！

·夏桑菊

以夏枯草、冬桑葉和甘菊調配而成的傳統涼茶，風味清甜，完全不苦。夏天飲用可以消暑。茶包的設計，實在太方便了。

·港式綠豆沙、紅豆沙

在地多年品牌。內含綠豆、紅豆顆粒，類似我們的罐裝綠豆湯、紅豆湯，打開就能吃，相當方便。

·多多芝麻糊

芝麻糊是傳統的港式甜點，幾乎每一家糖水舖都有賣。這一款是香港本地制作的即溶即食包，加入熱水就能食用，非常方便。

·維他奶沖繩紫薯豆奶

維他奶豆奶有許多口味，如果吃膩了原味豆奶，可以試試這款沖繩紫薯風味，甜味適中，預期之上的好喝！

·蜂蜜龜苓膏

加入了蜂蜜調味的龜苓膏就更不苦了，隨時都能飲用的包裝設計，不佔空間，方便攜帶。

·海天堂龜苓膏

能降火氣，像仙草的黑色膏狀飲品，有點中藥的苦味，但比起涼茶舖的24味茶、感冒茶等，苦味很低。冷飲比較好喝。

摩天輪、天際100，從空中看香港

最熱門的俯看香港美景地點，除了太平山、維多利亞港邊的高樓層飯店餐廳之外，中環的摩天輪和九龍半島圓方廣場的天際100也值得推薦！所謂距離就是美，我覺得每次在山上、在空中看到的香港，無論日夜都更迷人更晶瑩，你也來試試吧！

中環海濱觀光摩天輪

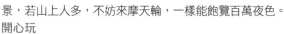
中環看景新點
日夜都可以飽覽維港

🏠 香港中環民光街33號，中環九號、十號公眾碼頭外

🕐 12:00～22:00（週一～四），11:00～23:00（週五～日），售票截止時間20:45

💡 地鐵中環站 A出口，再往中環碼頭方向
地鐵香港站 A2出口，再往中環碼頭方向
由尖沙咀天星碼頭搭乘渡輪，往中環的天星碼頭

$ 大人港幣20元，學生、3～11歲孩童港幣10元，65歲以上長者、傷殘人士港幣10元，3歲以下孩童免費

中環碼頭附近的「中環海濱觀光摩天輪」，從遠處就能看到。有二十層樓高，繞一圈所需花費的時間約15～20分鐘，這個巨大摩天輪於2014年年底終於開始營業囉！通常排隊時間約15分鐘不等。趁著晴朗視線佳的天氣，搭乘之後剛好可以參加旁邊的嘉年華或逛街血拚。這個大型摩天輪一共有42個車廂，每個車箱可以搭乘8～10個人。搭上摩天輪，可以同時在高處欣賞港口海景和櫛比鱗次的壯觀高樓，其中還有一個VIP透明包箱能清楚看到下方，可以試試膽力。摩天輪下方還

有飲料販售處，不怕白天搭乘口渴。許多人喜歡上太平山看夜景，若山上人多，不妨來摩天輪，一樣能飽覽百萬夜色。

開心玩

1. 車廂內有的免費Wi-Fi功能，可以輕鬆打卡，即時跟朋友分享開心的照片。

2. 情侶約會或家族旅遊也可包整個包廂：包廂每車廂港幣160元，可以乘坐8人。

天際100香港觀景台

可360度觀賞景色的最佳觀景台

🏠 九龍柯士甸道西1號環球貿易廣場100樓，入口在九龍機場快線上蓋圓方商場金區2樓

☎ 2613-3888

🕐 10:00～20:30，最後售票和入場時間是20:00

💡 地鐵九龍站C1和D1出口、機場快線九龍站

💲 成人標準門票（12～64歲）約港幣178元；孩童標準門票（3～11歲）約港幣124元；長者標準門票（65歲或以上）約港幣124元；另有套票、慶祝套票，請詳見官網資料：https://sky100.com.hk/zh-hant/offers/

天際100（SKY100）是目前香港最高的室內觀景台，搭乘直達電梯，60秒就能到達100樓的觀景台，將金錢難買的美景盡收眼底。尤其是360度的設計，走一整圈，可以從各個角度觀賞到九龍和香港島不同的美景。

這裡是除了太平山以外，最適合觀賞景致的地方，冬天還不用擔心戶外天冷。除了景色以外，從搭乘電梯到室內觀景台，一路上可以看到好多個用心的設計，包括利用立體投影和立體圖片搭配文字介紹香港的美食、建築特色和旅遊資訊。

天際100有幾個可愛的吉祥物公仔：代表香港高樓建築群、橘黃色身體的「天仔」；代表友好且超有活力的「功夫黃」李小龍；活潑沈穩、帶著大家到處去玩的路面電車「叮叮」；象徵香港有許多美食的蛋塔「大胃仔」；代表香港電訊發達、長得很像手機的「MO哥」，以及代表香港人溫和地包容各種文化、長得像一枝筆的「精圖文」。每一個玩偶都很有人氣！場中還可以看到巨型、比人還高大的食物模型，像雞蛋仔、缽仔糕、蛋塔等等，都是觀光客最喜歡一起拍照的道具。人潮洶湧時，幾乎都要排隊才能合拍到照片！

只要半天的香港主題之旅

香港市區內的交通四通八達，是非常適合自由行旅遊的地方，除了隨意吃、喝和購物，你也可以依照自己喜歡的主題來安排行程。下面推薦幾個我去過的行程，只要半天時間，讓你玩得更加充實。

懷舊之旅　人力車觀光巴士H1線

這是以懷舊為主題的人力車觀光巴士旅遊行程：「H1懷舊之旅」，來往中環天星碼頭和尖沙咀（漢口道）。這種雙層巴士為了讓旅客能飽覽沿途風景，上層採取開篷式設計。往尖沙咀方向途經：交易廣場、西港城、荷李活道、文武廟、中區警署、銅鑼灣、灣仔、金紫荊廣場、紅磡海底隧道、佐敦道、尖沙咀；往中環方向則途經西九文化區。經過的是以中環區主要文化古蹟景點、舊式建築，以及文化藝術區域為主。若買全天票，可於路線上的任意站牌上下車。

班車時間如下：
・H1中環（天星碼頭）發車時間為14:00、15:00、16:00、17:00、18:00、19:00（週一～五）
・H1尖沙咀（漢口道）發車時間為15:30、16:30（週一～五）
・H1中環（天星碼頭）發車時間為11:00、12:00、13:00、14:00、15:00、16:00、17:00、18:00、19:00（週六、日、國定假日）
・H1尖沙咀（漢口道）發車時間為12:30、13:30、14:30、15:30、16:30（週六、日、國定假日）

開心玩：
全天票價港幣200元，可任意上下車；單程收費為港幣41.8元，12歲以下孩童和65歲或以上長者半價。

夜景之旅　人力車觀光巴士H2線

「H2夜景之旅」，由尖沙咀（漢口道）往中環天星碼頭，途經油麻地、旺角、西九文化區和會議展覽中心，可以欣賞香港美麗的夜景。

班車時間如下：
・H2尖沙咀（漢口道）發車時間為17:30、18:30、19:30、20:30（週一～日、國定假日）

海港之旅 — 天星維港遊

維多利亞港是東方之珠香港最美麗的海港，想要乘船遊歷海上風光、欣賞港邊高樓大廈群嗎？據說還被《國家地理雜誌》評為「人生五十個必到景點」，那你一定不可錯過天星維港遊之旅。你可以搭上仿1920年代天星小輪外觀的輝星輪，暢遊白天、夜晚的海上風光。一趟維港遊行程，約45分鐘，路線是：啟德油輪碼頭→幻彩詠香江→中環海濱→ICC聲光耀維港→尖沙咀海濱花園，都在維多利亞港內循環。

船票成人約港幣230～280元，3～12歲孩童、65歲或以上長者及殘疾人士約港幣160～200元。航行分為一般的天星維港遊，以及最特別的「幻彩詠香江維港遊」，一邊看著燈光秀，一邊在船上享受徐徐海風，是難得的海上體驗。

開心玩：

1. 航行時間分成以下幾個時段15:45～16:30、16:45～17:30、18:45～19:30和19:45～20:30（可看幻彩詠香江），詳細資訊可見官網。
2. 售票處可在尖沙咀天星碼頭的「天星維港遊售票處」，或於官網購買。

賽馬之旅　跑馬地、沙田馬場

曾屬於英國殖民的香港，1842年在跑馬地馬場就曾有過賽馬活動的紀錄。英國人將賽馬活動帶入香港，使賽馬在香港成為合法的賭博活動，也成為香港人假日的娛樂活動之一。跑馬地馬場是香港第一個馬場，位在新界沙田的沙田馬場則是目前舉辦賽馬比賽的主要場地。舉辦賽馬的時間是週三、六或日，週三是夜間比賽，通常在跑馬地馬場舉行。而週六、日下午（選其中一天）的比賽則在沙田馬場舉行。

從未看過賽馬比賽的人，當一進入馬場，鐵定被擠在看台、場邊滿坑滿谷的民眾嚇到，可見賽馬的普及、平民化。一般民眾可在賽前，就像買台灣的樂透、今彩的二合般，先選擇投注方式，填好彩票再付賭錢。常見的投注方式包括買獨贏、位置、連贏和位置Q、單T或四連環。

如果你是第一次玩，可先從簡單的開始，建議買獨贏、位置、連贏和位置Q。獨贏是指選中一場賽事中的第一名；位置是指選中一場賽事中的第一、二和三名；連贏是選中一場賽事中的第一、二名，順序不對也可以；位置Q則是選中一場賽事中的前三名中的任何兩匹，順序不對也可以。這4種是讓你玩得輕鬆的投注方式。

建議你早點到馬場，可由大螢幕和報紙馬經版了解馬匹狀況，熟悉投注的方式，你的第一次馬場之旅一定有趣難忘。

開心玩：

如何到跑馬地馬場？搭乘叮叮車跑馬地線可直達，或搭地鐵港島線，在銅鑼灣站A出口往南步行約20分鐘。

如何到沙田馬場？可搭乘港鐵東鐵線至馬場站，再步行進入，但注意馬場站僅在賽馬日開放，平日沒有開放。

香港賽馬博物館位在跑馬地馬場快活看台的2樓，裡面有介紹香港賽馬歷史的資料、電影院和禮品區，可免費入場參觀。

體驗香港懷舊風情，
文青、觀光客新據點
深水埗

地圖標示：
九龍道、青山道、元州街、福榮街、福華街、長沙灣道、醫局街、汝州街、基隆街、大南街、荔枝角道、敦州街、桂林街、北河街、南昌街、石硤尾街、大埔道、巴域街、嘉頓公司、美荷樓、英華女學校、劉森記麵家、維記咖啡粉麵、深水埗、坤記糕品專家、新香園（堅記）、合益泰小食、地鐵、添好運、一往太子、Café Sausalito

位於九龍太子下一站的深水埗地區，
有多個歷史建築，屬於極早開發地區之一，
之後因城市發展而漸漸沒落。但近幾年來，
由於藝術工作者的進駐、深水埗藝遊區活動的推廣、
美荷樓活化和YHA美荷樓青年旅社營業，
讓這充滿懷舊風情的地區又再次活絡，成為文青、觀光客必去的地方。
以下介紹的是「深水埗吃吃喝喝」、「深水埗文藝散步」之旅。

嘉頓公司

老字號烘焙公司，
香港人共通的回憶

🏠 九龍深水埗青山道58號嘉頓烘焙中心
☎ 2360-3153 🕐 11:00～22:00（餐廳）
🍴 地鐵深水埗站D2出口 🍪 餅乾（門市），餐包、現烤料理（餐廳）

以微笑廚師為商標的嘉頓公司，數十年來以生產許多餅乾、麵包
為大家所知。這家位於深水埗的辦公室大樓，1樓門市有賣麵包、
餅乾，都是嘉頓的經典食品。另外在閣樓，設有一家復古裝潢、
環境清幽的嘉頓餐廳，三文魚（鮭魚）康瓦爾餡餅等各式現焗
（烤）料理、西式套餐等，都是很受歡迎的餐點。

美荷樓

🏠 九龍深水埗石硤尾邨41座
👉 地鐵深水埗站B2出口

外觀為H型大樓的美荷樓，是由早年香港民眾居住的公共房屋所改建，被香港政府列為二級歷史建築。這幾年經過重新整頓，目前的美荷樓是由生活館、青年旅社、呼吸冰室、呼吸士多等組成。推薦給喜歡文藝風小旅行的讀者！

公屋原地改建，設施多元化

美荷樓生活館

重現1950～1970年的生活景象

🏠 美荷樓1樓與地面
☎ 3728-3500
🕐 10:00～18:00（週二～日、國定假日），10:00～16:00（中秋節、平安夜和農曆新年除夕），星期一（國定假日除外）、農曆年初一～三休館
💲 免費參觀

在美荷樓公共房屋原址設立的生活館，是香港青年旅舍協會設立的第一個私人博物館。館中收藏許多1950～1970年的物件、用品等，免費自由參觀，對這段社區生活歷史有興趣的人不妨前往。

YHA美荷樓青年旅社

少見極具特色的青年旅社

🏠 美荷樓內
☎ 3728-3500

是由原公共房屋改建而成的旅社，目前有129個房間。手繪樓梯與牆面、卡式進出管理，讓旅社更加年輕活力化。另外還設有戶外用餐區、公共活動空間等，各種房型都有，是極有特色的青年旅社。

美荷樓呼吸冰室

懷舊色彩濃厚的食堂

🏠 美荷樓地下　☎ 3728-3454　🕐 07:00～23:00

這家裝潢與擺飾走復古風的冰室，除了一般餐點對外營業之外，還提供每位住客早餐，有中式、港式和西式可以選擇。其中港式早餐，有沙爹牛肉通＋煎蛋多士＋咖啡飲品，份量足且口味佳；而西式早餐是沙拉＋煎腸蛋＋飲品，口味也不遜色。

劉森記麵家

吃不膩的老店，排隊也值得

🏠 九龍深水埗福榮街80號地舖
☎ 2386-3583　🕐 12:00～22:30
💡 地鐵深水埗站D2出口　$ 平價（每人約港幣50元）
🍜 蝦子撈麵、黑牛栢葉、酸蘿蔔

蝦子撈麵

雖然這家店有名的是蝦子撈麵，但我更喜歡餡多料實，每顆都飽滿的淨雲吞，以及任由顧客食用，酸甜適中，可當開胃小菜的酸蘿蔔。還有爽口的黑牛栢葉，搭配撈麵一起吃，更添口感層次和風味。

美荷樓呼吸士多

回到童年的文具雜貨店

🏠 美荷樓地下
☎ 3728-3500
🕐 12:00～22:00

呼吸士多（士多就是「store」的意思），販售各種童玩、具有香港特色的明信片、書籍、在地設計商品等，還有零食、飲料等，置身其中彷彿回到童年的純樸時光。

維記咖啡粉麵

傳統老店的紮實美味

🏠 九龍深水埗福榮街62號及66號地下、北河街165～167號地下D號
☎ 2387-6515
🕐 06:30～20:30（週一～五）、06:30～19:15（週六～日及假日）
💡 地鐵深水埗站B2出口
$ 平價（每人約港幣50元）
🍜 豬潤牛肉麵、咖央西多士

一字排開雖然有三家小店面，但用餐時間人潮依舊洶湧。最愛豬潤牛肉麵和豬潤米，豬潤口感軟嫩，湯汁中雖有浮末，但這卻是美味的豬潤精華，令人滿足。你可以依照自己的喜好，將豬潤牛肉搭配米粉、麵、通粉、意粉等。另外店中的咖央西多士，酥脆吐司淋上咖央醬，也是來客必點。

新香園（堅記）

🏠 九龍深水埗桂林街38號A
☎ 2386-2748 ⏰ 06:30～18:30
💡 地鐵深水埗站C2出口
$ 平價（每人約港幣50元）
💬 蛋牛治、豬手麵

**馳名蛋牛治
隨時有得食**

據在地朋友解說，這裡知名的蛋牛治是以新鮮牛肉製作，所以比一般制式罐頭牛肉風味佳，加上「大火、小火」烘底（烤的焦酥的程度）的吐司，當作早餐或午茶都不錯。此外店中另一項人氣餐點豬手麵，份量足、CP值高。

合益泰小食

🏠 九龍深水埗桂林街121號地下
☎ 2720-0239 ⏰ 06:00～20:00
💡 地鐵深水埗站C2出口
$ 平價（每人約港幣50元） 💬 腸粉、粉果、豆漿

**星級腸粉
站著吃的美食**

店裡也有賣炒麵、粥類，但大受歡迎的是一條條入口滑嫩、Q彈的腸粉。從茶餐廳、飲茶到路邊小攤，很多都有販售腸粉，但要說到最好吃，這家小店絕對排得上前幾名。只見老闆在剪好的腸粉撒上香香的芝麻，淋上可口的獨門醬汁，大部分客人購買後，在店旁立刻品嚐。可按照食量選擇大（8條）、中（6條）、小（4條）份量。

Café Sausalito

🏠 九龍深水埗大南街201號
☎ 3689-3292
⏰ 09:00～18:00
💡 地鐵深水埗站A2出口
$ 平價（每人約港幣50～80元） 💬 咖啡、點心

**溫馨咖啡店
歇腳好去處**

當你在深水埗逛得疲倦時，可以喝杯咖啡休息一下。這家咖啡店狹長的店面，店內以各式木製桌椅，擺設簡潔而溫馨。甜點櫃中的點心種類雖然不多，但可口的蛋糕配上一杯香濃的咖啡，度過悠閒的午後。另外也提供三明治、輕食等餐點。

香港好吃、好買、好玩小記錄

可以將自己親自體驗過，或是和朋友們一起吃過、玩過，覺得印象特別深刻的店家、商場和景點等記錄下來。不僅可以回憶旅遊時光，在下一次的香港之旅時，這些都能成為你計畫行程的最棒資料！當然，也會是你給朋友推薦景點時的最佳參考喔！

作者	王郁婷、吳永娟
執行編輯	賽璐璐、彭文怡
美術編輯	鄭雅惠
地圖繪製	張麗琴
校對	馬格麗
企畫統籌	李橘
總編輯	莫少閒
出版者	朱雀文化事業有限公司
地址	北市基隆路二段 13-1 號 3 樓
電話	（02）2345-1958
傳真	（02）2345-3828
劃撥帳號	19234566 朱雀文化事業有限公司
e-mail	redbook@ms26.hinet.net
網址	http://redbook.com.tw
總經銷	大和書報圖書股份有限公司
	（02）8990-2588
六版一刷	2024.06
定價	360 元
出版登記	北市業字第 1403 號
ISBN	978-626-7064-79-5

◆感謝香港旅遊局及澳門旅遊局提供部分照片

香港HONG KONG：
好吃、好買，最好玩
（2024夏～2025版）
／王郁婷、吳永娟著—六版
台北市；朱雀文化，2024（民113）
248面；15X21公分--（Easy Tour；
33）
ISBN 978-626-7064-79-5（平裝）
旅遊 2.香港特別行政區
673.869

About買書

●實體書店：北中南各書店及誠品、金石堂、何嘉仁等連鎖書店均有販售。建議直接以書名或作者名，請書店店員幫忙尋找書籍及訂購。

●●網路購書：至朱雀蝦皮購書（搜尋「朱雀文化書房」）、朱雀文化網站，可享優惠，博客來、讀冊、PCHOME、MOMO、誠品、金石堂等網路平台亦均有販售。

I ♥ Hong Kong

I ♥ Hong Kong

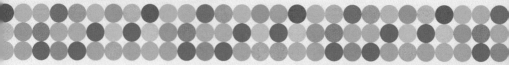